7 hügel

_wissen

7 hügel——Bilder und Zeichen des 21. Jahrhunderts

VI)wissen

VERARBEITEN, SPEICHERN, WEITERGEBEN: VON DER
GELEHRTENREPUBLIK ZUR WISSENSGESELLSCHAFT

Herausgegeben von Gereon Sievernich und Hendrik Budde

Henschel | Berliner Festspiele

7 hügel__Bilder und Zeichen des 21. Jahrhunderts 14. Mai — 29. Oktober 2000

im Martin-Gropius-Bau Berlin Eine Ausstellung der Berliner Festspiele

Ermöglicht durch die Stiftung Deutsche Klassenlotterie Berlin

SCHIRMHERR **Bundespräsident Johannes Rau**

VERANSTALTER **Berliner Festspiele GmbH** Intendant **Prof. Dr. Ulrich Eckhardt** | Geschäftsführung **Hinrich Gieseler**

AUSSTELLUNGSLEITUNG **Bodo-Michael Baumunk, Gereon Sievernich**

____IMPRESSUM I **) kern** Wissenschaftliche Konzeption **Dr. Peter Bexte** | Gestaltung **Ken Adam, London** | Wissenschaftliche Mitarbeit **Livia Bade, Ulrike Goeschen, Maria Kayser, Tilo Plake** II **) dschungel** Wissenschaftliche Konzeption **Dr. Jasdan Joerges** | Die Abteilung Dschungel wurde bis Dezember 1998 von **Eleonore Hein** konzeptionell betreut | Gestaltung **Tina Kitzing, Augsburg** | Wissenschaftliche Mitarbeit **Daniela Kratzsch, Anne Pfeil** III **) weltraum** Wissenschaftliche Konzeption **Dr. Ralf Bülow** | Gestaltung **Charles Wilp, Düsseldorf** | »Mondhaus« **Hans-J. Schmitt** | Wissenschaftliche Mitarbeit **Ekkehard Endruweit** IV **) zivilisation** Wissenschaftliche Konzeption **Dr. Thomas Medicus** | Die Abteilung Zivilisation wurde seit August 1999 von **Jean-François Machon** betreut | Gestaltung **Lebbeus Woods, New York** | Wissenschaftliche Mitarbeit **Jean-François Machon** V **) glauben** Wissenschaftliche Konzeption **Eva Maria Thimme** | Gestaltung **Gerrit Grigoleit, Lars Gräbner, Berlin** | Wissenschaftliche Mitarbeit **Miriam Rieger** VI **) wissen** Wissenschaftliche Konzeption **Dr. Hendrik Budde** | Gestaltung–Konzeption **Edouard Bannwart/ echtzeit AG, Berlin** | Realisierung **Dr. Hendrik Budde, Christian Axt** | Wissenschaftliche Mitarbeit **Bernd Graff** VII **) träumen** Wissenschaftliche Konzeption **Dr. Margret Kampmeyer-Käding** | Gestaltung **Kazuko Watanabe, Berlin** | Wissenschaftliche Mitarbeit **Annette Beselin, Philipp von Hilgers, Saskia Pütz** ____WEITERE WISSENSCHAFTLICHE MITARBEIT **Dr. Anna Czarnocka-Crouillère, Dr. Michaela Diener, Sabine Hollburg, Christoph Schwarz, Maya Shikata-Bröker** ____PRODUKTION **Christian Axt** | Produktionsbüro **Josef Binder** (ab November 1999), **Joachim Bredemeyer, Andreas Glücker, Christoph Schmuck** (bis Dezember 1999), **Susanne Walther** | Lichtgestaltung **Michael Flegel** | Medientechnik **Dr. Reiner Chemnitius** | Statik **Gerd-Walter Miske** | Sekretariat **Ingrid Schreiber, Evelyn Simhart** | Modellbau **Monath & Menzel (Berlin), Dwayne Oyler (New York)** ____ORGANISATION Koordination und Leihverkehr **Sabine Hollburg, Regina Gelbert, Christoph Schwarz** | Ausstellungsbüro **Bärbel E. Fickinger, Claudia Simone Hoff, Michaela Illner, José Jupy, Elke Kupschinsky** | Projektverwaltung **Thomas Schwarz** | EDV-Betreuung **Dr. Saleh Salman** ____KONSERVATORISCHE BETREUUNG **Klaus Büchel, Ernst Bartelt, Friederike Beseler, Petra Breidenstein, Ekkehard Kneer, Rüdiger Tertel** ____KATALOG I **) kern** Redaktion **Dr. Peter Bexte** | Mitarbeit **Ulrike Goeschen** II **) dschungel** Redaktion **Dr. Jasdan Joerges** | Mitarbeit **Daniela Kratzsch und Anne Pfeil** III **) weltraum** Redaktion **Dr. Ralf Bülow** IV **) zivilisation** Redaktion **Dr. Thomas Medicus** | Mitarbeit **Jean-François Machon** V **) glauben** Redaktion **Eva Maria Thimme** VI **) wissen** Redaktion **Dr. Hendrik Budde** | Mitarbeit **Bernd Graff** VII **) träumen** Redaktion **Dr. Margret Kampmeyer-Käding** | Mitarbeit **Saskia Pütz** | Gesamtredaktion und Koordination **Dr. Michaela Diener, Elke Kupschinsky** | Bildredaktion **Christoph Schwarz** | Grafische Gestaltung *fernkopie*: **Matthias Wittig, Claudia Wittig, Stefanie Richter, Sonja Jobs, Antonia Becht** | Übersetzungen **Dr. Ralf Bülow** (Englisch), **Dr. Gerd Burger** (Englisch), **Hatice Demircan** (Englisch), **Youssef El Tekhin** (Arabisch), **Doris Gerstner**(Englisch), **Dr. Gennaro Ghirardelli** (Englisch), **Ulrike Goeschen** (Englisch), **Dr. Henning Schmidgen** (Englisch), **Andreas Vollstädt** (Englisch) ____PRESSE- UND ÖFFENTLICHKEITSARBEIT **Nana Poll, Annette Rosenfeld** | Mitarbeit **Anna Badr** | Übersetzungen **Liliane Bordier** (Französisch), **Anna Cestelli Guidi** (Italienisch), **Dr. Anna Czarnocka-Crouillère** (Polnisch), **Stephen Locke** (Englisch), **Veronika Mariaux** (Italienisch), **Maria Ocon Fernandez** (Spanisch), **Holly Jane Rahlens** (Englisch), **Christine Rädisch** (Russisch), **Maya Shikata-Bröker** (Japanisch) ____TRANSPORTE/VERSICHERUNGEN **Hasenkamp Internationale Transporte GmbH & Co. KG** | **Kuhn und Bülow Versicherungsmakler GmbH**

____VERLAGSIMPRESSUM **Die Deutsche Bibliothek – CIP-Einheitsaufnahme.** Ein Titelsatz für diese Publikation ist bei Der Deutschen Bibliothek erhältlich. ISBN 3-89487-344-2 **Kern** | ISBN 3-89487-345-0 **Dschungel** | ISBN 3-89487-346-9 **Weltraum** | ISBN 3-89487-347-7 **Zivilisation** | ISBN 3-89487-348-5 **Glauben** | ISBN 3-89487-349-3 **Wissen** | ISBN 3-89487-350-7 **Träumen** | ISBN 3-89487-356-6 **Gesamtpaket** | © 2000 by Berliner Festspiele GmbH, Autoren und Henschel Verlag in der Dornier Medienholding GmbH, Berlin | Die Verwertung der Texte und Bilder, auch auszugsweise, ist ohne Zustimmung des Verlags urheberrechtswidrig und strafbar. Dies gilt auch für Vervielfältigungen, Übersetzungen, Mikroverfilmungen und für die Verarbeitung mit elektronischen Systemen | Grafische Gestaltung *fernkopie*: **Matthias Wittig, Claudia Wittig, Stefanie Richter, Sonja Jobs, Antonia Becht** | Druck und Bindung **Westermann Druck Zwickau** | Printed in Germany | Gedruckt auf alterungsbeständigem Papier mit chlorfrei gebleichtem Zellstoff ____COPYRIGHT-HINWEISE © für die abgebildeten Werke bei den Leihgebern und Autoren, bei den Künstlern oder ihren Rechtsnachfolgern sowie den Bildagenturen: © VG Bild-Kunst, Bonn 2000 für **Bettina Allamoda, Herbert Bayer, Max Beckmann, Karl Blossfeldt, Giorgio de Chirico, Max Ernst, Raoul Hausmann, Wifredo Lam, Germaine Richier, Brigitte Schirren, Anna Franziska Schwarzbach, Katharina Sieverding, Sophie Taeuber-Arp** | © VG Bild Kunst, Bonn/DACS, London für **Francis Bacon** | © VG Bild-Kunst Bonn/ Demart Pro Arte, Paris – Genf für **Salvador Dali** | © VG Bild Kunst, Bonn/ADAGP, Paris für **Le Corbusier, René Magritte** | © VG Bild-Kunst, Bonn/ SABAM, Brüssel für **Jan Fabre** | © VG Bild-Kunst, Bonn/Pro Litteris, Zürich für **Cornelia Hesse-Honegger, Meret Oppenheim** | © VG Bild-Kunst, Bonn/ Succession Matisse, Paris für **Henri Matisse** | © VG Bild-Kunst, Bonn/ARS, New York für **Georgia O'Keeffe** | © VG Bild-Kunst, Bonn/VEGAP, Madrid für **Jaume Plensa** | © Anton Räderscheidt – VG Bild-Kunst, Bonn für **Anton Räderscheidt** | © Albert Renger-Patzsch Archiv – Ann und Jürgen Wilde, Zülpich/VG Bild-Kunst, Bonn 2000 für **Albert Renger-Patzsch** | © 2000 Oskar Schlemmer, Archiv und Familien-Nachlass, I-28824 Oggebio für **Oskar Schlemmer** | Bildnachweis Umschlag siehe Anhang

—— DANKSAGUNG FÜR BERATENDE MITWIRKUNG **Prof. Dr. Gary Smith** Berlin —— DANKSAGUNG FÜR WISSEN-SCHAFTLICHE BERATUNG UND UNTERSTÜTZUNG **Dr. Reinhold Baumstark** München **Dr. Carin Bergstrøm** Skokloster, Schweden **Gerd Biegel** Braunschweig **Guy Blasy** Lyon **Dr. Angelo Bottini** Florenz **Prof. Dr. Tilo Brandis** Berlin **Dr. William Brashear** Berlin **Astrid und Uwe Breker** Köln **Dr. Christopher Brown** Oxford, USA **Dr. Herbert Butz** Berlin **Florence Callu** Paris **Annie Caubet** Paris **Monique Cohen** Paris **Antoine Coron** Paris **Spencer R. Crew** Washington D. C. **Dr. Vivian Davies** London **Dr. Cornelia Denz** Darmstadt **Peter und Maria Didrichsen** Helsinki **Dr. Wolfgang Dietrich** Hannover **Dr. Frank Dreesen** Münster **Prof. Dr. Alexander Dückers** Berlin **Brian Durrans** London **Angela und Carolin Eichhorst** Berlin **Dr. S. B. Engelsman** Leiden **Dr. Leonardo Farinelli** Parma **Prof. Dr. Wolf Peter Fehlhammer** München **Dr. Hartmut-Ortwin Feistel** Berlin **Alan Fern** Washington D. C. **Dominique Ferriot** Paris **Dr. Manuela Fischer** Berlin **Elisabeth Fontan** Paris **Rémi Froger** Le Mans **Dr. Maria Gaida** Berlin **Prof. Paolo Galluzzi** Florenz **HR Dr. Ernst Gamillscheg** Wien **Dr. Wilfred Geominy** Bonn **HR Dr. Kurt Geschwantler** Wien **Dr. Helmut Gold** Frankfurt am Main **Prof. Günther Gottmann** Berlin **Dr. Bettina Gundler** München **Gerhard Hartl** München **Tim Healing** London **Prof. Dr. Detlef Heikamp** Florenz **Prof. Dr. Wolf-Dieter Heilmeyer** Berlin **Dr. Bernhard Heitmann** Hamburg **Prof. Dr. Klaus Helfrich** Berlin **Dr. Helmut Hell** Berlin **Dr. Gisela Herdt** Berlin **Prof. Dr. Wolfram Hoepfner** Berlin **Wiltrud Holik** Botschafterin der Bundesrepublik Deutschland, Wien **Anke Hölzer** Hannover **Joseph Hoppe** Berlin **Prof. Dr. Wilhelm Hornbostel** Hamburg **HR Dr. Eva Irblich** Wien **Dr. Antonius Jammers** Berlin **Dr. Volker Kästner** Berlin **Dr. Angela Klein** Braunschweig **Heidrun Klein** Berlin **Robert Knox** London **Prof. Dr. Hans Joachim Koloß** Berlin **Dr. Rainer Krempien** Berlin **Dr. Lieselotte Kugler** Berlin **Lutz Leinert** Frankfurt am Main **HR Dr. Manfred Leithe-Jasper** Wien **Dr. Enrichetta Leospo** Turin **Dr. Hermann Leskien** München **Dr. Johanna Lessmann** Hamburg **Gérard Littler** Straßburg **Dr. Regina Mahlke** Berlin **Dr. Joachim Marzahn** Berlin **Prof. Dr. Wilfried Menghin** Berlin **Dr. Ottmar Moritzsch** Wien **Cécile Morrison** Paris **Dr. Ingeborg Müller** Berlin **Dr. Claudius Müller** Berlin **Lorenza Mochi Onori** Rom **Dr. Eef Overgaauw** Berlin **Monsignore Alberto Piazzi** Verona **Dr. Gertrud Platz** Berlin **Dr. Günther Poetke** Berlin **Pamela Porter** London **Dr. Simone-Christane Raschmann** Berlin **Bodil Bundgaard Rasmussen** Kopenhagen **Dr. Konstantin Restle** Berlin **Joseph J. Rishel** Philadelphia **Dr. Francesco Rossi** Bergamo **Lars Rütz** Berlin **Dr. Beate Salje** Berlin **Prof. Dr. Helmuth Satzinger** Wien **Hermann Sausen** Wien **HR Dr. Wilfried Seipel** Wien **Dr. Markus Schindlbeck** Berlin **Prof. Dr. Helwig Schmidt-Glintzer** Wolfenbüttel **Prof. Dr. Walter Schobert** Frankfurt am Main **Prof. Dr. Peter-Klaus Schuster** Berlin **Prof. Dr. Gerhard Schuster** Weimar **Dr. Karl Schütz** Wien **Wolfgang Sell** Hamburg **Prof. Dr. Harald Siebenmorgen** Karlsruhe **DDr. P. Gerfried Sitar** St. Paul im Lavanttal, Österreich **Dr. Philip Smyly** Dublin **Dr. Klaus Stemmer** Berlin **Prof. Dr. Werner Sundermann** Berlin **Dr. Doron Swade** London **Marlo Thompson** Feldkirchen **Julia Toffolo** London **Friederike von Trotha** Berlin **Prof. Dr. Willibald Veit** Berlin **Dr. Susan Walker** London **Dr. Annette Wehmeyer** Berlin **Prof. Dr. Dietrich Wildung-Schoske** Berlin **Dr. Dysri Williams** London **Dr. Clara B. Wilpert** Basel **Birgit Wolff** Berlin **Thomas Worschech** Frankfurt am Main **Dr. Susanne Ziegler** Berlin **Dr. Ing. habil. Horst Zuse** Berlin

—— DANKSAGUNG FÜR WISSENSCHAFTLICHE KOOPERATION Staatliche Museen zu Berlin, Antikensammlung | Staatliche Museen zu Berlin, Ethnologisches Museum, Fachreferat Musikethnologie —— UNTERSTÜTZENDE UNTERNEHMEN echtzeit AG | BVG, Berliner Verkehrsbetriebe | Daimler Chrysler Services (debis) AG | Kronos Consulting, Berlin

HENDRIK BUDDE ——— GEREON SIEVERNICH

Gegen Ende der Ausstellung »Sieben Hügel – Bilder und Zeichen des 21. Jahrhunderts«, im Oktober 2000, werden es nur noch wenige Wochen sein, bis das 21. Jahrhundert beginnt. Will man versuchen, die Bedeutung des Wissens für unsere Weltgesellschaft im kommenden Jahrhundert zu beschreiben, so könnte man hunderte von Titeln, die aktuell auf dem Buchmarkt greifbar sind, zu Rate ziehen. ——— Zwei Argumentationslinien lassen sich vielleicht festhalten. Eine besagt: Noch nie lebten so viele Wissenschaftler auf dieser Welt zur gleichen Zeit. Jedoch – führt dies nur zu einem Wissenszuwachs oder auch zu neuen Lösungen, sind doch die Probleme der Weltgesellschaft manifest. Zieht man Zahlen heran, so ergibt sich, dass von 80 Millionen neu geborenen Menschen auf der Erde 60 Millionen in Städte streben – wie werden die Wissensexperten damit umgehen? Wird man die gravierenden Probleme des Hungers lösen können? Wird man die Wasserversorgung der Menschen sicherstellen können? ——— Wird man im kommenden Jahrhundert die letzten Rätsel des Gehirns erforscht haben, welches doch das alleinige dem Menschen zur Verfügung stehende Organ ist, all das auf dieser Welt versammelte Wissen zu ordnen und zugänglich zu halten? ——— Die zweite Argumentationslinie besagt, Maschinen, also Computer, werden den Menschen in der Beherrschung des Wissens ablösen. Bei vielen der in diesem Zusammenhang geführten Diskussionen bleibt die Frage nach der Bewertung des Wissens oft unbeachtet. Schließlich ist jeder Wissenszuwachs danach ethisch zu bewerten, welchem Fortschritt er zu dienen vermag. Sollen Maschinen – man spricht bezeichnenderweise nur von »Künstlicher Intelligenz« und nicht von »Künstlicher Vernunft« – diese Bewertung vornehmen? Ein Horrorszenario. ——— Das Kapitel *Wissen* der Ausstellung erhebt nicht den Anspruch, Antworten auch nur auf eine dieser Fragen geben zu können. Strikt wird auch unterschieden zwischen »Wissen« und »Information« – nicht die »Informationsgesellschaft«, vielmehr die »Wissensgesellschaft« der Zukunft interessiert. Denn Wissen ist die durch menschliches Vermögen geordnete und nach Bedeutung gefilterte Information. ——— Das Kapitel *Wissen* versucht, in der Vergangenheit jene Bruchstellen aufzuspüren, die für das Sammeln von Wissen einen »Paradigmenwechsel« bedeuteten. Die Keilschriftbibliothek des Assurbanipal bewahrte Texte, die noch recht umständlich erfasst werden mussten. Papyrus und Pergament boten ein schnelleres Mittel der Dokumentation. In der antiken Bibliothek von Pergamon, in der Ausstellung virtuell zu sehen, studierte man aus Pergamentrollen. Papier war, nachdem man es erfunden hatte, leichter als alles zuvor verwendete Material zu produzieren – und bis in unsere Zeit des angeblich papierlosen Büros hat es seine Dominanz bewahren können. ——— Doch die Konkurrenz digitaler Speicherung von Wissen, in der Nachkriegszeit begonnen, wird im kommenden Jahrhundert die Technik der Wissensspeicherung so sehr beeinflussen, dass auch die Gewohnheiten des Umgangs mit Wissen sich ändern werden. Welche Folgen hat es, wenn der gesamte Textvorrat einer großen Bibliothek – und mehr – auf einem kleinen Würfel untergebracht werden kann? ——— Was bedeutet es, wenn die dezentrale Distribution von Wissen, hierfür steht das Internet, immer mehr zunimmt? Welche Veränderungen werden jene Orte erfahren, die doch der ganze Stolz vieler Nationen sind – die Nationalbibliotheken? Werden sie virtualisiert? ——— Das Kapitel *Wissen* versucht nicht, Antworten zu geben, eine Ausstellung wäre dafür nicht der richtige Platz. Es versucht vielmehr, mit der Darstellung der Paradigmenwechsel der Vergangenheit Einsichten für den zukünftigen Umgang mit den Wissenssammlungen der Welt zu vermitteln. In den nächsten Jahrzehnten werden wir erfahren, welche neuen technischen und geistigen Traditionen entstehen, wenn es um das Sammeln, Ordnen und Bewahren von Wissen geht.

6/25 Speicherkristal Institut für Angewandte Physik, TU Darmstadt

❶ 6/34 **Plinius beim Schreiben seines Werkes** 15. Jh., Wien, Österreichische Nationalbibliothek ❷ **Athena als Siegerin über die Unwissenheit** um 1591, Bartholomäus Spranger, Kunsthistorisches Museum Wien ❸ **Kaiser Kangxi (1662–1722) beim Lesen in seiner Bibliothek** Hängerolle, Palastmuseum Peking ❹ 6/56 **Vorlesung an der Universität von Bologna** 2. Hälfte 14. Jh., Laurentius de Voltolina, Staatliche Museen zu Berlin, Kupferstichkabinett ❺ **»Virtuell Pergamon«** entsteht im Computer artemedia ❻ 6/1 **Statue der Athena Parthenos aus der Bibliothek von Pergamon** hellenistisch, um 150 v. Chr., Staatliche Museen zu Berlin, Antikensammlung

❸ ❹

WIR ALLE [...] HABEN AUS DER WELT EINEN COMPUTER GEMACHT. DIE ABERMALIGE

ERSCHAFFUNG DER WELT NACH DEM BILD DES COMPUTERS VERÄNDERT UNMERKLICH

BEI SÄMTLICHEN MITLEBENDEN DIE AUFFASSUNG VON SPRACHE UND ZEICHEN, VON

ZEIT UND ZAHL. ___ JOSEPH WEIZENBAUM, 1985

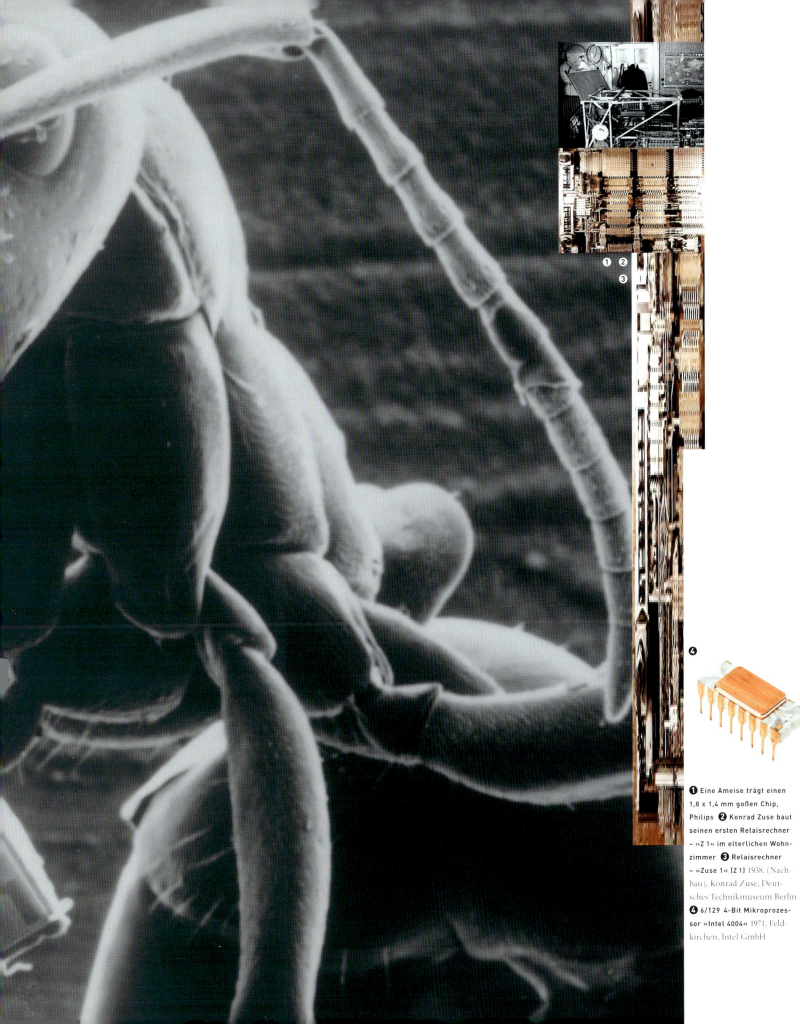

❶ Eine Ameise trägt einen
1,8 x 1,4 mm goßen Chip,
Philips ❷ Konrad Zuse baut
seinen ersten Relaisrechner
– »Z 1« im elterlichen Wohnzimmer ❸ Relaisrechner
– »Zuse 1« (Z 1) 1938, (Nachbau), Konrad Zuse, Deut-
sches Technikmuseum Berlin
❹ 6/129 4-Bit Mikroprozessor »Intel 4004« 1971, Feldkirchen, Intel GmbH

)wissenswertes. wegweiser durch die ausstellung

HENDRIK BUDDE ———— BERND GRAFF

→ **einleitung** Wissen wird im 21. Jahrhundert von grundlegender Bedeutung für die Entwicklung der Menschheit sein. Wissen, verstanden als bewährte, gesicherte, unumstößliche Erfahrung, die sich tradiert und verfügbar ist, hat schon immer die Kultur einer Gesellschaft bestimmt, wie auch umgekehrt gesellschaftliche Bedingungen das Wissen beeinflussten. »Wissen ist Macht« wusste nicht nur der englische Philosoph Francis Bacon (16. Jh.), sondern auch schon Lao-Tse (6. Jh. v. Chr.). Die Regionen, die Bildung und Wissenserwerb besonders fördern, über ein gutes Schulsystem, akademische Institute und modernste technische Ausstattung an Computern und Kommunikationsnetzen verfügen, werden auch zukünftig eine führende Rolle einnehmen. Der technische »Oberbau« allein, der unbegrenzte Zugriff allgemein verfügbarer Informationen, kann das Problem der heutigen regionalen Wissenskonzentration nicht beheben. Die elektronische Form der Trias Ton, Text, Bild und ihre Speicherung ist kaum ein halbes Jahrhundert alt; dem Prozess ihres globalen elektronischen Transfers wohnen wir gegenwärtig bei. Bezugnehmend auf Platons Befürchtung, die Schriftlichkeit würde das persönliche Erinnerungsvermögen verkümmern lassen, wird sich erweisen, ob der verbreitete kulturphilosophische Pessimismus, der einen Verfall der Schriftkultur durch die elektronischen Medien prophezeit, sich als begründet herausstellt. Für die Weitergabe von Erfahrenem und von Erkenntnissen reicht das gesprochene Wort. Grundlage der Wissenschaft ist jedoch die Schrift, das wichtigste Medium der menschlichen Informationsverarbeitung und Wissensspeicherung. Schriften, auf welchem Trägermaterial auch immer, müssen aufbewahrt und für spätere Referenz sinnfällig geordnet sein. _____ Die Zukunft lässt sich nicht mit Realien ausstellen. Zukunfts-Prognosen haben sich oft als falsch herausgestellt. Der Ausstellungsbereich »Wissen« betrachtet die historisch gewachsenen Wissensgrundlagen verschiedener Kulturen der Welt, die zukünftig immer mehr zu einer Weltkultur zusammenwachsen werden. Es wird gezeigt, dass neben den religiösen und machtpolitischen Voraussetzungen die Gewinnung von wissenschaftlichen Erkenntnissen abhängig ist von organisatorischen Strukturen, etwa akademischen Institutionen und den Techniken der Speicherung und Weitergabe von Wissen. Ergebnisse dieses über Jahrtausende hinweg gesammelten und weitergegebenen Wissens, welches schließlich die Basis für alle zukünftigen Entwicklungen ist, werden in den verschiedenen »Hügeln« der Ausstellung dargestellt. → **säulen der weisheit** Die Generierung von Wissen war immer gesellschaftlichen Bedingungen verpflichtet. Politische und religiöse Institutionen, seien es Priesterkasten, Gottkönige, Herrscher, Diktatoren, lenkten in jeglicher Art – fördernd, unterdrückend oder verfälschend – das Wissen. Die altorientalischen Wissenschaften standen ganz im Dienste der Herrscher und Priester. Sie verstanden sich als von den Göttern auserwählte Repräsentanten, die das Wissen der Götter und ihre Weisungen an die Menschheit weitergeben. Sie verstanden die Sprache der Götter, galten als Erfinder der Schrift. Die Priester und Schreibbeamten – in oralen Kulturen die Druiden, Schamanen, Magier oder Medizinmänner – waren die

❶

Verwalter des göttlichen Wissens und die Träger des kollektiven Gedächtnisses. Zusammen mit Statuen von Göttern, Priestern und Weisen ist eine zeitgenössische »Säule der Weisheit« ausgestellt, ein Supercomputer: »Cray 2«. Vor kaum mehr als zehn Jahren waren diese auf rundem Grundriss zusammengestellten Rechnereinheiten die schnellsten Hochleistungscomputer der Welt. Die transparenten Bauteile lassen die unzähligen Kabelstränge und die durch blutplasmaähnliche Flüssigkeit gekühlten elektronischen Bauteile, die an Gehirnstrukturen erinnern, erkennen. Die Rechengeschwindigkeiten dieser Supercomputer nehmen zukünftig ins Unermessliche zu – wird die Menschheit dadurch auch weiser? →die bibliothek der ewigkeit Sind in schriftlosen Gesellschaften einzelne Personen Träger des kulturellen Gedächtnisses, so müssen in Schriftkulturen die Aufzeichnungen in Wissensspeichern – Bibliotheken und Archive – verwahrt werden. Ohne Zweifel werden die heutigen Wissens- und Kulturspeicher der Menschheit auch zukünftig ihre kulturtragende Aufgabe wahren. Wie bisher, werden ihre baulichen Formen dem architektonischen Zeitgeschmack angepasst und für ihre Bestände wechselnde pädagogische beziehungsweise »benutzerfreundliche« Vermittlungskonzepte erarbeitet werden. Diesen, die Welt der Realien repräsentierenden auratischen Denk- und Gedenkstätten, stehen jedoch zukünftig virtuelle Sammlungen gegenüber. Bild-, Schrift- und Tondokumente sind heute schon in digitalisierter Form zusammen auf einem Speicherelement konservierbar und theoretisch von jedem Ort der Welt mit einem elektronischen Lesegerät abrufbar. Die Vorstellung einer elektronischen Weltbibliothek und eines virtuellen Museums der Weltkulturen ist kaum noch ein Problem der technischen Realisierbarkeit, als vielmehr der rechtlichen Fragen. Allerdings bereitet die langfristige Konservierung des digitalisierten Weltkulturerbes eine große technische Herausforderung, denn die heutigen elektronischen Massenspeicher sind dafür offensichtlich ungeeignet. Am Erfolg versprechendsten scheint die älteste Technik in gewandelter Form zu sein, das Einschreiben in Festkörper. Wie schon vor 5000 Jahren, in Stein gemeißelt oder in Tontafeln eingedrückt, sollen Informationen direkt in ein Material geschrieben werden, jedoch nicht mehr mit einem Meißel oder Schilfgriffel, sondern mit dem Laser in einen Lithiumniobat-Kristall. ____ Ausgehend von den Anfängen der Aufbewahrung von Schriften dokumentieren die Exponate die Geschichte der Ordnungsysteme von den ersten Wortverzeichnissen (Onomastiken) bis zu den Enzyklopädien und die Entstehung von Kunst- und naturkundlichen Sammlungen. Zeugnisse der Vernichtung von Wissen durch Kriege, Verfolgung von ethnischen und religiösen Minderheiten, Katastrophen und dem natürlichen Zerfall von Schriftträgern werden in Zusammenhang mit der archäologischen Wiederentdeckung von Schriftkulturen gezeigt. Wissensspeicherung setzt Bildung von Wissen voraus. Die Gründungen der ersten akademischen Institutionen in Griechenland und der dort fixierte Kanon der Wissenschaften, die Grundlage der heutigen Wissensgesellschaft, ist ein weiteres zentrales Thema dieses Kapitels. →ordnung der welt Die Geschichte einer Kultur kommt ohne ein Zeitsystem nicht aus. Schon in sumerischer Zeit wurden von den Herrschern einzelner Stadtstaaten chronologisch geordnete Königslisten verfasst, die weit in die Vorzeit zurückreichten, um ihren politischen Anspruch zu legitimieren, »vom Himmel herab« gekommen zu sein. Mit der Einführung der Schrift ging auch eine systematische Erfassung der natürlichen und artifiziellen Welt einher. Schon früh wurden in Mesopotamien und Ägypten Verzeichnisse von Worten und Begriffen bestimmter Sachgebiete, häufig ergänzt durch Etymologien oder Synonyma, aufgestellt. Diese lexikalischen Werke sind die Vorläufer der Enzyklopädien. Die in der Antike und im Mittelalter maßgebende Enzyklopädie war die

❶ 6/144 Bodhisattva Manjushrî, die Personifizierung von höchstem Wissen Westtibet, Jambalyang, 13. Jh., Museum der Kulturen Basel ❷ 6/143 Quetzalcoatl, Gott des Lernens Mexiko, aztekisch, 15./16. Jh., Helsinki, Didrichsen Art Museum ❸ 6/134 Verehrung des Nabu, Gott des Schreibens und der Weisheit Mesopotamien, Assur, 1243–1207 v. Chr., Staatliche Museen zu Berlin, Vorderasiatisches Museum

Naturgeschichte des Plinius (Gaius Plinius Secundus, 23/24–79 n. Chr.), der als erster den Versuch unternahm, die gesamte natürliche Welt in einem einzigen Werk abzuhandeln. _____ Museen, den Musen geweihte Stätten, waren in der Antike oft Zentren von Lehranstalten – etwa der Platonischen Akademie oder des Museions von Alexandria – Sammlungen von Kunstwerken waren es jedoch nicht. Kunstwerke wurden von Herrschern in ihren Palästen und von Priestern in ihren Tempeln gesammelt. Die Forderung nach einer öffentlichen Kunstsammlung ist uns erstmals durch Agrippa (62–12 v. Chr.) überliefert. Der ausgedehnte Skulpturen-Garten des Asinius Pollio in Rom scheint weitgehend dieser Forderung entsprochen zu haben. Zu den kirchlichen und herrschaftlichen Kunstsammlungen des Mittelalters kamen in der Renaissance Studiosammlungen von Gelehrten hinzu. Aus den Bestrebungen heraus, die Kunst- und Wunderkammern des 17. und 18. Jahrhunderts nach Gattungen zu systematisieren, entwickelten sich Kunstmuseen und später naturkundliche Sammlungen. Als Stätte nationaler kultureller Identität wurde das Museum zum ersten Mal seit der Französischen Revolution verstanden. → institutionalisierung des wissens In einem dem Heros Akademos geweihten Hain in der Nähe Athens gründete 387 v. Chr. Platon eine Schule für Philosophen. Diese nach ihrem Standort benannte »Akademie« ist die erste wissenschaftliche Institution, die unabhängig vom herrschaftlichen oder religiösen Patronat ins Leben gerufen wurde. Als Institution bestand sie 900 Jahre, 529 ließ sie Kaiser Justinian schließen. Nach dem Vorbild der »Akademie« gründete Aristoteles 334 v. Chr. das »Lykeion«, welches noch mehr als die »Akademie« den Charakter einer Forschungsstätte besaß. Das breitgefächerte Spektrum der in Griechenland gepflegten Wissenschaften wurde in sieben *Disciplinae* eingeteilt, die als Bildungskanon des »freien« Mannes galten: die Freien Künste (*enkyklios paidea,* lat. *artes liberales*). In Rom wurde durch die Aufnahme der Medizin und der Architektur die Anzahl der artes auf neun, analog der Zahl der Musen, erhöht. Im christlichen Mittelalter wurde wieder auf die Tradition der Siebenzahl – Planeten, Sakramente, Tugenden – zurückgegriffen. Die *artes* bildeten die Enzyklopädie alles menschlichen Wissens und wurden als die Grundlage zum Verständnis der christlichen Heilsbotschaft verstanden. → zerstörtes wissen Kriege, Katastrophen und der natürliche Zerfall von Schriftträgern haben gespeichertes Wissen der Menschheit vernichtet. Dazu kommt das systematische Löschen von Erinnerungen. Von der Obrigkeit angeordnet, gab es bereits im alten Ägypten und in Griechenland die Vernichtung von Schriften. Der chinesische Kaiser Ch'in Shih Huang-ti ließ im Jahre 213 v. Chr. alle Bücher der konfuzianischen Opposition verbrennen. Der römische Kaiser Diokletian befahl im Jahre 303, die Schriften der Christen zu verbrennen, der oströmische Kaiser Theodosius II. verfügte 439 die Vernichtung aller jüdischen Schriften. Die Geschichte der Bücherverbrennung reicht bis in unsere Zeit. _____ Nach Zerstörung oder Verfall einer Kultur hat sich deren Wissen häufig nur durch Übersetzungen in andere Sprachen erhalten. So ist die Literatur der Sumerer, Akkader, Babylonier und Assyrer fast ausschließlich in der »neuassyrischen« Fassung bekannt, die im Auftrage Assurbanipals bearbeitet und gesammelt wurde. Viele griechisch/hellenistische Texte sind nur in arabischer Übersetzung bekannt. Waren es meist syrische Christen oder Konvertiten, die die griechischen Texte ins Arabische übertrugen, so waren es meist jüdische Gelehrte, die diese später ins Lateinische übersetzten und an das christliche Abendland weitergaben. Antike Schriften wurden auch in christlichen Klöstern gesammelt, häufig wurden sie jedoch, aus Mangel am kostbaren Pergament, abgeschabt und überschrieben (Palimpseste). Viele dieser Texte wurden in der Renaissance wiederentdeckt. _____ Im Zentrum dieses Themenkomplexes steht die kolos-

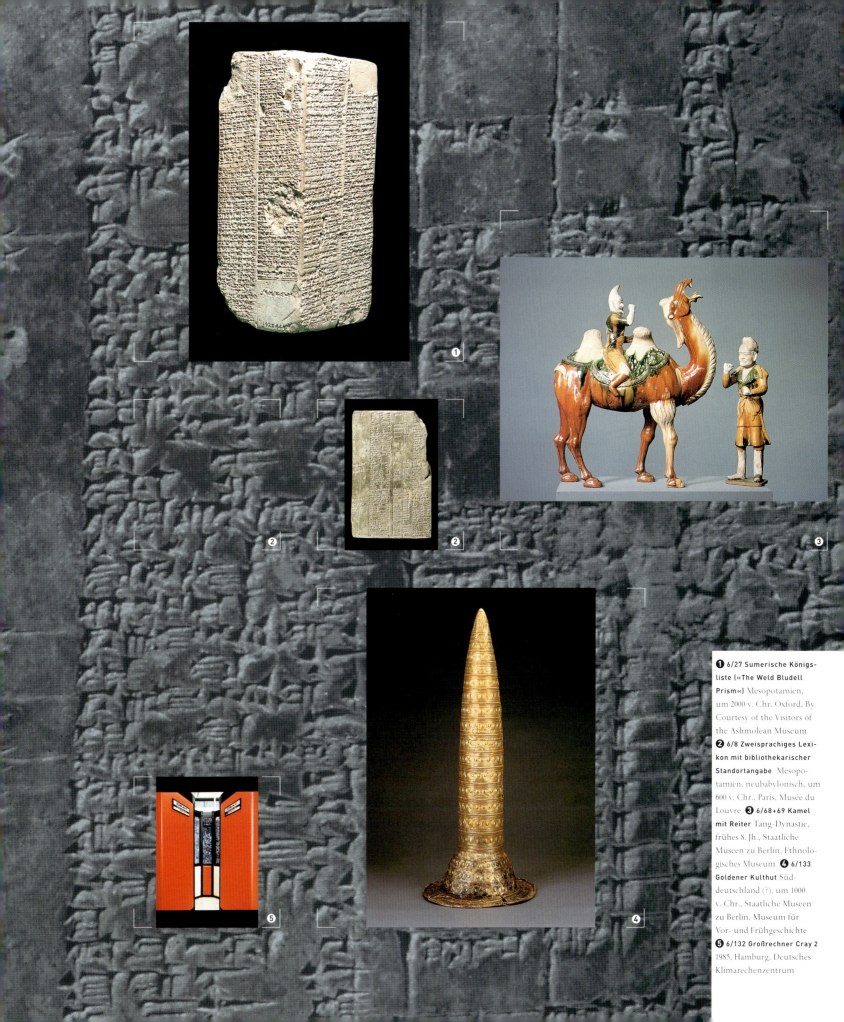

① 6/27 Sumerische Königs-liste (»The Weld Bludell Prism«) Mesopotamien, um 2000 v. Chr. Oxford, By Courtesy of the Visitors of the Ashmolean Museum **②** 6/8 Zweisprachiges Lexi-kon mit bibliothekarischer Standortangabe Mesopo-tamien, neubabylonisch, um 600 v. Chr., Paris, Musée du Louvre **③** 6/68+69 Kamel mit Reiter Tang-Dynastie, frühes 8. Jh., Staatliche Museen zu Berlin, Ethnolo-gisches Museum **④** 6/133 Goldener Kulthut Süd-deutschland (?), um 1000 v. Chr., Staatliche Museen zu Berlin, Museum für Vor- und Frühgeschichte **⑤** 6/132 Großrechner Cray 2 1985, Hamburg, Deutsches Klimarechenzentrum sale Marmorfigur der Athena (Berlin, Pergamonmuseum). Die Figur der Göttin der Weisheit und des Verstandes stand im Lesesaal der Bibliothek von Pergamon, einer der ersten öffentlichen wissenschaftlichen Bibliotheken der Antike. Noch größer und noch bedeutender war die Bibliothek der Museion-Philosophenhochschule in Alexandria. Im Gegensatz zu den erhaltenen baulichen Überresten der Bibliothek von Pergamon haben auch die neuesten archäologischen Unterwasserforschungen im Hafenbecken von Alexandria keine Spuren des berühmten Museions freilegen können. Die Bibliotheken von Alexandria und Pergamon waren nicht nur die größten Wissensspeicher der hellenistischen Welt, sondern zugleich die führenden Stätten der Forschung, welche die Tradition der von Platon und Aristoteles gegründeten Philosophenhochschulen Athens fortsetzten. Als Stätten der Ordnung von Wissen und der Forschung leben die Prinzipien der beiden großen hellenistischen Bibliotheken in den heutigen Nationalbibliotheken weiter. Der Besucher kann virtuell in den großen Lesesaal der pergamenischen Bibliothek eintreten und die im Original ausgestellte Athena an ihrem ursprünglichen Standort und in ihrer ursprünglichen Farbgebung bewundern. Hier lässt sich erahnen, wie mit Hilfe elektronischer Rechner zukünftig antike Welten neu entstehen und uns eine virtuelle Renaissance der Antike ermöglichen. →data morgana

❶

Das cartesische Theorem »ich denke, also bin ich« scheint im 21. Jahrhundert eine Wandlung zu erfahren: »ich bin vernetzt, also existiere ich«. Zu allen Zeiten waren die Medien Generatoren gesellschaftlichen Wandels. Die Vorstellung, zukünftig alles Wissen mit Hilfe des Hypermediums Computer, das alle technischen Medien der Ton-, Schrift- und Bildübertragung in sich vereint, abrufen zu können, wird hier spielerisch als Schaltstelle der sieben Themen der gesamten Ausstellung umgesetzt. Von sieben Sitzen aus können die Besucher Informationen und Filme zu den sieben »Hügeln« aufrufen oder sich online in das Internet, das derzeit schnellste Datennetz der Welt, schalten. _____ »Der Fortschritt lebt vom Austausch des Wissens« (Albert Einstein). Von der mündlichen, der handschriftlichen und der drucktechnischen Weitergabe von gesellschaftlichem Wissen wird der Bogen zu den modernen Kommunikationsnetzen gespannt. Bereits in der Antike standen »weltweit« die Schriftkundigen miteinander in Kontakt und tauschten Briefe und Botschaften aus. Verbreitung von Wissen erfolgte insbesondere durch Kaufleute und Pilger, aber auch durch Kriegsheere über die großen Handelsruten zu See und Land, etwa der Seidenstrasse, die Europa mit Asien verbindet. Samuel Morses Telegraphenleitung (1833) machte zum ersten Mal »bisher isolierte menschliche Erlebnisse gleichzeitig« (Stefan Zweig). Die Verkabelung der Welt begann mit den ersten Tiefseekabeln zwischen Europa und Amerika (1858); Kupferkabel, die auch heute noch zum Transport der Bits gebraucht, aber bald durch Glasfaserkabel ersetzt sein könnten. Die durch Heinrich Hertz beschriebenen elektrischen Wellen führten zur drahtlosen Telegrafie. Die Möglichkeiten dieses neuen Mediums wurde spätestens seit dem Untergang der »Titanic« erkannt, deren ausgesandte Notrufe durch die an Bord befindliche Marconi-Station vielen Menschen das Leben retteten. Das Fernsehen, die Wiedergabe und der Empfang bewegter Bilder mit Hilfe elektomagnetischer Wellen ist eine weitere Station auf dem Wege zum Hypermedium Computer.

❶ 6/53 Darstellung der Sieben Freien Künste (artes liberales) Süditalien oder Hlg. Land, 3. Viertel 13. Jh., London, The British Library ❷ 6/33 Plinius beim Schreiben seines Werkes England, Mitte 12. Jh., Le Mans, Médiathèque Louis Aragon

→ turing galaxis Getragen von der Idee, dass die Natur wie ein perfektes Uhrwerk funktioniert, glaubte der Universalgelehrte Gottfried Wilhelm Leibniz (1646 – 1713) Denken und Wissen auf die Mathematik zurückführen zu können. Ein Gedanke, der 1935 von dem englischen Mathematiker Alan Mathison Turing (1912 – 1954) wieder aufgegriffen wurde. Turing war überzeugt, mit Hilfe seiner Universal Discrete Machine (»Turingmaschine«) alles Berechenbare berechnen zu können. Er zählte dazu auch die menschliche Intelligenz. Grundlage seiner Rechnerlogik ist das binäre Zahlensystem, die Darstellung aller Zahlen mit den Ziffern 0 und 1. Als erster hatte Leibniz die binäre Arithmetik systematisch abgehandelt und sie der wissenschaftlichen Öffentlichkeit seiner Zeit bekannt gemacht. Leibniz war sich der Möglichkeit bewusst, dass seine das dekadische Zahlensystem ersetzende »Dyadik«, die er metaphysisch interpretierte – als Symbol für Gott und das Nichts – mechanisiertes Rechnen erleichtern könnte. Die von ihm entwickelte erste mechanische Rechenmaschine für die vier Grundrechnungsarten – Vierspeziesmaschine – arbeitete jedoch mit dem konventionellen Zehnersystem. Erst Ende der dreißiger Jahre des 20. Jahrhunderts wurde das binäre Zahlensystem elektromagnetisch umgesetzt. Die Ziffern 0 und 1 repräsentieren die elektrischen Spannungszustände »an« oder »aus«: ein Bit. Es wurden Maschinen konzipiert, Computer, die zunächst mechanisch, dann elektronisch nach diesem Prinzip rechnen, eben digital. Da nicht nur alle Zahlen, sondern auch alle Schriftsysteme, Bilder, Töne, möglicherweise zukünftig auch Gerüche in kaum enden wollenden Bitfolgen dargestellt werden können, scheint das Zeitalter des Buchdrucks, die »Gutenberg-Galaxis«, in das digitale Zeitalter, die »Turing-Galaxis«, überzugehen. _____ Der Wunsch der Menschheit, das »unwürdige« sture Rechnen, wie es Leibniz ausdrückte, maschinell zu erleichtern, wird in der Ausstellung mit zahlreichen mechanischen Kunstwerken dokumentiert. Ein 1903 auf einem gesunkenen Schiff vor der Insel Antikythera gefundener Bronzemechanismus belegt, dass bereits in der Antike Geräte für astronomische

❷

Berechnungen mit Zahnradtechnik benutzt wurden. Zahnradgetrieben waren auch die ersten Rechenmaschinen, die ab dem 17. Jahrhundert für die vier Grundrechenarten gebaut wurden. Zahnräder bestimmten den Bau der Rechenmaschinen bis in das 20. Jahrhundert. Der Höhepunkt dieser Zahnradtechnologie wäre sicher die »Analytical-Engine« des Mathematikers Charles Babbage (1792 – 1871) gewesen, eine Universalmaschine zur Lösung aller denkbaren algebraischen Funktionen, die jedoch nur ein Entwuf blieb. Sie war so groß geplant, dass sie wahrscheinlich mit Dampfkraft hätte angetrieben werden müssen. Die Maschine wies bereits alle Funktionen eines modernen Computers auf: Rechenwerk (»mill«), Speicher (»store«), Ein- und Ausgabeschnittstelle. Gesteuert wurde das Programm, das alle vier Grundrechenarten in einer beliebigen Abfolge zuließ, durch Lochkarten, eine Technik, die von den mechanischen Webstühlen übernommen wurde. Die »Analytical Engine« »webt algebraische Muster buchstäblich auf die gleiche Weise wie der Jacquardsche Webstuhl Blumen und Blätter.« schrieb Ada Byron King, Countess of Lovelace (1815 – 1852), die Tochter des Dichters Lord Byron und der Mathematikerin Annabella Milbanke. Der Vertrauten von Babbage schienen die rechnerischen Möglichkeiten der Maschine unbegrenzt, jedoch sprach sie ihr

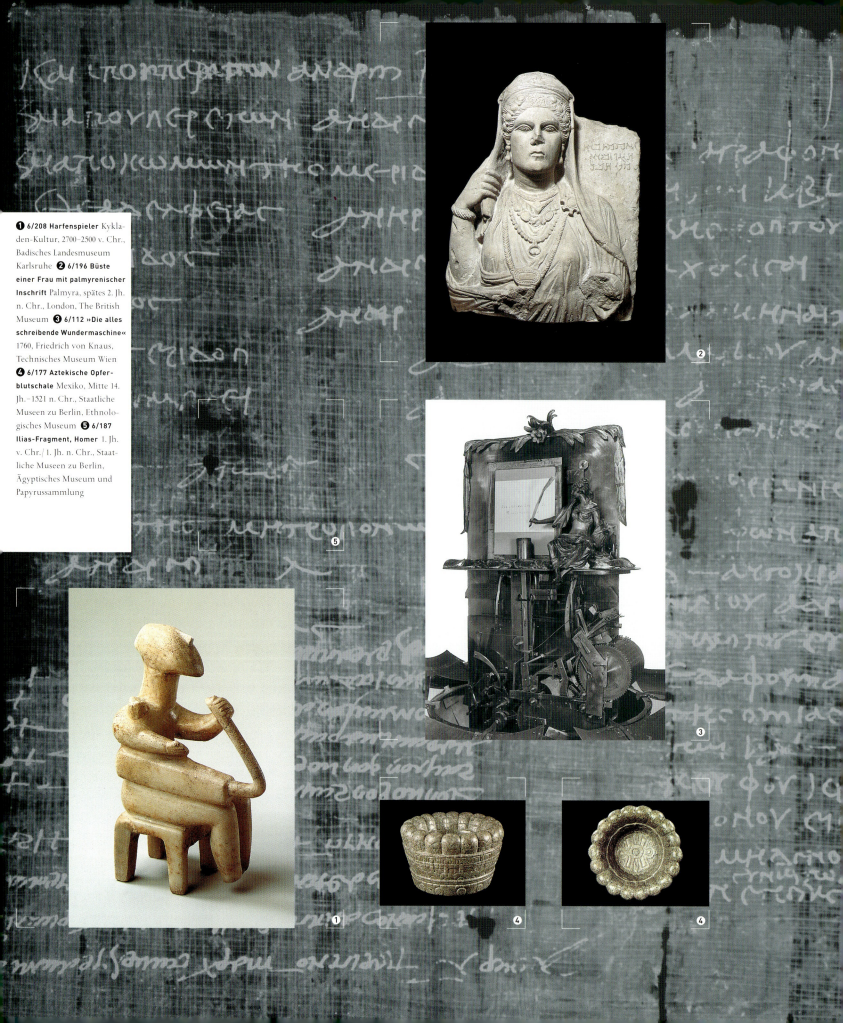

❶ **6/208 Harfenspieler** Kykladen-Kultur, 2700–2500 v. Chr., Badisches Landesmuseum Karlsruhe ❷ **6/196 Büste einer Frau mit palmyrenischer Inschrift** Palmyra, spätes 2. Jh. n. Chr., London, The British Museum ❸ **6/112 »Die alles schreibende Wundermaschine«** 1760, Friedrich von Knaus, Technisches Museum Wien ❹ **6/177 Aztekische Opferblutschale** Mexiko, Mitte 14. Jh.–1521 n. Chr., Staatliche Museen zu Berlin, Ethnologisches Museum ❺ **6/187 Ilias-Fragment, Homer** 1. Jh. v. Chr. / 1. Jh. n. Chr., Staatliche Museen zu Berlin, Ägyptisches Museum und Papyrussammlung schöpferische Fähigkeiten ab. Dieser grundsätzliche Vorbehalt gegenüber maschinellem Denken wurde durch einen Vortrag Alan Mathison Turings (1912–1954) über mögliche künstliche Intelligenz als »Lady Lovelace's Objection« sprichwörtlich. _____ An die Stelle der Zahnräder traten im 20. Jahrhundert Relais, Röhren und dann Transistoren. Viele wissenschaftliche und technologische Probleme lassen sich nur durch Differentialgleichungen darstellen, die mit Hilfe analoger Rechenmaschinen gelöst werden können. Die größten dieser Analogrechner wurden unter der Leitung von Vannevar Bush (1890–1974) gebaut. Diese raumgroßen »Differential Analyser« operierten wie die Maschinen von Charles Babbage noch mit dem Dezimalsystem. 1942 entwickelte Bush einen Differenzialrechner mit elektronischen Röhren und gelochten Eingabekarten. _____ Die Lösung militärischer Aufgabenstellungen, hauptsächlich ballistischer und aerodynamischer Probleme, stehn am Anfang der Entwicklung binärrechnender Computer. _____ Unabhängig von gleichzeitigen Entwicklungen in England und den USA wurde in Deutschland von dem Bauingenieur Konrad Zuse der erste funktionsfähige, programmgesteuerte elektromechanische Digitalrechner der Welt gebaut. Der erste vollelektronische Großcomputer der Welt, »ENIAC« (Electronic Numerical Integrator and Computer), war ein mit tausenden von Elektronenröhren ausgestatteter, saalgroßer Mehrzweckrechner. _____ Die relativ kurze Lebensdauer und der hohe Energiebedarf der Elektronenröhren führte 1947 zur Entwicklung des Transistors. Der Transistor – eine Wortkombination aus »transfer« und »resistor« (Widerstand) – wurde eines der wichtigsten Bauelemente der Elektronik. Die Miniaturisierung dieses elektronischen Bauteiles führte 1958 zum ersten integrierten Schaltkreis, dessen Bauteile nicht mehr auf verschiedenen Plättchen, sondern innerhalb ein und desselben Halbleiterkristalls an verschiedenen Stellen angebracht wurden. Diese monolithisch integrierte Schaltung wird auch als Chip (engl. Stückchen Schnipsel) bezeichnet. _____ Der eigentliche Eintritt in die »Turing Galaxis« begann jedoch vor kaum dreißig Jahren, als der erste programmierbare Siliziumchip, der Mikroprozessor, auf den Markt kam. Mikroprozessoren bildeten fortan das eigentliche Herz der Computer, die nun in großer Stückzahl für den privaten Gebrauch gefertigt wurden. Der fortschreitenden Miniaturisierung der Schaltelemente auf einen Chip sind aber physikalische und technische Grenzen gesetzt. Um noch schnellere Prozessoren herzustellen, die ganze Multimedia-Systeme auf einem Chip vereinen – Grafik, Audio, Video – muss die Anwendbarkeit der Transitoren verbessert werden. Anstatt des üblichen Halbleiters Silizium wird nach neuen Materialien gesucht, etwa Germanium, oder nach supraleitenden, sich nicht erhitzenden Schaltelementen, die es erlauben würden, ohne aufwendige Kühlung tausende von Schaltschichten übereinander zu legen. Aus Chips könnten dreidimensionale Würfel werden. Eine andere große technische Herausforderung der Zukunft ist ein Computer, der auf der Basis des quantenmechanischen Tunneleffektes arbeitet. Ein solcher Quantencomputer würde nicht nur grandiose Rechengeschwindigkeiten, sondern auch völlig neue Lösungsmöglichkeiten (Algorithmen) erlauben. Als theoretische Datendichte sind auf einem Stecknadelkopf mehrere 100 Gigabyte, ca. 50 Millionen Textseiten, anzunehmen. → aufschreibesysteme Die Sprache, ein System aus Lauten, welche Erfahrungen und Begriffe in Worte ausdrücken, ist die Grundlage menschlichen Zusammenlebens. Sie ermöglicht kollektive Kommunikation und ist das eigentliche Gedächtnis der Menschheit. Die Schrift ist das wichtigste Medium der menschlichen Informationsverarbeitung und Wissensspeicherung. Auch in der nächsten Zukunft wird der Gebrauch von Schriftzeichen beibehalten werden, denn ein anderes Medium, das Wissen besser transportiert, ist noch nicht in Sicht, selbst wenn die Hör-Bild-Kultur sich

❸

immer weiter auszudehnen scheint. _____ Der Ursprung der Schrift sind Abbildungen der dinglichen Umwelt des Menschen. Doch war es ein langer Weg von den 30 000 Jahre alten Felsbildern, die als Darstellungen mit rituellem Mitteilungscharakter zu betrachten sind, zur Entwicklung der Schrift. Die Anfänge, symbolische Bildzeichen zu benutzen, liegen etwa 10 000 Jahre zurück. Etwa 3500 Jahre später entwickelte sich die ersten Schriftsysteme. Die Gesamtzahl aller Schriftsprachen, die es je gegeben hat, einschließlich der heute noch gebräuchlichen, wird auf 660 geschätzt. Eine geringe Anzahl gemessen an den etwa 4500 noch lebenden Sprachen, die nicht verschriftet sind. Allerdings werden diese schriftlosen Sprachen von weit weniger als zehn Prozent der Weltbevölkerung gesprochen. Schrift mit Sprache zu verbinden, ist in den Kulturen der Welt unterschiedlich gelöst worden. Grundsätzlich gibt es zwei Möglichkeiten: entweder die Bedeutung des Wortes mit Zeichen darzustellen – Logographie (»Gedanken schreiben«), oder unabhängig von der Wortbedeutung die Laute wiederzugeben – Phonographie (»Laute schreiben«).

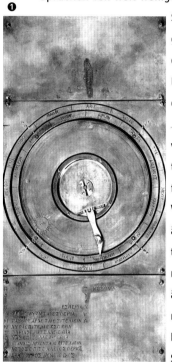

❶ 6/98 **Kalender-Rechengerät von Antikythera** Rhodos (?), um 87 v. Chr., Nachbildung, München, Deutsches Museum ❷ 6/108 **Rechenmaschine von Johann Christoph Schuster** 1789–1792, München, Deutsches Museum

_____ Schriftsysteme mit einem größeren Inventar von Zeichen entwickelten sich wahrscheinlich etwa zeitgleich in Südmesopotamien, im Indus Tal, in Ägypten und in China um 3500 v. Chr. Die frühesten Schriftsysteme, mit denen neben sakralen Texten auch Werke der Literatur und Wissenschaft verfasst wurden, sind die ägyptischen Hieroglyphen und die Keilschrift. Bis zu der Ausbreitung des phönizischen Alphabets war die Keilschrift die internationale Verkehrsschrift im Alten Orient. Fast 3500 Jahre blieben die ägypthischen Hieroglyphen (»heilige Schriftzeichen«) als Zeremonialschrift unverändert in Gebrauch. Die Olmeken, eine frühe Hochkultur des heutigen Mexiko, bildeten im 1. Jahrtausend v. Chr. eine Schrift aus. Sie ist die Wurzel aller Schriftkulturen Mittelamerikas: der Maya, Zapoteken, Tolteken, Azteken und Mixteken. Erhalten haben sich von diesen Schriftsystemen fast nur Bauinschriften und Keramiken, alle Bilderhandschriften wurden bis auf wenige Exemplare von den bekehrungswütigen Missionaren als »Teufelswerk« verbrannt. ⟶ ballett des alphabets Die ursprünglich an der Küste des Libanons siedelnden, zu der semitischen Völkerfamilie gehörenden Phönizier benutzten ein konsonantisches Alphabet aus 22 Buchstaben, welches sowohl die Schriftkultur Europas als auch die weiter Teile Asiens und Afrikas beeinflusste. _____ Etwa um 800 v. Chr. haben vermutlich griechische Städte an den Küsten des Mittelmeeres, die mit den Phöniziern im engen wirtschaftlichen und kulturellen Kontakt standen, die Buchstabenschrift übernommen. Der für die Schriften Europas fundamentale Schritt war die Anpassung des semitischen Konsonantenalphabets an die vokalreiche griechische Sprache. 11 Konsonantenschriftzeichen wurden direkt aus dem Phönizischen übernommen, die übrigen Zeichen wurden den griechischen Lautwerten angeglichen. Die verschiedenen lokalen griechischen Schriftvarianten wurden 403 v. Chr. in einer Schriftreform auf 24 Zeichen vereinheitlicht. Zur Popularisierung des neuen Alphabets führte der Komödiendichter Kallias eine Buchstabenkomödie auf. Einzelheiten der Aufführung haben sich nicht überliefert, es ist jedoch sicher, dass der Chor, der in der attischen Komödie immer aus 24 Mitgliedern bestand, ein Ballett des Alphabets aufführte und verschiedene Buchstabenverbindungen, also Worte, darstellte. Die Schriftzeichen des griechischen Alphabets, benannt nach seinen ersten Buchstaben Alpha und Beta, symbolisieren die kleinste Einheit der Sprache, die Phoneme. _____ Die Sprache der ursprünglich von der arabischen Halbinsel nach Palästina, Syrien und Mesopotamien eingewanderten Aramäer wurde zur Zeit des persischen und parthischen Großreiches (550–225 v. Chr.) die internationale Verkehrssprache von Ägypten bis Nordindien. Als Schrift wurde das phönizische Konsonantenalphabet benutzt. Selbst die sich im 1. Jahrtausend in Indien entwickelnden Buchstabenschriften sind aus dem semitischen Schriftenraum hervorgegangen. _____ Um einen unbegrenzten Schriftenaustausch zwischen allen Computern der Welt zu ermöglichen, ist ein einheitliches Übertragungsprotokoll, eine »Sprache«, notwendig. Versteht man die Buchstaben als Atome der Sprache, wie es die Anhänger der atomistischen Lehre im antiken Griechenland mit gutem Recht taten, so ist das Bit die kleinste Einheit elektronisch kodierter Information. Jedem Buchstaben ist eine Zahlenfolge innerhalb eines Systems aus acht Bit (1 Byte) zugewiesen. Um jedoch die Vielzahl der Zeichen aller Schriftsysteme problemlos übertragen zu können, muss die sie repräsentierende Bitfolge erweitert werden. Auf der Membran wird eine Auswahl von Zeichen in einer zwei-Byte-Folge (16 Bite), die 65 536 Varianten zulässt, dargestellt. Dieser einheitliche Code – »Unicode« – würde zukünftig die multilinguale Textverarbeitung ermöglichen. →sphärenklänge Den Töchtern der Mnemosine, Göttin der Erinnerung, und des Zeus wurde von Hesiod und Homer die »Musiké« als

Kunst zugeschrieben. Die Verbindung von Musik und Erinnern in einer Kultur, in der Dichter und Sänger die Träger des kulturellen Gedächtnisses waren, muss nicht verwundern. Ein Gedicht prägt sich besser ein als Prosa, ein Lied besser als ein Gedicht: verbale Metren wurden mit Rhythmen, Musikinstrumenten und Melodien verbunden. Wie im Altertum, etwa bei dem rhapsodischen Vorträgenen der homerischen Epen, spielt die Musik noch heute in vielen schriftlosen Kulturen eine große Rolle bei der Verbreitung von Wissen. Mit der Einführung der Schrift beginnt in Griechenland auch das Notieren von Tönen. Nach den heutigen Kenntnissen liegen die Anfänge der Verschriftung von Musik in Mesopotamien. Die älteste bekannte Notation wurde in Babylon gefunden, es ist die Stimmung einer Harfe. _____ Töne zu speichern und wiederholt rezipierbar zu machen, ist erst seit der Erfindung des »Phonographen« (1877) durch Thomas A. Edison möglich. Die Installation der »MusikWeltKarte« bringt in der Ausstellung Beispiele historischer Musikaufnahmen aus fünf Kontinenten zum Erklingen. Diese fast ausschließlich in mündlich tradierenden Kulturen mit Hilfe des »Phonographen« auf Wachswalzen aufgenommenen Tonbeispiele sind von unschätzbarem dokumentarischen Wert, da diese Tradierungsketten im Laufe des 20. Jahrhunderts zum größten Teil zerrissen. Die Aufnahmen ermöglichten es nun auch, die nicht notierte außereuropäische Musik systematisch zu erkunden. Mit dem elektronisch codierten binären System lassen sich nun nicht nur Zahlen, Buchstaben und Bilder, sondern auch Töne darstellen. Alle diese Aufnahmen stammen von Tonwalzen aus dem Phonogramm-Archiv des Museums für Völkerkunde in Berlin und sind digitalisiert worden. Töne – Musik und Sprache – werden zukünftig genauso allgemein verfügbar sein wie Schriften und Bilder und in einem virtuellen Welttonarchiv gespeichert sein.

① 6/219 **Porträt von Thomas Alva Edison mit Phonograph** 1889, Abraham Archibald Anderson, Washington, D.C., National Portrait Gallery
② 6/186 **Rhapsode trägt aus Homer vor** 1885, Sir Lawrence Alma-Tadema, Philadelphia Museum of Art **③** 6/213 **Porträt des Musikers und Komponisten Gasparo de Albertis** 1547, Giuseppe Belli, Bergamo, Accademia Carrara

reflexionen – die wissensmembran

EDOUARD BANNWART ——— DANIEL FETZNER

→ **konzeption** Durch die Verbreitung von Computern und die weltweite Vernetzung von Datenbanken kommt es zu einem rasanten Anstieg des Infomationsvolumens. Der geschulte Umgang mit der Datenflut – das heißt diese neu zu sortieren, zu verarbeiten, abzuspeichern und wieder aufzurufen – wird zur Schlüsselqualifikation des 21. Jahrhunderts. Erst durch die aktive Auswahl und Einordnung generiert sich »Wissen« im individuellen wie im kulturgeschichtlichen Bewusstsein. Der selektive Umgang mit Information und die damit verbundene Fähigkeit des Vergessens sind im Begriff, zu einer eigenen Wissenskategorie der »kognitiven Ökonomie« zu werden. Der Begriff des Wissensmanagements steht im Zentrum dieser Entwicklungsphase. → **gestaltung** Der Datenspeicher des Computers und seine Anbindung an Netzwerke wird über architektonische Gedächtnismetaphern und über Schriftzeichen auf der Membranoberfläche

Virtueller Blick in den Raum Data-Morgana (echtzeit AG)

abgebildet. Dies geschieht in Form einer collagenartigen Anordnung, einer Überlagerung von Filmprojektionen, Videosequenzen, VR-Environements, holografischen Darstellungen in Gegenüberstellung zu realen Gegenständen. ——— Das Thema »Wissen« erstreckt sich über sieben Räume. Gestalterisch zusammengefasst wird dieses Kapitel durch eine zusammenhängende semitransparente Fläche, die sich als Kreissegment durch sechs der Räume schwingt. Die Installation symbolisiert die »kosmische Membran«, Pierre Teilhard de Chardins Metapher der modernen Kommunikation: das elektromagnetische Feld, welches unseren Globus umspannt und durch seine technische Nutzbarmachung »jedes Individuum – aktiv und passiv – auf allen Meeren und Kontinenten gleichzeitig gegenwärtig« sein lässt. Sie ist als Gegenüberstellung von auratischen Exponaten zur Wissensentstehung und -dokumentation mit einer medialen Projektionsfläche für Träume, Visionen und Hypothesen gedacht. Sie steht für einen räumlichen und zeitlichen Augenblick, in dem die realen Exponate in den medialen Raum hineingespiegelt, reflektiert und kommentiert werden. Die Membran zeigt einen Auschnitt der elektromagnetischen Informationsfelder und steht sinnbildlich für die Verlagerung des universalen Wissens in weltumspannende Netzwerke. Durch den unaufhörlichen Partikelstrom von Information ist sie in ständiger Bewegung (*White Noise*).

)was kann man – was darf man –

was muss man vergessen?——— HARALD WEINRICH

Das neue Jahrhundert ist da. Können wir nun das alte vergessen? Wohl nicht ganz, denn das große »Löschfest«, das der Schweizer Schriftsteller Hugo Loetscher – im Scherz, im Ernst? – für die Silvesternacht des 31. Dezember 1999 angeregt hatte, ist nicht gefeiert worden. Es sind also nicht, wie von ihm vorgeschlagen, durch die Betätigung der Taste DELETE auf den Computern der Welt die viel zu vielen Daten gelöscht worden, die sich das informationssüchtige 20. Jahrhundert überflüssigerweise gemerkt hatte. Die Chance ist vertan, das neue Jahrhundert und Jahrtausend mit einer *Tabula rasa* zu beginnen. ———
Oder doch nicht? Es könnte nämlich sein, daß nicht die Löschtaste DELETE die wirkliche Vergessenstaste ist, sondern ganz im Gegenteil die Taste SAVE, mit der wir unseren Computern die positive Anweisung erteilen, alle Informationen, die uns wichtig sind, auf Dauer zu speichern. Dieser paradoxen Ansicht ist ein anderer Schriftsteller, Hans Magnus Enzensberger, bei dem man in einer Zeile seines Gedichtbandes »Kiosk« (1995) lesen kann: »Gespeichert, d. h. vergessen«. Nach dieser Äußerung zu urteilen, zeigt das Vergessen seine Macht nicht spektakulär bei irgend einem großen Löschfest, sondern es agiert alltäglich in den zahllosen kleinen Löschungen, die ganz unauffällig dadurch zustande kommen, dass wir speichern, speichern, speichern und nach kurzer Zeit nicht mehr wissen können und auch nicht mehr wissen wollen, was wir wozu gespeichert haben. ———

Wenn es also zweifellos eine »Kunst des Gedächtnisses« *(ars memoriae)* gibt, deren Ziel es ist, das natürliche Vergessen mit Praktiken der *Memotechnik* in Schach zu halten, so kann diese Kunst nicht darin bestehen, alles mögliche Wissen in wahlloser Fülle unbegrenzt disponibel zu halten. Falls das der Sinn einer »Wissensgesellschaft« sein sollte, so hätte das Vergessen, das man sich ziemlich listig vorstellen muss, mit ihr ein leichtes Spiel und bliebe am Ende doch Sieger über die Datenmassen, die das Denken verstopfen und die Imagination blockieren. ———
Wir müssen also gerade dann, wenn die Kraft des kulturellen Gedächtnisses gestärkt werden soll, das Vergessen möglichst genau zu erforschen versuchen, um es besser zu erkennen, auch historisch. Denn wenngleich die Tatsache nicht aus der Welt zu schaffen ist, dass der Mensch seiner Natur nach ein vergessliches Lebewesen *(animal obliviscens)* ist, so ist das Vergessen gleichwohl keine bloße Naturkraft, die als *vis inertiae* am Kulturgut Gedächtnis nagt. Es ist vielmehr selber eine kulturelle Instanz, das Wichtige vom Unwichtigen zu sondern. ———
Für den kulturellen Einschlag im Vergessen spricht die historische Tatsache, dass genau gleichzeitig mit der Erfindung einer Gedächtniskunst, nämlich um 500 v. Chr., auch die Idee einer Vergessenskunst *(ars oblivionis)* im antiken Athen entstanden ist. Von der letzteren erhoffte sich ihr Erfinder Themistokles, der Sieger in der Seeschlacht von Salamis, eine Entlastung von übergroßer und ihn peinigender Gedächtnislast. Er hat dabei wohl zunächst an allerhand Verges-

❶ 6/18 Die Zerstörung der Bibliothek von Alexandria 1493, Staatsbibliothek zu Berlin – Preußischer Kulturbesitz **❷ 6/142 Orakelstatue** Villa des Hadrian in Tivoli, Anf. 2. Jhd. n. Chr., Staatliche Museen zu Berlin, Ägyptisches Museum und Papyrussammlung **❸ 6/161 Gründungsurkunde in Form eines knienden Gottes** Mesopotamien, Sumerisch, ca. 2144–2124 v. Chr., Staatliche Museen zu Berlin, Vorderasiatisches Museum

❷

❸

sensdrogen gedacht, die schon in Homers Odyssee eine Rolle spielen. Platon hingegen, der von der Gedächtniskunst wenig hielt, hat sich für eine andere Vergessensstrategie interessiert. Er hat als erster bemerkt, dass dem natürlichen Gedächtnis der Menschen mit der Erfindung der Schrift ein kräftiger Stoß versetzt worden ist, da es ja nun von wichtigen kulturellen Funktionen entlastet ist und dadurch in seiner Vitalität geschwächt wird. _____ Von der Schreibkunst als listiger Vergessensstrategie profitiert noch im 20. Jahrhundert der Professor Kien, Protagonist des Romans »Die Blendung« (1935) von Elias Canetti, der die Gewohnheit angenommen hat, in seinem Notizbuch alle Dummheiten zu Papier zu bringen, die er vergessen will. Ganz ernsthaft verfahren aber in der gleichen Weise noch heute viele Psychologen, die ihren Patienten, wenn diese unter quälenden Erinnerungen leiden, gerne empfehlen, diese Gedächtnislast zu Papier zu bringen, um sie auf diese Weise von sich fernzuhalten und leichter vergessen zu können. _____ Nächst der Erfindung der Schrift ist zweifellos die Erfindung des Buchdrucks im 15. Jahrhundert ein Ereignis, das sich mit seinen kulturellen Folgen auf den Umgang der Menschen mit ihrem Gedächtnis nachhaltig ausgewirkt hat. Denn solange handschriftlich angefertigte Bücher ein seltenes und kaum bezahlbares Gut darstellten, war das Gedächtnis für die meisten Menschen das wichtigste Instrument zum Erwerb von Bildung. Es galt die Regel: »Wir wissen nur so viel, wie wir auswendig wissen« *(tantum scimus quantum memoria tenemus)*. Das wurde durch die Erfindung und Verbreitung des Buchdrucks anders, und am Ende des 16. Jahrhunderts konnte Montaigne das Gegenteil schreiben: »Auswendigwissen heißt nicht Wissen« (savoir par coeur n'est pas savoir). Es entstand in Europa zunächst bei den Moralisten, dann bei den aufgeklärten Philosophen eine Gedächtniskritik, die dem Gedächtnis viel von seinem kulturellen Prestige genommen und sehr zur kulturellen Rehabilitierung des Vergessens beigetragen hat, so dass Paul Valéry zu Anfang des 20. Jahrhunderts schreiben konnte: »Ohne Vergessen ist man nur Papagei« (Sans oubli on n'est que perroquet). Viel zitiert wird auch aus der Mitte des 20. Jahrhunderts der Satz des französischen Schriftstellers Edouard Herriot: »Kultur ist das, was im Menschen verbleibt, wenn er alles vergessen hat« (La culture c'est ce qui demeure dans l'homme lorsqu'il a tout oublié). _____ Und nun gehen uns also die Computer zur Hand, die mit ihren fast unbegrenzten Speicherkapazitäten den Eindruck erwecken, es seien zum ersten Mal in der Menschheitsgeschichte die lästigen Gedächtnisprobleme vollständig und zum allgemeinen Wohlgefallen gelöst. Das ist nach der Erfindung der Schrift und des Bruchdrucks die dritte Kulturrevolution, die dem Gedächtnis ganz neue Bedingungen gesetzt hat. Es drängt sich damit die Frage auf, welche weiteren Gedächtnisinhalte nunmehr problemlos an die elektronischen Gedächtnisspeicher delegiert werden können und welche spezifische Kultur dem Menschen noch verbleibt, wenn das programmgemäß geschehen ist. Es muss ja nachdenklich stimmen, dass ungefähr gleichzeitig mit der Ausbreitung der Gedächtnismaschinen in unserer Gesellschaft, seit den achtziger Jahren also, eine neue Ausdrucksweise in der deutschen Sprache aufgetreten ist und sich überraschend schnell ausgebreitet hat. Ich meine die Redensart »das kannst du vergessen« (nach englisch-amerikanischem Vorbild: forget it), die als Indikator für die hohe Vergessenstoleranz unserer Gesellschaft angesehen werden kann. Der häufige Gebrauch dieser Redensart verrät eine psychische Einstellung, nach der die Irrele-

❶

❶ 6/138 **Thot, der ägyptische Gott des Wissens, inspiriert einen Schreiber** Ägypten, 18. Dynastie, Staatliche Museen zu Berlin, Ägyptisches Museum und Papyrussammlung **❷** 6/151 **Graviertes Bambusrohr mit Symbolen historischer Erinnerungen** Pazifik, Neukaledonien, Staatliche Museen zu Berlin, Ethnologisches Museum **❸** 6/21 **Empedokles, ›Physika‹ (Über die Natur) – Früheste antike Textausgabe eines Philosophen vor Platon** 400 v. Chr. (?), Coll. de la B.N.U. Strasbourg **❹** 6/157 **Totenbuch der Tanerit-en-Bastet** Ägypten, 9.–7. Jh. v. Chr., Staatliche Museen zu Berlin, Ägyptisches Museum und Papyrussammlung

❷

vanz-Entscheidungen eines sorglos erlaubten Vergessens Entlastungen und Entspannungen des Seelenhaushalts versprechen. Das passt gut zum Typus des fröhlichen Vergessers, der heute allseitig beliebt und gesellschaftlich wohlangesehen ist. Sollte die vielberufene Wissensgesellschaft etwa nur das technologische Alibi einer neu in die Geschichte eintretenden Vergessensgesellschaft sein? Dann wäre allerdings die Rechnung ohne die Moral gemacht. ――― Es geht ja beim Vergessen nicht nur um die Frage, was Menschen vergessen wollen oder können, sondern mindestens ebenso sehr um die ethischen Modalitäten, auf deren Geheiß etwas vergessen werden soll oder muss – oder gerade nicht vergessen werden darf. Diese moralische Problematik tritt in der Profangeschichte hauptsächlich in den juristischen Formen der Begnadigung, Verjährung und Amnestie auf. ――― Die Begnadigung hat heutzutage eine geringere Bedeutung als in früheren Zeiten, in denen sie noch der »Milde« *(clementia)* eines von Gottes Gnaden herrschenden Souveräns anheim gegeben war. In seiner Macht stand es, eine gerechte oder ungerechte Strafe mit oder ohne Begründung zu mildern und für das ganze Staatswesen »gnädiges« Vergessen zu verfügen. Von den heutigen Staatsoberhäuptern demokratisch verfasster Staatswesen werden jedoch Begnadigungen nur noch selten und nach streng definierten Verfahrensregeln ausgesprochen, häufig auch mit einem deutlichen Bewusstsein des Anachronismus bei den Akteuren. ――― Eine weitere Form des »verordneten Vergessens« (Dieter Simon) ist die Verjährung *(praescriptio)*. Bei der Verjährung werden für bestimmte Straftaten unterschiedlich lange Fristen festgesetzt, nach deren Ablauf die Strafverfolgung zu unterbleiben hat. Für die Justiz kann somit ein strafbares Delikt, sogar ein schweres Verbrechen, ohne dadurch seinen Unrechtscharakter einzubüßen, von heute auf morgen »in Vergessenheit gestellt« werden, wie die alte Rechtssprache zu sagen pflegte. Warum gibt es nun, gegen alles Gefühl von Recht und Unrecht, eine solche Vergessensverfügung? Es gibt sie, weil Menschen vergessliche Lebewesen sind und weil somit nach Ablauf einer gewissen Zeit, wenn schon zuviel Wasser durch den Lethestrom geflossen ist, verlässliche Zeugenaussagen von ihnen nicht mehr zu erwarten sind. ――― Eine dritte Form des öffentlich verordneten Vergessens ist die Amnestie. Wir erfahren von ihr zum ersten Mal in der Geschichte gegen Ende des 5. vorchristlichen Jahrhunderts, als in Athen der Demokrat Thrasybulos nach seinem Sieg über die Tyrannis der dreißig Oligarchen keine Siegerjustiz übte, sondern in der Polis zur Versöhnung der verfeindeten Parteien ein allgemeines Nicht-Erinnern des gegenseitig zugefügten Unrechts durchsetzte. Die Todesstrafe sollte alle diejenigen treffen, die diesem öffentlichen Vergessensgebot zuwiderhandelten. In späteren Zeiten ist die politische Amnestie besonders oft nach Bürgerkriegen und Religionskriegen praktiziert worden, wenn »um des lieben Friedens willen« auf eine Strafverfolgung der auf beiden Seiten begangenen Verbrechen verzichtet wird. Als Beispiel dafür mag der Westfälische Friede von 1648 dienen, in dessen Vertragswerk »ewige Vergessenheit und Amnestie« (perpetua oblivio et amnestia) eingeschrieben ist. Noch Kant konnte sich einen Friedensvertrag ohne politische Generalamnestie nicht vorstellen. ――― Als neueste Form des öffentlichen Vergessens mag der juristische Datenschutz gelten, der den Umgang mit sensiblen Daten aus der Späre der Privatheit (privacy) regelt. Die Krankheitsdaten eines Patienten beispielsweise, die dem behandelnden Arzt natürlich bekannt sind, dürfen außerhalb seiner Praxis entweder gar nicht oder nur anonymisiert verwendet werden. Für die Öffentlichkeit müssen sie, auch wenn sie beim Arzt für eine spätere Anamnese gespeichert bleiben, als vollständig vergessen gelten. Jeder Verstoß gegen dieses Vergessensgebot ist selber ein strafbares Delikt. ——— Die Geschichte kennt jedoch nicht nur Formen des gebotenen, sondern auch solche des verbotenen Vergessens, zunächst vor allem in der jüdisch-christlichen Religionsgeschichte. Schon in der jüdischen Bibel, wie sie als Altes Testament auch in den christlichen Kanon der heiligen Bücher übernommen ist, wird das Verhältnis Gottes zu seinem auserwählten Volk, Israel, als ein immerwährender und von keinem Vertragspartner aufzukündigender Gedächtnisvertrag (Pakt, Bund) aufgefasst. Dieser fromme Vertrag bestimmt, dass Israel den Namen Gottes ehren und streng nach seinem Gesetz leben wird, so wie Gott seinerseits immer seine mächtige Hand über das auserwählte Volk halten und es vor seinen Feinden beschützen wird. Unvorstellbar ist, dass Gott je sein auserwähltes Volk vergessen könnte, unter dem Vorbehalt allerdings, dass auch dieses Volk seinen Gott nicht vergisst − was jedoch in der Geschichte Israels nicht selten zu geschehen droht. Darum schickt Gott seine Propheten aus, die seinem Volk immer wieder einzuschärfen haben, dass kein Vergessen den »ewigen Gedächtnisvertrag« *(Vulgata: foedus sempiternum)* gefährden darf. Was also in Gottes Augen ein Gedächtnisgebot ist, wird in der Sprache der von Gott gesandten Mahner und Warner als Vergessensverbot artikuliert. ——— Gerade gegen jenes Volk nun, das in strengster Observanz der biblischen Gebote und Verbote als »Gedächtnisvolk par excellence« (Le Goff) gelebt hat, hat sich am meisten die Wut der Hitler-Diktatur gerichtet und als »Endlösung« schließlich zu dem heute mit solchen Ausdrücken wie Auschwitz, Shoa oder Holocaust bezeichneten Genozid geführt, der gleichzeitig ein Memorizid war. Die Verbrechen, mit denen dieser planmäßige Völkermord an sechs Millionen europäischen Juden sowie anderen Kollektivopfern des Rassenwahns ausgeführt worden ist, sind als Verbrechen gegen die Menschlichkeit anzusehen, wie sie erstmalig von den Nürnberger Kriegsverbrecherprozessen als schwerste und durch kein »gnädiges« Vergessen einzuschränkende Untaten definiert worden sind. Auch verschiedene europäische Parlamente, insbesondere der Deutsche Bundestag in seiner »Verjährungsdebatte« vom 16. 7. 1979, haben in ihrer Gesetzgebung diese Verbrechen, zusammen mit ihren politischen Ursachen und Folgen, dem öffentlichen Vergessen entzogen und diesem damit eine äußerste Grenze gesetzt. Im Gegensatz zu den vorher besprochenen Formen des verordneten Vergessens besteht hier also ein auch gesetzlich fixiertes Vergessensverbot, das als moralische Norm auch für die gesamte Gesellschaft gilt und dem politischen Ziel gehorcht, für den »Zivilisationsbruch Auschwitz« (Günther Grass) jede zukünftige Wiederholung schon im Ansatz zu verhindern. Außerordentliche Anstrengungen »wider das Vergessen« sind jedoch erforderlich, wenn dieser Norm auch über Generationsgrenzen hinweg Anerkennung verschafft werden soll im Gefüge einer Gesellschaft, deren Tonus sonst eher auf die rastlosen Geschäftigkeiten munterer Vergesser abgestimmt ist.

❸ ❹

❶ ❷

❶ **Bibliothèque nationale de France** ❷ **Lesesaal der Bibliothèque Nationale de France** 1862–1868, Henri Labrouste
❸ **Universität Gent** Fotos Candida Höfer 1993/98 ❹ **6/6 Katalog der Schriften in der Bibliothek Assurbanipals in Ninive**
Mesopotamien, Ninive (Kuyunjik), 668–627 v. Chr., London, The British Museum

1_04) die virtuelle

bibliothek —— UWE JOCHUM

Würde man alles Wissen der Welt, wie es in Abermillionen von Büchern aufgezeichnet ist, in elektronische Form überführen und im Internet bereitstellen; würde man außer den Texten auch alle Bilder und Klänge digitalisieren; würde man schließlich all das Gespeicherte durch Links miteinander verknüpfen und durch elektronische Kataloge erschließen – man hätte endlich jenes »Gedächtnis der Menschheit« ins Werk gesetzt, von dem man so lange schon geträumt hat. Vorbei wären die Restriktionen der Gutenbergischen Medienepoche, da man sich mühsam durch Bücher und Bibliotheken arbeiten musste, um ein Leben lang jene noch unentdeckten Werke zu suchen und zugleich zu fürchten, die das eigene Denkgebäude im Nu hinwegfegen würden. Die neuen digitalen Medienverhältnisse würden vielmehr an die Stelle des zeitaufwendigen suchenden Nacheinanders eine schlagende Simultaneität des Überlieferten setzen, das nicht nur in seiner Totalität auf einen Mausklick hin auf dem Bildschirm erscheinen, sondern auch die melancholische Fixierung auf das Geschriebene aufheben würde, um zu zeigen und zu Gehör zu bringen, was die digitale Welt jenseits des Alphabets an Interessantem und Wissenswertem noch zu bieten hat. —— Der andere Name für diese Vision lautet »virtuelle Bibliothek«. Diese wäre nicht mehr das Nadelöhr der Informationsversorgung, wie es die auf uns gekommenen Bibliothekspaläste mit mürrischem Personal und abweisenden Öffnungszeiten sind, vielmehr wäre die virtuelle Bibliothek am besten als ein Servicezentrum zu beschreiben, das die technischen und personellen Ressourcen bereitstellt, um die Bürger erfolgreich ans Netz zu bringen und ihnen bei der Navigation durch die Datenströme zu helfen. Erfolgreich könnte die virtuelle Bibliothek nicht nur dadurch sein, dass sie den Bürgern einen Zugewinn an individuellem Wissen beschert, sondern auch dadurch, dass die digitale Totaltransparenz des gespeicherten Wissens demokratische Prozesse in der Gesellschaft stärkt und nicht zuletzt einen Informationsvorsprungs herbeiführt, der im globalen Wirtschaftskampf zum Sieg verhilft. —— Und tatsächlich werden massive Anstrengungen unternommen, diese Vision Wirklichkeit werden zu lassen: Während eine rührige Initiativen wie das *Projekt Gutenberg* dabei ist, bis zum Jahr 2001 10 000 literarische Texte ins Netz einzulesen und die großen Nationalbibliotheken damit begonnen haben, interessante Teile ihrer Bestände zu digitalisieren (so etwa das Programm *American Memory* der Library of Congress in Washington), stellen die Bibliotheken ihre Kataloge ins Internet und machen sie über gemeinsame Suchmasken abfragbar (zum Beispiel der *Karlsruher Virtuelle Katalog*) oder arbeiten daran, ihre Kataloge und Bestände mit den Suchmaschinen des Internet zu verknüpfen. —— So beeindruckend diese Anstrengungen auf den ersten Blick auch sein mögen, sie sind nur digitale Tropfen auf dem heißen Stein der Druckkultur. Die 10 000 Texte, die das *Projekt Gutenberg* in einer insgesamt fünfjährigen Anstrengung ins Netz eingelesen haben wird, entsprechen dem wöchentlichen Bandzugang der Library of Congress bzw. dem vierteljährlichen Bandzugang einer durchschnitt-

❹

lichen deutschen Universitätsbibliothek. Will sagen: Die Digitalisierung kann schon unter quantitativen Gesichtspunkten nur einen marginalen Prozentsatz der überlieferten und neu erscheinenden Texte umfassen. Dass bei dieser Digitalisierung dann wenigstens Kostenvorteile für die Bibliotheken oder Nutzer winken, ist ein längst widerlegter Mythos der Digitalisierer. ——— Tatsächlich liegen die Gründe, die für die virtuelle Bibliothek zu sprechen scheinen, auch gar nicht auf der Ebene der harten Fakten. Vielmehr geht man unter dem Einfluss der Apostel des Internets davon aus, dass die alte Form des Wissenserwerbs über Bücher und Bibliotheken eine antiquierte Veranstaltung sei, die man durch neue und bessere Formen eines multimedialen Lernens im globalen Datennetz ersetzen müsse. Wie falsch indessen auch diese Vorstellung ist, zeigt uns ein Blick in die Bibliotheksgeschichte. ——— Das historische Modell, auf das unsere Bibliotheken zurückgehen, ist die große Bibliothek im alexandrinischen Museion, das eine von Ptolemaios I. um 300 v. Chr. gegründete und im Palastbezirk von Alexandria angesiedelte Forschungseinrichtung war. Um diese Einrichtung zu verstehen, sollte man sich drei Dinge vor Augen führen. Erstens war die Gründung des Museions keine philanthropische Maßnahme, sondern entsprang der Notwendigkeit, das kulturelle Gedächtnis der dünnen griechischen Erobererschicht gegen das mächtige Umfeld der autochthonen ägyptischen Kultur zu behaupten. Zweitens nahmen im kulturellen Gedächtnis der Griechen die überlieferten profanen Schriften, allen voran diejenigen Homers, den prominentesten Platz ein, so dass man sich im Museion bemühte, die in einer Vielzahl von Abschriften auf Papyrusrollen umlaufenden Texte in der eigenen Bibliothek zu sammeln und aus den unzähligen Varianten normierte Texte herzustellen. Drittens schließlich muss man, will man gezielt auf das Korpus der gesammelten Texte zugreifen, die Bibliothek nach sachlichen Gesichtspunkten in Schriftenklassen (Drama, Lyrik, Kochkunst u. a. m.) ordnen und die Ordnung in einem Katalog dokumentieren: Das waren die *Pinakes* des alexandrinischen Dichters und Philologen Kallimachos, ein bio-bibliographisches Verzeichnis der griechischen Schriftsteller und ihrer Werke. ——— Der Erfolg dieses Modells bemisst sich nicht nach den schieren Quantitäten, obgleich die alexandrinische Bibliothek von geradezu mythischer Größe war: Mit ihren mindestens 400 000 Papyrusrollen war sie doppelt so groß wie ihre Konkurrentin in Pergamon und um ein Unendliches größer als die nach ihr gegründeten Bibliotheken (erst seit dem 18. Jahrhundert gibt es Bibliotheken, die größer als die alexandrinische Bibliothek sind). Der Erfolg dieser Konzeption ist vielmehr daran abzulesen, dass in Alexandria eine Bewegung in Gang kam, die bis heute nicht abgebrochen ist: die philologische Arbeit am kulturellen Gedächtnis, die das schriftlich Überlieferte in Bibliotheken sammelt, um es nach einer kritischen Sichtung in neuer Textgestalt dem Traditionsstrom zurückzugeben. ——— Zugleich weist die alexandrinische Einheit von historisch-kritischer Philologie und Bibliothek darauf hin, dass die Arbeit am kulturellen Gedächtnis eine institutionell geschützte Arbeit mit konkreten Medien – hier: Papyrusrollen, später: Kodizes und Büchern – ist, deren bibliothekarische Sammlung den Raum der Überlieferung sinnlich erfahrbar macht: als den Gedächtnisraum einer Kultur, der sich nach außen hin gegen andere Kulturen abgrenzt, manches Fremde aufnimmt, und alles im Laufe der Zeit verwandelt. Und weil das so ist, können wir von den Bibliotheken auf den geistigen Raum einer Kultur schließen und die Weite und Metamorphose dieser Gedächtnisräume nachvollziehen: von Alexandria über Pergamon zu den römischen Bibliotheken der Kaiserzeit, von den Klosterbibliotheken in York, Fulda oder der Reichenau zu den Universitäts-

➊

bibliotheken in Bologna und Paris, Prag und Heidelberg, von den Fürstenbibliotheken in Wolfenbüttel oder Weimar zu den Hofbibliotheken in Wien und München, von den ersten städtischen Bibliotheken in Nürnberg oder Leipzig über die bürgerlichen Bibliotheksgründungen im 19. Jahrhundert zu den großen öffentlichen Bibliotheken unserer Tage. _____ Freilich kündigt sich im 19. Jahrhundert eine Transformation dieser Gedächtnisräume an, die bis heute nicht abgeschlossen ist. Die eine Ursache dieser Transformation liegt darin, dass nun immer mehr Bücher hergestellt werden, so dass in der Folge die Bibliotheken immer größer und unübersichtlicher werden und dabei ihren Nimbus als Schatzkammern des Geistes verlieren. Die andere Ursache jedoch liegt darin, dass der rapide Fortschritt der Wissenschaften die überlieferten Wissenschaftsklassifikationen und mit ihnen die Bibliothekssystematiken zerstört, so dass es immer schwerer fällt, für die Flut der Neuerscheinungen in den Bibliotheksregalen den richtigen Platz zu finden. Kurz, der überlieferte Gedächtnisraum löste sich auf, und keine noch so klug ausgedachte neue Systematik der Wissenschaften war seither in der Lage, in den alten Kosmos des Wissens zurückzuführen. _____ Die Bibliotheken antworteten auf diese Herausforderung dadurch, dass sie auf die systematische Aufstellung der Bücher allmählich verzichteten und statt dessen zu seriellen Verfahren übergingen, mit denen sie den Zugang zum Bestand steuerten. Man stellte die Bücher einfach nach der Anschaffungsreihenfolge in die Regale und sorgte mit einem alphabetisch nach Autoren geordneten Hauptkatalog dafür, dass die benötigten Bücher auch wieder gefunden werden konnten. Vorbei die Zeiten, da ein Bibliothekar stolz darauf sein konnte, in seiner Bibliothek ein Buch auch ohne Katalog zu finden, weil er den Platz des Buches im Wissenschaftskosmos und damit in der Bibliothekssystematik und also den Bibliotheksregalen genau bestimmten konnte. _____ Das Internet und die virtuelle Bibliothek versprechen nun, den Gedächtnisraum zurückzugewinnen, indem sie das Problem der Quantität und der Qualität auf einen Schlag lösen. Sobald nämlich an die Stelle der unhandlichen Bücher aus Papier, die die Bibliotheken zu Städten aufblähen, der digitale Datenfile tritt, gibt es keine Platzprobleme mehr. Abermillionen von Bits finden auf winzigen Chips Platz, so dass es bald schon keine Utopie mehr sein wird, eine daumennagelgroße Bibliothek mit sich herumzutragen. Und gegen die Auflösung des Gedächtnisraumes gibt es ja die Links, mit denen man die digitalen Medien miteinander verknüpfen kann, so dass man trotz der Speicherung unendlicher Datenmengen einen Weg durch die Datenräume finden kann. _____ Wenn man freilich genauer hinsieht, dann zeigt sich, dass die virtuelle Bibliothek zwei wesentliche Moment aller bisherigen Bibliotheken nicht mit aufnimmt: Die Aufspreizung zu einem globalen Servicezentrum oder einem »Gedächtnis der Menschheit« verzichtet erstens auf die institutionelle Einbindung der Bibliothek in eine Gemeinschaft und überspringt damit zweitens das Problem der Aneignung des kulturellen Gedächtnisses. _____ Soweit wir nämlich zurückblicken können, finden wir, dass die Bibliotheken Arbeitsinstrumente gelehrter Gemeinschaften waren, für die sich die Arbeit am kulturellen Gedächtnis mit der päda-

❷

❸

❶ **6/153 Statue des ägyptischen Beamten Henka als Schreiber** 5. Dyn., um 2450 v. Chr., Staatliche Museen zu Berlin, Ägyptisches Museum und Papyrussammlung ❷ **6/164 Wachstafeln in Buchform** Mesopotamien, 8. Jh. v. Chr., London, The British Museum ❸ **Bibliothek in Basra** Mesopotamien, Illustration von Yahya b. Mahmud al-Wasiti in: Al-Hariri, ›Al-Maqamat‹, Bagdad, 1236, f. 5v, Paris, Bibliothèque nationale de France (Arabe 5847)

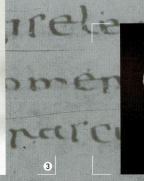

❶ **6/12 Pergamenthandschrift aus der Bistumsbibliothek von Verona** (Ausschnitt) 517 n. Chr., Biblioteca Capitolare di Verona ❷ **6/17 Der Bibliothekar** 1566 (?), Giuseppe Arcimboldo, Skoklosters slott ❸ **6/60 Leserad** Süddeutschland oder Österreich, um 1730, Hamburg, Museum für Kunst und Gewerbe ❹ **6/169 Orakelknochen-Fragment aus einem Magazin der Shang-Dynastie** China, 14.–12. Jh. v. Chr., Leiden, Rijksmuseum voor Volkenkunde

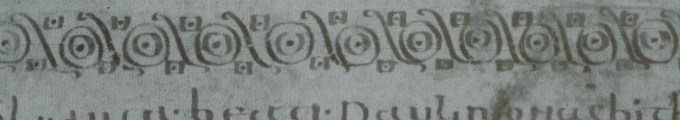

gogischen Aufgabe verband, dieses Gedächtnis an die nächste Generation weiterzugeben. Das war so am Museion in Alexandria, es war so in den mittelalterlichen Klöstern, und es ist so an den Universitäten. Erst die Neuzeit setzt an die Stelle solcher gelehrter Gemeinschaften die Idee einer bürgerlichen Öffentlichkeit und gründet daher öffentliche Bibliotheken, die über eine von staatlichen Institutionen unabhängige Literaturversorgung zur Selbstbestimmung der Bürger in politischer und ökonomischer Hinsicht beitragen sollen. Aber auch hier bleibt die Gründung von Bibliotheken eng mit dem pädagogischen Ziel verbunden, in der Verbesserung der Schul- und Gewerbebildung die Autonomie einer partikularen bürgerlichen Gemeinschaft zu sichern. _____ Die Idee der globalen virtuellen Bibliothek kokettiert nun zwar mit einer Art Weltöffentlichkeit, der sie jederzeit und an jedem Ort zu Diensten sein will, aber es bleibt doch äußerst unklar, wie wir uns diese Weltöffentlichkeit denken sollen. In Wahrheit ist das Internet im wesentlichen ein Phänomen der Ersten Welt, denn nur dort haben die Menschen genügend Geld, um sich die teure Grundausstattung für den Netzzugang – PC, Modem, Leitungsgebühren, Software – zu leisten, und nur dort entwickelt sich überhaupt eine flächendeckende Netzinfrastruktur. _____ Mag man auch diese im wesentlichen ökonomischen Restriktionen für ein temporäres Phänomen und die Herausbildung einer echten Weltgesellschaft daher nur für eine Frage der Zeit halten, so gilt diese Kautel jedoch nicht für das zweite Problem, das die virtuelle Bibliothek hat: das Problem der Aneignung des kulturellen Gedächtnisses. Der pädagogische Prozess der Weitergabe des kulturellen Gedächtnisses ist nämlich nicht nur ein institutionell gebundener Prozess, er ist auch ein wesentlich lokaler Vorgang, der sich im konkreten Erfahrungsraum einer Gemeinschaft abspielt. Daraus resultiert die eigentümliche Form von Aneignung und Vergessen, die diesem Prozess seit jeher innewohnt. Weder ist die Abgrenzung des Eigenen gegen das Fremde jemals vollständig, noch bleibt das Eigene (oder Fremde) einfach das Eigene (oder Fremde), weil es immer schon so war; vielmehr sorgen Neugierde, Vergesslichkeit und Schlamperei dafür, dass das heute Bekannte morgen schon völlig unbekannt sein wird, während das heute völlig Unbekannte morgen schon in aller Munde ist. Wer es nicht glauben will, möge bedenken, dass wir trotz der enormen Arbeit der alexandrinischen Philologen und ihrer Nachfolger von den vielen Hundert griechischen Tragödien und Komödien nur wenige Dutzend Stücke und Bruchstücke haben. _____ Vor diesem Hintergrund wirkt es natürlich zunächst sehr verlockend, wenn uns die virtuelle Bibliothek verspricht, den stets prekären Prozess von Aneignung und Vergessen im Rahmen lokaler Gemeinschaften durch ein globales Totalgedächtnis alles Überlieferten zu ersetzen und also das Vergessen endlich vergessen zu können. Dann hängt freilich alles davon ab, ob die virtuelle Bibliothek geeignete Verfahren bereitstellen kann, die das Gespeicherte bei Bedarf auf den Bildschirm zaubern. Nun zeigen Untersuchungen zur Retrievaltechnik in großen Datenbanken allerdings, dass das schon aus Gründen der Wahrscheinlichkeit nicht der Fall sein kann: bei der Anfrage in einer Datenbank mit zwei kombinierten Schlagworten (»Suche alles zu ›Hund‹ und ›Briefträger‹!«) kann man nur sechs Prozent der für das Thema einschlägigen Dokumente finden; und ob das dann ausgerechnet die relevanten Dokumente sind, steht auf einem anderen Blatt. _____ Natürlich hat auch die konventionelle Bibliothek das Problem, dass sie immer nur einen Ausschnitt aus der Überlieferung bieten kann. Aber die Art, wie dieser Ausschnitt präsentiert wird, unterscheidet sich fundamental von dem, was von einer Datenbank als Rechercheergebnis angezeigt wird. Während man nämlich in einer konventionellen Bibliothek sinnlich erfahren kann, dass das zu einem Thema endlich gefundene Buch nur ein Element aus der Masse noch nicht berücksichtigter Bücher in den dunklen und verstaubten Ecken des Gebäudes ist, während man also in der konventionellen Bibliothek zu jeder Zeit genau lokalisieren kann, was man schon kennt (die Bücher da vorne) und was nicht (alles da hinten), verbirgt die virtuelle Bibliothek das noch nicht Gewusste an unbekannten und unserer Erfahrung entzogenen Speicherplätzen. Wir wissen daher nie, was uns noch fehlt. —— Der *total recall,* den das Internet verheißt, ist also alles andere als die datentechnische Implementation des »Gedächtnisses der Menschheit«, vielmehr handelt es sich um einen globalen Entzug von Gedächtnis. An die Stelle der am kulturellen Gedächtnis arbeitenden gelehrten Gemeinschaften oder interessierten Öffentlichkeit rückt ein potenzieller technischer Zugang zu einem globalen Datennetz, das nicht Wissen, sondern Informationen bietet, deren Aneignung nicht als Problem der Erziehung, sondern nur als Problem der richtigen Software gilt. —— Damit wiederholt sich auf neuester medientechnischer Stufe eben jene Konstellation, die Platon im *Phaidros* die Erfindung der Schrift kritisieren ließ. Wer nämlich glaubt, so Platon, ein Medium wie die Schrift könne ganz von selbst Wissen vermitteln, versieht sich darin, dass Wissen die mühsame gemeinschaftliche Reflexion des Gewussten ist. Das hieß schon für Platon nicht, dass wir auf Medien verzichten können; vielmehr helfen sie uns beim Erinnern, aber dieses Erinnern ist nur demjenigen von Nutzen, der sich in einer Sache bereits auskennt. —— Wenn daher Medien und Reflexion seit je aufeinander verwiesen sind, ohne dass man die eine der beiden Seiten kurzerhand der anderen zuschlagen kann, dann muß man genauer danach fragen, ob ein Medium – hier: die virtuelle Bibliothek – überhaupt als reflexionsbegleitendes Medium taugt und Wissen vermitteln kann. Dass die virtuelle Bibliothek dazu nicht in der Lage ist, liegt dann nicht an ihrer Medialität als solcher, sondern daran, dass sie die lokalistische Struktur von Gedächtnis und Gemeinschaft aufkündigt und in einem ortlosen Nirgendwo eine uns unfassliche Totalität der Überlieferung aufzuheben unternimmt. Darin zeigt sich das technische Unternehmen der virtuellen Bibliothek als Wiederkehr des Mythos. Als nämlich Odysseus an den Sirenen vorüberfuhr, da lockte ihr süßer Gesang mit dem Versprechen, alles zu wissen, »was irgend geschieht auf der vielernährenden Erde«. Es waren Todesvögel, die so sangen; und die List der Vernunft lag darin, ihrer Lockung nicht zu erliegen und den eigenen Weg fortzusetzen. Man verfehlt dann zwar das ominöse Glück des Allwissens, kommt aber immerhin bis Ithaka.

❶ 6/59 **Entwurf für eine »Bücherlesemaschine«** Paris, 1588, Agostino Ramelli, Wolfenbüttel, Herzog August Bibliothek ❷ 6/4 **Bibliotheksregal auf einem römischen Relief** 1670, Universitätsbibliothek der Humboldt-Universität zu Berlin

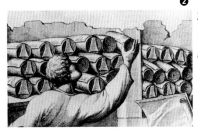

)die endlosen anfänge

des museums —— HORST BREDEKAMP

→ die lektion von las vegas Wenn Kontraste das Zeichen für Lebendigkeit abgeben, dann ist Las Vegas mit seiner schroffen Grenze zwischen dem glitzernden Organismus des Spieltriebes und dem endlos scheinenden Wüstensand seiner Umgebung einer der lebenskräftigsten Orte dieser Erde. Gerade seine ufohafte Beziehungslosigkeit hat der Architektur seiner Hotels und Vergnügungsstätten erlaubt, die Geschichte der Baukunst von den ägyptischen Pyramiden bis zu den Formeln des zwanzigsten Jahrhunderts in geradezu verschwenderischer Weise aufzuführen. Es war die Lust an unbeschwerten Zitaten, die Robert Venturi, Denise Scott Brown und Steven Izenour dazu führte, mit ihrem Essay »Learning from Las Vegas« von 1972 die Bauklotz-Architektur der modernen Vorstädte anzugreifen. Las Vegas, diese Transformation des Wüstensandes in Goldstaub, begriffen die Autoren als Zeichen der Bedeutung von Formen gerade dort, wo alle Zeichensysteme zu implodieren schienen. Wenn es einen Ort gibt, an dem die historische Architektur im Vorbeirollen und im Überfliegen zu erfahren ist, so ist es in der Tat diese Wüstenstadt aus Nevada. —— Umso verblüffender wirkt, dass im Bellagio, einem der dortigen Riesenhotels, ein Museum für westliche Kunst entstanden ist, das durch die Qualität seiner Exponate von Rubens und Rembrandt bis zu Pollock und De Kooning mit den besten Galerien zu konkurrieren vermag. Mit beträchtlichem Stolz verkündet die »Bellagio Gallery of Fine Art«, dass Besucher von Las Vegas »zum ersten Mal die Gelegenheit haben, Originale von den bedeutendsten Meistern der westlichen Kunst zu betrachten«. Las Vegas, der Ort der Transformation, treibt mit diesem Museum das Gegenbild seiner selbst hervor, und verwundert wird registriert, wie sich durch diesen Prozess das Selbstverständnis der Stadt zu verwandeln beginnt. —— Was sich hier vollzieht, ist nur das Symptom einer Neubestimmung ganzer Stadtteile und Städte durch die Errichtung von Museen. Allein die bedeutendsten Projekte der neunziger Jahre von Santiago Calatravas Milwaukee Art Museum in Wisconsin über Ricardo Legorretas Museum für zeitgenössische Kunst in Monterrey (Mexiko) bis zu Daniel Libeskinds Berliner Jüdischem Museum und Zaha Hadids Contemporary Arts Center in Cincinnati (Ohio) bieten ein atemberaubendes Bild der Vielfalt und Leistungsfähigkeit dieser Bauaufgabe. Man wird weder im Flughafen- noch im Stadien-, geschweige denn im Sakralbau vergleichbar qualitätvolle und verschwenderische Investitionen finden, als in den Museumsbauten der zweiten Hälfte des zwanzigsten Jahrhunderts. Weltweit nach Hunderten zählend, stehen sie keinesfalls nur für sich und die geborgenen Objekte. Wohl kein Ereignis hat Los Angeles als Stadt ephemerer Filmträume so tiefgreifend verwandelt, wie die Konfrontation ihrer Gegenwartsbauten mit dem aus italienischen Travertinblöcken gebauten Getty Center Richard Meiers im Jahr 1997. Und keine Architektur hat jemals eine Stadt wie durch die Berührung mit einem Zauberstab so sehr aus einer ökonomischen und psychologischen Depression geführt, wie Frank O. Gehrys Guggenheim-Museum Bilbao.

041

Es handelt sich um Höhepunkte eines unerwarteten Triumphes der klassischen Kunst in Zonen scheinbarer Kunstferne. In ihrer Zahl, ihrem Investitionsvolumen und ihrer Besucherfrequenz bilden diese Museumskomplexe kein Aperçu der Gegenwartskultur, sondern eines ihrer stärksten Elemente. ———— Dieses Phänomen hat im Selbstbild des zwanzigsten Jahrhunderts keinen Platz. Denn die Überzeugung, die Epoche der Verwandlung der Geschichte in permanent gesteigerte Geschwindigkeit und der Überführung von Materie in Virtualität zu sein, hatte es schwer, zuzugestehen, dass mit derselben Geschwindigkeit auch Institutionen wuchsen, die sich dem Kreislauf der speed entziehen. ———— Es handelt sich um einen klassischen Konflikt zwischen Theorie und dem faktischen Gegebenen. Er hat das gesamte zwanzigste Jahrhundert durchzogen. Die Pamphlete des Jahrhundertbeginns, die den Museen attestierten, sie seien Schlafsäle und Friedhöfe, haben ihre Frische bewahrt, weil sie dem Tempo der Wirtschaft, des Verkehrs und der Kommunikation immer neu zu entsprechen schienen. Fixiert auf den Mythos der Zukunft, haben sie jedoch die Einsicht verstellt, dass das zwanzigste Jahrhundert das Experiment eines unorthodoxen Passatismus war. Es hat mit dem futuristischen Ekel vor allen Museen und allem Musealen begonnen, um schließlich dem einundzwanzigsten Saeculum eine größere Zahl an Museen als die Summe sämtlicher zuvor geschaffener Sammlungsbauten zu übergeben. ———— Offenbar trifft das Bild der die Geschichte bekämpfenden Zukunft nur die Vorstellung, nicht aber die Wirklichkeit. Löst man sich vom Zwangscharakter dieser Konstruktion, so ergibt sich eine Kulturtheorie, die nicht vom eindimensionalen Verdrängen, sondern dem konfliktvollen Zuwachs, nicht vom begrifflichen Besiegen, sondern dem reflektierten Verschichten geprägt ist. → **die kulturgeschichte des zugleich** Die Geschichte der Medien und Künste ist ein kontinuierlicher Wandel der Hegemonie ihrer Mittel, und dies schließt die Möglichkeit ein, dass ganze Komplexe an Fertigkeiten verloren gehen. Gerade im Klima des möglichen Endes aber hat das jeweils Bedrohte, an den Rand der Existenz gedrängt, neue Gestaltungen entwickelt, die unverwechselbarer sind als die fraglos gegebenen Dauerformen zuvor. ———— So ist die Buchmalerei keinesfalls verschwunden, als der Buchdruck in der Lage war, illustrierte Werke genauer, ökonomischer und in einem höheren Verbreitungsgrad zu produzieren. Das Gegenteil trat ein. Zwar hat die Buchmalerei ihr Monopol auf Buchausstattung durch

6/141 Athena und Apollon mit den neun Musen römisch, 180–200 n. Chr., Kunsthistorisches Museum Wien

Holzschnitte, Stiche, Radierungen, Lithografien und Fotografien verloren, aber damit war sie keinesfalls am Ende. Eines der kostbarsten Projekte der Buchmalerei, Sandro Botticellis zwischen ca. 1485 und 1500 geschaffene Illustration von Dantes »Göttlicher Komödie«, wurde in Angriff genommen, nachdem eine Fülle von illustrierten oder auch bildlosen gedruckten Ausgaben den Markt gesättigt hatte. ———— In Form von Künstlerbüchern oder auch von kontinuierlichen Auseinandersetzungen mit maßgeblicher Buchmalerei hat sich diese bis heute tradiert; so hat etwa Joseph Beuys auf Leonardo da Vinci oder Robert Rauschenberg auf Botticellis Dante-Illustrationen reagiert. Aber nicht dieser Umstand allein ist lehrreich, sondern die selbstreflexive Qualität der Reaktion der Buchmalerei auf den Buchdruck. Zur selben Zeit, zu der mit der 1499 gedruckten »Hypnerotomachia Poliphili« eines der schönsten je illustrierten Bücher gedruckt wurde, entstanden Buchilluminationen, die nicht nur die malerische Qualität ihrer Vorläufer übertrafen, sondern die ihren Status zu überdenken und diese Selbstanalyse zum Teil des Werkprozesses selbst zu machen begannen. Kaum jemals war die Buchmalerei so begriffsscharf wie in diesem Augenblick, in dem sie nach der Lehre des medialen »Endes« nicht mehr hätte existieren dürfen. _____ So geben eine Reihe von Buchmalereien vom Ende des fünfzehnten Jahrhunderts vor, verbrannt zu sein und durch das Brandloch einen Blick auf eine Landschaft zu gewähren. Die Bedrohung der Buchmalerei erscheint hier als Fragilität des Blattes, um im Medium des Bedrohten die Bestimmung des Buches schlechthin zu bekräftigen, eine zweite, kunstvolle Welt zu sein. Der Vorgang verdeutlicht, dass die Konkurrenz des neuen Mediums das überkommene herausfordert und dazu anhält, die eigenen Fähigkeiten stärker zu entwickeln als dies zuvor geschehen konnte. Dieser Definitionsdruck führt dazu, dass sich das scheinbar atavistische Medium als Gesamtvertreter der übergreifenden Mediengattung begreift. Steigerung, nicht Ausschluss ist der Effekt eines neuen hegemonialen Mediums auf die vorherige Form. _____ Eine weitere Möglichkeit zeigt die Durchsetzung der vielleicht bedeutendsten Errungenschaft der abendländischen Kunst: der Perspektive. Mit Masaccios Trinitätsfresko schienen die Bilder einer exakt konstruierten Wirklichkeit die überkommenen Illusions- und Bedeutungsräume ersetzen zu können. In der Tat wurde die Zentralperspektive zur conditio sine qua non der künstlerischen Praxis. Dies hieß aber nicht, dass die Bedeutungsperspektive verabschiedet worden sei. Sandro Botticelli beispielsweise hat zahlreiche Anwendungen seiner Beherrschung der perspektivischen Raumkonstruktion geschaffen und dieses Vermögen bis in sein Alter durchgehalten. Zugleich aber hat er Personen oder Gegenstände bewusst verkleinert oder vergrößert, wo sie einem anderen Sinnrahmen als der Einspannung in mathematischen Raumkonstruktionen dienten. Botticelli beherrschte die Perspektive, um sie, wo es inhaltliche Gründe vorgaben, zu überspielen oder gar zu denunzieren. _____ Die Geltung des mathematischen Perspektivraumes wurde seither vom Schatten irrationaler Räume begleitet. So herrschte die Anti-Perspektive im Manierismus, in der französischen Hofkunst Ludwigs XIV. und zur Zeit Piranesis, um im zwanzigsten Jahrhundert eine neue, unangefochtene Dominanz zu erringen. Der Vorgang lässt erkennen, dass die traditionelle Form, gerade weil sie obsolet erschien, eine zusätzliche Funktion gewann, wie umgekehrt der einmal errungene Bildträger nicht nur vom Überwundenen begleitet, sondern seinerseits durch diesen überholt werden konnte. _____ Dasselbe gilt für das Bildnis. Der Gattung Porträt ist das Sterbeglöcklein geläutet worden, seit die Fotografie ein lebensechteres Abbild der Porträtierten zu bieten schien. In der Tat hat die technische Reproduktionsmöglichkeit der Fotografie dazu geführt, dass die Gedächtniskultur in hohem Maß auf privaten und öffentlichen Fotosammlungen beruht. Dies bedeutet aber keinesfalls, dass die gemalte Porträtkunst am Ende ist. Vielmehr haben Porträtmaler die Fotografie von Beginn an genutzt, um ihre Bildnisse umso unverwechselbarer zu subjektivieren. Nach dem sechzehnten war das zwanzigste Jahrhundert ein bevorzugtes Säkulum für eine extrem gesteigerte Bildniskunst, die in den deformierten Porträts Francis Bacons die Abstraktion wie auch die Abbildlichkeit denunzierte und etwa in Gerhard Richters »Porträt Kühn« die Medienkonkurrenz gegenüber der Fotografie zum Element des Porträtierten selbst machte. Und wenn Andy Warhol über seine Beuys-Porträts Diamantstaub gelegt hat, bedeutet dies eine keineswegs ironische Wiederkehr der Materialheiligkeit des Goldgrundes. _____ Dass Porträts gegen Ende des Jahrhunderts geradezu eine Mode geworden sind, ist schließlich eine Verlängerung der geschärften Sensibilität, mit der die Fotografie auf die Möglichkeiten des Computermorphing reagiert. Mit der digitalen Technik ist die Fotografie selbst unter den Druck geraten, den sie zuvor auf die Malerei ausgeübt hat. Man braucht kein Prophet zu sein, um zu prognostizieren, dass auch die klassische Fotografie keinesfalls untergehen, sondern die ihr und nur ihr eigenen Möglichkeiten schärfen, steigern und dadurch bewahren wird. Richters malerische oder Franz Gertschs mittels des Holzschnitts betriebene Reaktionen auf die Fotografie finden etwa in den Bildern Claus Goedickes, dessen glatte, wie digital aufgenommenen Still-lebenobjekte eine magisch wirkende Präsenz erreichen, eine Fortsetzung: Im scheinbar Digitalen sucht sich das Analoge zu bewähren, indem es das neue Medium im vorgeblich überholten übertrifft. Auch hier gilt, dass sich statt eines Endes der überkommenen Fotografie ein neuer, raffiniert geführter Paragone abzeichnet. →die toleranz des digi-talen Dies gilt schließlich für die Kultur des Computers überhaupt. Weder sperrt sich das Museale dem Digitalen, noch lösen die Computer das geschichtliche Denken ab. Viel-mehr gehört die digitale Revolution auch darin zu den größten Ereignissen seit der Erfin-dung des Rades, dass sie die überlieferten Formen der Kunst und der Technik nicht etwa nur aufsaugt, sondern auch herausfordert. ——— Die Eigenschaft der Turing-Maschine, sich in alle anderen Maschinen zu vermitteln, bewirkt eine faktische Vereinheitlichung, die jedoch keineswegs nivellierend wirkt. Vielmehr entwickelt sie eine neue Basis, auf der eine Reihe von Barrieren, die sich in der Moderne aufgetürmt haben, überwunden wer-den können. Wenn die Barrieren zwischen Geistes- und Naturwissenschaften sowie zwi-schen Technik und Kunst im Gegenzug zur unaufhaltsamen und auch notwendigen Spe-zialisierung abgenommen haben, so liegt dies am Effek der Digitalisierung. ——— Indem der Computer auf Grund seiner reduktionistischen Verallgemeinerung auch Denkfor-men des Assoziativen bestärkt, bekräftigt er auf hintergründige Weise die Renaissance von vormodernen Kunst- und Sammlungsformen, denen Grenzlinien nichts galten. Sie waren teils gegen die zeitgenössischen Mediatisierungsformen gerichtet, erweisen sich im Rückblick aber als eine Art Vorschatten der Digitalisierung. Daniel Spoerris Inszenie-rungen des Musée sentimental gehörten ebenso hierzu wie Marcel Broodthaers »Musée d'Art Moderne Département des Aigles« und Claes Oldenburgs »Mouse Museum«, die Bewegung der »Spurensicherung« und zahlreicher Kunstkammer- und Archivierungs-installationen von Nikolas Lang bis Christian Boltanski, die schließlich in der »Deep Sto-rage« von 1997 gipfelten. Diese Wiederkehr der Kunstkammer wurde durch einen unvor-hersehbaren Boom an Rekonstruktionen historischer Kunstkammern begleitet. Auch zeitgenössische Ausstellungen wie »L'Ame au corps« in Paris (1993) bis zu den in Berlin errichteten »Sieben Hügeln« haben sich mit ihren Verbindungen von Kunst, Magie und Technik im Denkraum dieser Renaissance der Kunstkammer im Zeitalter des Digitalen bewegt. ——— Mit dem Kunststück, den expandierend vereinheitlichenden Kraftakt der Computer zu begleiten, der scheinbaren Virtualität seiner Bildwelten aber mit der seman-tischen Kraft des mit den Sinnen erfahrbaren und darin unersetzbaren Materials zu begegnen, bilden diese museologischen Rekonstruktionen einen weiteren Beleg, dass es in der Medien- wie Kunstgeschichte weder Ab- noch Ausschlüsse gibt. Vielmehr hält diese Konfliktgeschichte ein Reservoir an Revenants bereit, die sich unter gewandelten Bedingungen neu in Szene zu setzen vermögen. ——— Ein Symbol dieses Wechselverhält-nisses zwischen der Welt des Digitalen und dem Schatz an semantisch befrachteten Objek-

6/43 Inventar der Geschenke für den Tempelschatz des Parthenontempels Athen, Akropolis, 414/13 und 413/12 v. Chr., London, The British Museum ten der Kunstgeschichte, das an Ironie dem Auftritt der Originale in Las Vegas gleich-kommt, ist mit dem »Codex Leicester«, einem mit Zeichnungen versehenen Manuskript Leonardo da Vincis, verbunden, das vornehmlich von der Natur und den Bewegungen des Wassers handelt. 1994 hat ihn Bill Gates für gut 30 Millionen Dollar ersteigert, um ihn ent-ziffern, transkribieren und übersetzen zu lassen und sowohl als Faksimile wie auch in bearbeiteter Form auf CD-ROM zur Verfügung zu stellen. Dennoch reist der Codex seither als Ausstellung um die Welt, und kein Ereignis scheint dem reichsten Mann der Welt so bedeutungsschwer wie die Eröffnungszeremonien dieser Schauen. Die Botschaft des Codex Leicester liegt im Anspruchsniveau der überkommenen Kunst, neben die em-pirisch für wahr genommene Wirklichkeit eine künstlerische Welt zu stellen, die den freiwilligen Zwang auslöst, betrachtet und reflektiert zu werden. ——— Wie in den Alien-Filmen brechen Akteure der scheinbar überwundenen Gegenwelten immer neu aus der Brust des je Gegebenen hervor. Die höchste Entfaltung des Digitalen gebiert die Sehn-sucht nach dem unikalen Werk, wie durch die Oberfläche von Las Vegas erneut die Kraft des Originals drängt. Aus diesem Wechselspiel entsteht die Kultur einer künstlerischen Abundanz, die nicht von linearen Fortschritten, sondern von konfliktreich entstandene Zuwächsen zehrt. ——— Das zwanzigste Jahrhundert hat die Feindschaft auf alles Muse-ale gepredigt und eine beispiellose Musealisierung bewirkt. Es wäre naiv, deren Funktion allein als historistisch zu begreifen. Sie entspringt einem Grundbedürfnis der historischen Fundierung, ist in ihrer extremen Form aber durch Bewegungen bestärkt, die vorder-gründig allem Historischen zuwiderlaufen. Das zwanzigste Jahrhundert hat gelehrt, dass die Einrichtung des Museums umso stärker wurde, je massiver ihre Abschaffung gewollt war. Sie ist der unablösbare Schatten, der dem Läufer umso schneller folgt, je geschwin-der er sich bewegt – und der ihm vorauseilt, wenn die Lichtquelle im Rücke steht.

1_06 **das netz**

im prozess der zivilisation ——— STEFAN GOLDMANN

Das Netz zählt zu den alten Artefakten der Menschheit. Die ältesten Netzfunde stammen aus dem Mesolithikum, das heißt aus archäologischen Schichten, die vor über 9000 Jah-ren abgelagert wurden. Das Netz, das vielfach verwendbar ist, dient besonders als Jagd-waffe und Tragetasche. In ihm verfangen sich Fische und Vögel und das Wild des Waldes. Als Kampfwaffe kann es gegen Tiere und Menschen gerichtet werden. Seine Vorausset-zung ist eine ausgefeilte Knüpftechnik und eine gründliche Kenntnis der Umwelt und Verhaltensweisen des Jagdwilds. Ausgeklügelt ist sein kraftsparender Mechanismus der Überwältigung und Bändigung: Je stärker das Opfer Widerstand leistet, desto mehr wächst seine Verstrickung, mithin seine Selbsterschöpfung. Dieses ausweglose sich Abkämpfen des Opfers beobachtet der Jäger nicht ohne Affektbewegung. Mythos und Tragödie, Epos und Philosophie handeln von dieser Grundsituation und ihrem Nachleben in Metaphern. ——— Eine Zivilisationsgeschichte des Netzes hätte den Transformations-prozess nachzuzeichnen, der von den magischen Netzen in Steinzeithöhlen bis hin zu unserer global vernetzten Welt führt, und den sozialen Wandlungs- und Differenzierungsprozess des assyrischen Netzkämpfers über den römischen Gladiator bis hin zum modernen, am Netz agierenden Tennisspieler zu beschreiben. Die Herstellung und der vielfältige Einsatz des Netzes sind eine unerschöpfliche Quelle der Metaphernbildung. Offenbar knüpft sich an diese technische Errungenschaft eine Faszinationsgeschichte, die noch unsere Epoche in Bann hält, wenn wir von neuronalen und sozialen Netzen, vom Telekommunikations- und Kraftwagenstraßennetz, vom Strom-, Wasser- und Spionagenetz reden. Im Folgenden sollen nun so genannte »Übergänge« zwischen dem Artefakt und der Metapherbildung beleuchtet werden, affektiv besetzte Schwellen zwischen einer immer wieder erinnerten, lebensbedrohlichen Situation und einem symbolischen Denkraum. Durch die Übertragung des Netzartigen auf andere Lebens- und Denkhorizonte entfaltet das Netz eine Reihe von metaphorischen Bedeutungen: Neben das Verwickeln, Beherrschen und Aneignen tritt das Verknüpfen, Strukturieren, Sortieren und Bewahren, neben den Aspekt der todbringenden Verstrickung und der großflächigen Beherrschung tritt, möglicherweise in kausaler Gegenbewegung, der Aspekt verknüpfenden Denkens und vorstrukturierten Erinnerns. → jagdnetz des todes In der Orestie des Aischylos, 458 v. Chr. in Athen aufgeführt, begegnen wir dem grässlichen Todesaspekt des Netzes. Durch alle drei Tragödien, »Agamemnon«, »Choephoren« und »Eumeniden«, sicherlich auch durch das anschließende, nicht mehr erhaltene Satyrspiel »Proteus«, zieht sich das Netz wie ein blutbeflecktes Beweisstück in einem Mordprozess. Agamemnon, siegreich aus Troja zurückgekehrt, wird im Bad von seiner Frau Klytemnestra in ein netzartiges Gewebe, in ein Jagd- oder Fischernetz des Hades, verstrickt und erschlagen. In Übereinstimmung mit Aristoteles, der die Tragödie im Vorfeld seiner umfassenden Definition als die Nachahmung (Mimesis) einer Handlung in wohlgeformter Sprache bezeichnet, ist das Netz mehr in der Sprache denn als Theaterrequisit präsent. So erzählt der Chor, dass Agamemnon Troja im Netz der Dunkelheit erobert habe und Klytemnestra preist vor ihrer blutigen Tat ihren heimkehrenden Gemahl, dass sein Leib von den vielen Verwundungen, die er in Kämpfen erlitten, wie ein vielmaschiges Netz durchlöchert sein muss. Schließlich aber liegt Agamemnons Leiche im »Netz der Spinne« und im gewebten Fangnetz der rächenden Erinnyen. Parallel hierzu verläuft das Schicksal der von Agamemnon als Beute mitgeführten Kassandra, die einst die Liebeswerbung Apollons abgewehrt hatte und sich nun in eine fremde, feindliche Umgebung versetzt sieht. Wie ein frisch gefangenes, in unheilvolle Netze verstricktes Wild erscheint sie dem Chor. Gelähmt vor Angst, sieht sie Agamemnons und ihr eigenes Schicksal voraus und verwandelt in ihrer Trance das tief gefühlte Leid der gequälten Kreatur in kunstvollen Gesang, wie wir es heute noch in der Oper erleben können. Aischylos erweist sich als ein Meister darin, dem hilflos dem Untergang preisgegebenen Opfer Stimme zu verleihen, so dass dessen Jammer und Furcht sich auch auf die Zuschauer übertragen. ———— In den »Choephoren« erinnert Orest zur Rechtfertigung seines begangenen Muttermordes noch einmal an das gewebte Netz, in das sein Vater heimtückisch gelockt wurde, und ruft all seine griechischen Bezeichnungen und Ersatzvorstellungen auf: agreuma, diktyon, arkyn, peplous, hyphasma. Durch die eigenhändige Ermordung seiner Mutter Klytemnestra ist Orest nun seinerseits von den Fangnetzen der Erinnyen umstellt, die er nur mit Apollons Hilfe zu durchbrechen vermag. In dem anschließenden Prozess auf dem Areopag erscheint Apollon in den »Eumeniden« als Orests Anwalt, der neben einem Köcher voll zielsiche-

6/67 Bleibrief des Mnesiergos
Chaidari bei Athen, 4. Jh.
v. Chr., Staatliche Museen zu
Berlin, Antikensammlung

rer Pfeile auch über Argumentationsfantasie verfügt. Im Abwägen von Gatten- und Muttermord und deren nachsichziehenden Rache- und Sühnehandlungen argumentiert Apollon gegen die Orest anklagenden Erinnyen, dass die Mutter das vom Vater gezeugte, präformierte Kind nur austrage. Vater könne man auch ohne Mutter sein, wie es die Geburt der anwesenden, dem Prozess vorstehenden Athene beweist, die ja bekanntlich dem Kopf des Zeus entsprungen ist. Greift dieses Argument, dann ist Orest nicht nur entlastet, sondern zugleich wird einer alten, mutterzentrierten Zivilisation der Prozess gemacht, in der die soziale Organisation und die Rechtsauffassung durch Matrilinearität und mutterrechtliche Elemente, repräsentiert durch die Erinnyen und die Schicksalsfäden knüpfenden Moiren, geprägt war. Mit Hilfe der argumentativen Kraft Apollons und der vermittelnden Überredungskunst der Athene kann Orest die durch Überlieferung und Sitte (diké) geknüpften Netze der Erinnyen zerreissen, in denen sein Vater noch zu Fall kam. ———— Das Netzmotiv, das sei beiläufig erwähnt, erscheint in einer Reihe antiker Tragödien und seine weitere Wirkungsgeschichte lässt sich leicht bis zu einem anderen siegreichen Feldherrn, bis hin zu Schillers »Wallenstein« verfolgen, welcher sich in jene Netze verstrickt, die er selbst gespannt hat. In Schillers Trilogie kann auch Piccolominis Sohn Max die Netze nicht zerreissen, in die ihn die ältere, väterliche Generation emotional verwickelt hat. »Ein Liebesnetz hab ich um dich gesponnen, zerreiß es, wenn du kannst«, ruft Wallenstein Max entgegen. Bevor Wallenstein seinerseits in das »ausgespannte Mordnetz« stürzt, warnt ihn seine Schwester, die moderne Kassandra, deren Wahrsagung keiner mehr glaubt, durch einen vorbedeutenden Traum, in welchem sie ihren Bruder in eine rote Decke gehüllt sieht. Wallenstein interpretiert den Traum rationalistisch mit dem Hinweis auf die Tagesreste, den roten Teppich in seinem Zimmer, jedoch ist das Traumbild zugleich eine literarische Reminiszenz an Agamemnon, der auf dem Weg ins Todesnetz über einen ausgerollten Purpurteppich hatte schreiten müssen. ———— Im allgemeinen handelt die Tragödie von der Verstrickung und der Verblendung (áte) des Heros. Den in den Netzen der Ate und des Hades Gefangenen erfassen Furcht und Schauder, Affekte, die auf den Zuschauer überspringen, wenn plötzlich auf der Bühne die Glücksumstände des Helden in ihr Gegenteil umschlagen (Peripetie) und es zur tragischen Wiedererkennung (Anagnorisis) kommt. Aristoteles zufolge besteht jede Tragödie aus Verwicklung (désis) und Lösung (lysis), und er vergleicht ihren Handlungsstrang mit einem Knoten (ploké), der geschürzt und wieder gelöst werden muss. Mit dieser erlernbaren Technik orientiert sich der Tragödienautor am Netzknüpfer, der verschiedene Netzknoten und verschiedene Maschen beherrscht. Die verbreitete Netzmetapher ist somit nicht irgendeine beliebige Metapher der Tragödie, sondern sie verweist im Gegenteil auf deren eigene sozialen Ursprünge und rituellen Kontexte. In der antiken Polis hält die Netzmetapher die Erinnerung an eine ihr vorausgehende Jäger- und Fischerkultur wach. Als rituelles Mordinstrument deutet das Netz auf einen Opferzusammenhang hin: Wie der wilde Stier, der zum Opfer bestimmte bos primigenius, mit dem Agamemnon kurz vor seiner Abschlachtung verglichen wird, ins Netz stürzt (vgl. hierzu den berühmten Goldbecher aus dem Tholosgrab von Vaphio in Lakonien, um 1500 v. Chr.), so stürzt auch der antike Held in die Fangnetze der Dike. →netze des denkens, der erinnerung und der wahrnehmung Mit einem sophistischen Argument half Apollon Orest aus der Klemme und zerriss das ihn umstrickende Netz der Erinnyen. Bei Platon ist es nun der Sophist, der sich dem Netz der Definition immer wieder zu entziehen vermag. Meint man ihm das, »was unter dem Jagdzeug für Reden ein wahres Fangnetz ist, glücklich umgeworfen« zu haben, so entweicht er dennoch in einen dunklen, unzugänglichen Ort (aporos topos). Sein Wesen ist durch Platons Methode der Diairesis, der begrifflich gliedernden Einordnung, schwer zu fassen. Am Ende lässt dieses langwierige Verfahren jedoch kein Entkommen zu, denn durch stete gliedernde Definition, Einteilung und Begrenzung, wird der Fluchtweg abgeschnitten, so dass schließlich das Gesuchte dem methodisch Nachspürenden ins Netz des Begriffs geht. Platon beschreibt den Dialektiker im agonalen Disput mit dem Sophisten als einen Netzsteller. Was hier als eine witzige Metapher erscheint, kann allerdings auch auf realgeschichtliche Quellen bezogen werden, denn wenigstens einer der sieben Weisen Griechenlands, nämlich Pittakos (600 v. Chr.) aus Mytilene auf Lesbos, war noch ein großer Netzkämpfer. Mit dem Netz besiegte er im Zweikampf den Athener Phrynon und tötete ihn mit dem Dreizack. Berühmt waren seine gnomischen Sprüche, zum Beispiel der von Platon zitierte: »Schwer ist es, tugendhaft zu sein.« Diesen Spruch, nicht seinen Urheber, wollte der große Gedächtniskünstler Simonides angreifen und widerlegen. Von dem megarischen Wortfechter Stilpon (380 – 300 v. Chr.) berichtet wiederum Diogenes Laertius, dass er viele in seine Netze zog. Wie Orest, Aischylos und Sokrates hatte er sich vor dem Areopag zu verantworten, doch überragte er alle in der Fülle seiner Argumentationsfantasie (heuresiologia) und der Kunst zu disputieren (sophisteia). Er bietet ein Beispiel dafür, dass selbst der Redewettstreit, der philosophische Agon, noch tödlich ausgehen kann. So forderte er einmal in Anwesenheit des Königs Ptolemaios Soter den »gewaltigen Dialektiker« Diodoros Kronos auf, bestimmte dialektische Probleme zu lösen. Da jener sie auf Anhieb nicht lösen konnte, nahm er sich aus Scham darüber selbst das Leben. Dieser tragisch endende Redeagon steht offenbar in der Tradition der in oralen Kulturen beliebten Rätselwettkämpfe, die u. a. von König Salomon und der Prinzessin von Saba gepflegt wurden. Diodoros Kronos vermochte Stilpons Rätsel wahrscheinlich deswegen nicht zu lösen, weil er prinzipiell die Möglichkeit der Zweideutigkeit von Worten negierte, eine Form, deren sich das Rätsel besonders gern bedient. Im Griechischen ist gripos, das Fischernetz, mit griphos, dem Rätsel und der künstlich verschlungenen, schwer aufzulösenden Rede, sprachlich verwandt. Wer im Mythos gestellte Rätsel nicht löst, stürzt ins Netz des Todes. Der Dialektiker und Sophist wird darin ausgebildet, Rätsel zu stellen und zu lösen, Fangfragen verdeckt zu formulieren und den ihm gestellten rechtzeitig auszuweichen. Wie Pittakos im Zweikampf führen Sophisten und Dialektiker im agonalen Disput noch immer ein Netz in ihrer Hinterhand, um ihren Gegner zwar nicht zu töten, jedoch geistig auf dem Feld der Sprache zu Fall zu bringen. ——— Nun ließe sich die Netzmetapher durch die Geistesgeschichte verfolgen und beobachten, wie der jüngere Plinius an den Jagdnetzen mit Griffel und Schreibtafel sitzt, um seine Einfälle zu fixieren, Bacon im »Neuen Organon« den einseitigen Weg des Dogmatikers kritisiert, der wie eine Spinne die Netze aus sich selbst schafft, Novalis in den »Lehrlingen von Sais« hingegen jene ermuntert, die die Dinge mit ihrer Fantasie überspinnen: »Je willkürlicher das Netz gewebt ist, das der kühne Fischer auswirft, desto glücklicher der Fang.« Hieran schließt seine 1798 notierte Formulierung: »Hypothesen sind Netze, nur der wird fangen, der auswirft. Ist nicht America durch Hypothese gefunden?« ——— Das Netz ist in diesen Beispielen ein Hebezeug, eine Heuristik, mithin eine Metapher der philosophischen Topik. Der topisch Denkende durchstreift eine Meinungslandschaft, er kennt jene Stellen, wo geistig etwas

❶ 6/81 Telefon von Philipp Reis 1863, Frankfurt am Main, Museum für Post und Kommunikation **❷ 6/92 Erstes Faxgerät der Welt** 1926, Otho Fulton, Köln, Sammlung Astrid & Uwe H. Breker

aufzuspüren und festzuhalten ist. Er kommt dem Sophisten auf die Schliche, der sich in dunkle Orte zurückziehen will, achtet auf die Fallgruben der Sprache, auf Amphibolie, Homonymie, Synonymie und Etymologie, so dass er Rätsel und Probleme sowohl lösen als auch bilden bzw. aufwerfen kann, und er beherrscht den Gebrauch der Analogie als ein Mittel, Neues zu entdecken. _____ Topik leitet nicht nur problembewusstes Denken, sie stützt auch die Erinnerung. Diesen allgemeinen Zusammenhang mag eine weitere Netz-metapher illustrieren: Nach der Lektüre von Walter Scotts »The Life of Napoleon Buona-parte« schrieb Goethe 1828 an den Musiker Karl Friedrich Reinhard: »Ich habe das Werk als ein wohlgestricktes Netz betrachtet, womit ich die Schattenfische meiner eignen Lebens-tage aus den anspülenden Wellen des letheischen Sees wieder herauszufischen in den Stand gesetzt ward.« Dieses »goldene Netz«, wie es an anderer Stelle heißt, ist ihm ein Hilfsmittel zur Hebung und Strukturierung eigener, zum Teil untergegangener oder verworfener Lebenserinnerungen und Epochenerfahrungen. In einem Brief an seinen Ber-liner Freund Karl Friedrich Zelter erläutert er hierzu des weiteren: »Das Werk fand ich sehr bequem als Topik zu gebrauchen, indem ich Capitel nach Capitel beachtete, was ich allen-falls Neues empfing, was mir in die Erinnerung hervorgerufen ward, sodann aber nie ver-gessenes Selbst-Erlebtes hineinlegte an Ort und Stelle, so dass ich jetzo schon nicht mehr weiß, was ich im Buche fand und was ich hineingetragen habe.« Goethe benutzt das Buch als Medium, eigene Erinnerungen zu aktivieren, neue Gesichtspunkte kennenzulernen, um die eigenen Erfahrungen der stürmischen Revolutionsjahre zu ordnen, und sie so dem Strom des Vergessens zu entreißen. _____ Dieses Beispiel gibt auch uns einen neuen Gesichtspunkt an die Hand: Über Gegenstände ausgebreitete Netze liefern deren Propor-tionen und Maße. Götter und Könige haben Netze über ganze Landstriche und Völker-schaften geworfen als Symbol ihrer Machtfülle und Kontrollgewalt: So spricht zum Bei-spiel der sumerische König von Lagasch: »Über die Leute von Umma habe ich, Eannatum, das große Netz des Gottes Enlil geworfen.« Auch Wissenschaft und Kunst bedienen sich des Netzes, das sie ebenfalls über Land und Leute werfen, wenn man an die Feldmesser mit ihren trigonometrischen und geodätischen Netzen denkt, oder an Leonardo da Vinci und Albrecht Dürer, die zwischen sich und den abzubildenden menschlichen Gegenstand ein Fadennetz stellten, um Proportionen aufzuspüren und Perspektiven Punkt für Punkt auf-zubauen. Der Blick durch das Netz schult und verfeinert die optische Wahrnehmung des Künstlers. Doch bei der anatomischen Untersuchung des optischen Sinnesorgans selbst stößt man schon im Altertum auf die Netzhaut, die Retina, die Galen zufolge einem Fischernetz ähnelt. Johannes Kepler soll als erster in seiner »Dioptrik« erkannt haben, dass eine Abbildung der sichtbaren Dinge auf der Netzhaut, die im übrigen »die weißröt-liche Farbe des Papiers habe«, zustande kommt: »Die Kristallfeuchtigkeit [Linse] des Auges stellt eine konvexe Linse von hyperbolischer Gestalt vor, während die mit geistigem Stoff angefüllte Netzhaut hinter der kristallenen Feuchtigkeit [gleichsam] an Stelle des Papiers steht. Auf ihr bildet sich das Sichtbare mit wirklicher Zeichnung ab.« → netz der kul-tur Ist es ein Vorrecht der Götter und Könige, alles dem Netz zu unterwerfen, so ist es beachtenswert, wie Jesus mit dieser babylonischen Tradition verfährt. Er wendet sich an die ärmsten der Armen, die Fischer und Netzflicker, um sie zu Menschenfischern auszu-bilden. Er lehrt sie des weiteren, Schwärme von Fischen mit dem Netz einzufangen, so dass sie eine Vorstellung gewinnen, welche Menschenmassen sie in Zukunft der neuen Lehre zuführen werden. Das Netz kontrolliert und fasst eine unterschiedslose Masse zusammen, die allerdings am Jüngsten Tag, wie das Gleichnis vom Fischernetz und Himmelreich besagt, in gut und böse geschiedenen werden wird. Hier ist die arme Masse der Held, der mit hohen Erwartungen ins Netz geht. ———— Am vehementesten hat wohl Friedrich Nietzsche im 19. Jahrhundert auf solche Netze, die Kunst, Religion und Wissenschaft über das Dasein ausgebreitet haben, hingewiesen. Gerade in der »Geburt der Tragödie« schreibt er: »Unsere ganze moderne Welt ist in dem Netz der alexandrinischen Cultur befangen und kennt als Ideal den mit höchsten Erkenntniskräften ausgerüsteten, im Dienste der Wissenschaft arbeitenden *theoretischen Menschen,* dessen Urbild und Stammvater Sokrates ist.« In Notizen, die im Umkreis dieser Schrift entstanden, kommt er immer wieder darauf zu sprechen, dass wir in einem Netz von Illusionen verstrickt sind, das durch Sprache und Grammatik aufrecht erhalten wird. Allein das Genie habe die Kraft, es zu zerreissen und »die Welt mit einem neuen Illusionsnetze zu umhängen. ... Die Einwirkung des Genius ist gewöhnlich, dass ein neues Illusionsnetz über eine Masse geschlungen wird, unter dem sie

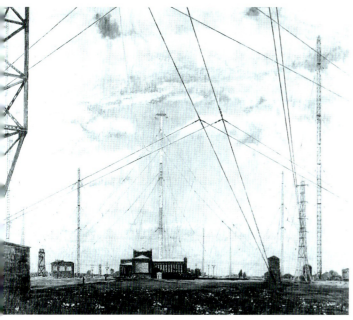

6/85 **Großfunkstelle Nauen** 1935, Otto Thiele, Frankfurt am Main, Museum für Post und Kommunikation

leben kann.« Nietzsche entlarvt den Zwangscharakter der ganzen Kultur, den er als intimer Kenner des Aischylos mit der traditionsreichen Netzmetapher umschreibt. ———— Das Netz, das sollten die Beispiele zeigen, ist ein bedeutendes Requisit in verschiedenen Geschichten, die von zivilisatorischen Umbrüchen erzählen. Bei Aischylos, der das Netz von seiner dunklen, abgründigen Seite beleuchtet und es zu großartigen Metaphern zu gestalten versteht, spielt es eine Rolle beim Übergang von einer mutterzentrierten zu einer vaterzentrierten Gesellschaft. An der Schwelle der Formierung des Christentums zur Massenbewegung erscheint wiederum das Netz als Artefakt und in eine Reihe von Gleichnissen eingearbeitet. Was hier nicht mehr zur Sprache kommt, von der griechischen Antike aber immer betont wird, ist der listenreiche Einsatz des Netzes. Denn das Instrument dient ja dazu, etwas Kräftigeres, Schnelleres, dem Menschen in irgendeiner Weise Überlegeneres zu fangen und zu kontrollieren. Deutlich wird dies in der homerischen Erzählung von jenem Netz, das Hephaistos konstruiert hatte, um Ares und Aphrodite in ihrer ehebrecherischen Handlung zu fangen und darin der Götterversammlung, die bei dem sich ihr bietenden Anblick in unauslöschliches Gelächter ausbrach, zu präsentieren. Diese Netzgeschichte verweist, folgt man der Rede des Hephaistos, auf die Alternative zwischen promiskuöser, triebhafter Verstrickung und einem sozial bindenden Ehevertrag, den der Brautgeber mit dem Brautnehmer schließt. All diese Geschichten bezeichnen affektiv besetzte Katastrophen, zivilisatorische Schwellenerfahrungen, die Jammer und Furcht, Zorn und Scham, Trauer und Lachen, hervorrufen. Wo Jammer war, so Jakob Burckhardt, soll Erkenntnis werden. Dem theoretischen Menschen dient das Netz aufgrund der gleichförmigen, ins Unendliche zu denkenden Maschen als Medium der Distanzierung, Strukturierung und Maßgewinnung, ohne dass es seine Schreckensaspekte ganz verliert. Noch heute, in unserer Umbruchszeit, bleibt der ambivalente Charakter des Netzes wirksam, auch wenn viele ins Netz streben und sich verwundern, wie leicht man »drin« ist. Ohne Zweifel, das Netz ist eine der großen, der Spinne, wie manche wollen, abgeschaute, listige Erfindung der Menschheit, das als Werkzeug und in seinen mannigfaltigen Übertragungen auf den Prozess der Zivilisation Einfluss genommen hat und weiterhin nimmt. Vieles, schreibt Sophokles in der »Antigone«, ist ungeheuer, doch nichts ungeheurer als der Mensch, der das Meer und die Erde durchpflügt, und Vögel, Fische und das Wild listig in Netzen fängt.

STRACT

omas increasing
d unjustifiable
chnologies and
f complex

❶ Element aus Dataland:
Buch Seite ❷ Vier Gene-
rationen von Schaltkreisen
❸ Aufbau des ENIAC
Washington, National Mu-
seum of American History,
Smithsonian Institutions

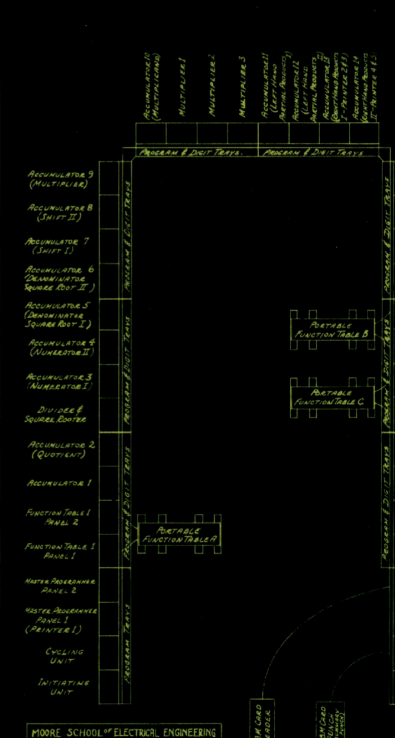

ACCUMULATOR 9
(MULTIPLIER)

ACCUMULATOR 8
(SHIFT II)

ACCUMULATOR 7
(SHIFT I)

ACCUMULATOR 6
(DENOMINATOR
SQUARE ROOT II)

ACCUMULATOR 5
(DENOMINATOR
SQUARE ROOT I)

ACCUMULATOR 4
(NUMERATOR II)

ACCUMULATOR 3
(NUMERATOR I)

DIVIDER &
SQUARE ROOTER

ACCUMULATOR 2
(QUOTIENT)

ACCUMULATOR 1

FUNCTION TABLE 1
PANEL 2

FUNCTION TABLE 1
PANEL 1

MASTER PROGRAMMER
PANEL 2

MASTER PROGRAMMER
PANEL 1
(PRINTER 1)

CYCLING
UNIT

INITIATING
UNIT

PROGRAM & DIGIT TRAYS

PROGRAM & DIGIT TRAYS

PROGRAM & DIGIT TRAYS

PROGRAM TRAYS

ACCUMULATOR 10
(MULTIPLICAND)

MULTIPLIER 1

MULTIPLIER 2

MULTIPLIER 3

ACCUMULATOR 11
(LEFT HAND
PARTIAL PRODUCTS)

ACCUMULATOR 12
(LEFT HAND
PARTIAL PRODUCTS)

ACCUMULATOR 13
(RIGHT HAND PRODUCTS
I - PRINTER 2 & 3)

ACCUMULATOR 14
(RIGHT HAND PRODUCTS
II - PRINTER 4 & 5)

PROGRAM & DIGIT TRAYS.

PROGRAM & DIGIT TRAYS

PORTABLE
FUNCTION TABLE B

PORTABLE
FUNCTION TABLE C

PROGRAM & DIGIT TRAYS

PORTABLE
FUNCTION TABLE A

IBM CARD READER

IBM CARD PUNCH
(SUMMARY PUNCH)

MOORE SCHOOL OF ELECTRICAL ENGINEERING
UNIVERSITY OF PENNSYLVANIA

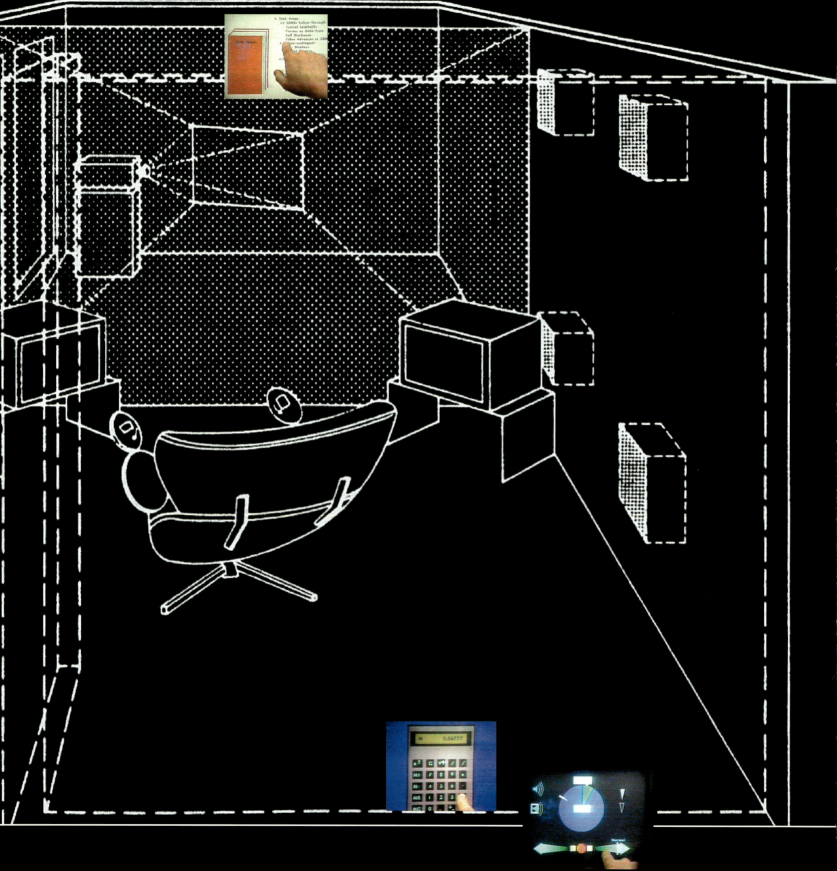

NIMM DIE ZAHL AUS DEN DINGEN UND ALLES STÜRTZT ZUSAMMEN.

— ISIDOR VON SEVILLA, UM 630 N. CHR.

Media Room mit »Captain Kirk-Sessel« mit Elementen aus Dataland: Buch Seite,
Taschenrechner, Movie-player, Telephone, Abb. zu Essay S. 62ff.

Sie können dieses Dokument nicht ändern. Sie können es nur lesen und drucken.

OK

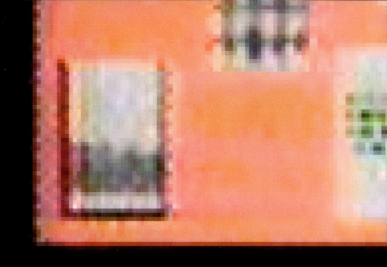

SCHREIBKUGEL IST'EIN DING GLEICH MIR:VON EISEN
UND DOCH LEICHT ZU VERDREHN ZUMAL AUF REISEN.
GEDULD UND TAKT MUSS REICHLICH MAN BESITZEN ❸
UND FEINE FINGERCHEN, UNS ZU BENUETZEN.

❶ 6/114 Skrivekugle (Schreibkugel) von Malling Hansen Dänemark, 1867, aus dem Besitz Friedrich Nietzsches, Weimar, Stiftung Weimarer Klassik, Goethe-Nationalmuseum ❷ Element aus Dataland: Desktop ❸ Typoskriptseite von Friedrich Nietzsche, geschrieben mit einer Malling Hansen Weimar, Stiftung Weimarer Klassik, Goethe-Nationalmuseum

❶ Element aus Dataland ❷ 6/50 Porträtkopf des Aristoteles (384–322 v. Chr.) römisch, Kopie nach griechischem Original des 4. Jhs. v. Chr., Kunsthistorisches Museum Wien ❸ 6/48 Bildnis des Platon (428–349 v. Chr.) 1. Hälfte des 1. Jhs. n. Chr., Staatliche Museen zu Berlin, Antikensammlung ❹ Das erste Insekt (Bug), das einen Computerfehler auslöste Seite 92 aus dem Logbuch von Howard Aikens Mark II, 1945, Washington, Smithsonian Institutions

)von der zukunft

des wissens ——— FRIEDRICH KITTLER

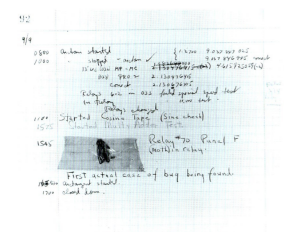

Nachdem der Millennium-Bug glücklich ausgestanden ist, scheint der Advent einer sogenannten Informationsgesellschaft unaufhaltsam. Das einzige, was ihn noch hindern kann, ist der Begriff Informationsgesellschaft selbst. Wortfügungen, die mit solchen Unbegriffen wie Erlebnisgesellschaft konkurrieren, verbreiten weiterhin den frommen Glauben, die technologischen Infrastrukturen von heute und morgen seien soziologisch beschreibbar, also einer wie auch immer verstandenen Menschheit zuzurechnen. ——— Programmierfehler aber, selbst wenn sie harmlos bleiben, sind lehrreich. Der Millennium-Bug hat zumindest klargemacht, dass die Zeitrechnung keine Sache der Kirche wie im Mittelalter oder der Royal Society wie in der Neuzeit mehr ist. Er hat eher umgekehrt, weil es ihn nur in Siliziumgattern gab, die Kirche auf ihre Kirchturmuhren und die Royal Society auf ihre Präzisionschronometer zurückgeführt. Zeitrechnung war und ist mithin keine Selbstbeobachtung einer Gesellschaft, sondern eine technische Geschichtlichkeit und das heißt Zeitlichkeit, die andere oder menschenzugewandte Zeitmaße allererst vergibt. ——— Die Frequenz dieser maschinellen Zeit ist in den letzten zwanzig Jahren von einem Megahertz auf fast ein Gigahertz gestiegen. Gleichzeitig hat sich – nach Gordons Moores Gesetz – die Leistung der Mikroprozessoren aller achtzehn Monate verdoppelt, ohne dass bislang ein Ende dieses historisch unerhörten Wachstums absehbar würde. Durch Miniaturisierung von Zeit und Raum scheint mithin eine Evolution am Durchstarten, die die Jahrhunderte der Kultur genauso unterbietet wie die Jahrmillionen der Natur. ——— Bewundernswerte Doktoren der mittelalterlichen Universität lehrten die generatio continua: eine unaufhörliche Schöpfung Gottes, ohne deren Wiederkehr im Minutentakt diese hinfällige irdische Welt sofort in ihr Nichts zurücksinken müsste. Heute tragen die Nanosekundentakte eines weltweiten Computerparks Frühwarnsysteme und Wettervorhersagen, Atomkraftwerke und Zivilflugzeuge, die ohne Bordcomputer allesamt in ihr Nichts zurücksinken müssten. Einst brauchte die Sprache der Engel keinen Schall, die Erkenntnis der Engel keine Zeit; mit eben solchen Engeln müssen Gegenwart und Zukunft zu rechnen lernen, statt sich weiter als eine Gesellschaft zu träumen, die ausschließlich Menschen einschließt oder (mit Luhmann) ausschließt. Naturen, Kulturen und Siliziumchips in ihren immer prekären Hierarchien bilden vielmehr Netzwerke eines verteilten Wissens, das in fraktalen Selbstabbildungen vom Makrokosmos bis zum Mikrokosmos reicht. ——— Vermutlich gibt es unter solchen Bedingungen kein Wissensmanagement mehr. Seitdem Computerprogramme gelernt haben, miteinander ums Überleben des Optimums zu streiten, seitdem die nächsten Computergenerationen nurmehr von ihrer Elterngeneration – also nicht mehr von Ingenieuren – entworfen, gebaut und durchgetestet werden können, ist das Wissen in eine Rückkopplungsschleife verstrickt, die kaum mehr auftrennbar scheint. Dennoch dürfte eine Wissenswissenschaft, wie Dieter Simon sie genannt hat, heute an der Zeit sein, sei es auch nur, um sträflichem Leichtsinn vorzubeugen. ——— Der babylonische Turm aus Hardware und Software wächst und wächst, bis digitale Medien alle anderen integriert haben werden. Aber der Inhalt von Medien, dekretierte schon McLuhan, sind immer andere und das heißt gewesene Medien. Die Digitalisierung schafft mithin einen Bedarf, den sie nicht selber stillen kann. Content Providing, dieser Schlachtruf gegenwärtiger Kulturbeutezüge, plündert die Schatzhäuser altehrwürdiger Künste und Medien, ganz wie einst Bonapartes Italienarmee den neugegründeten Louvre mit Gemälden und Statuen bestückte. Mit anderen Worten: Die digitalen Rechte fallen an US-Konzerne, während der Inhalt oder Content in seiner alteuropäisch schlichten Materialität mit Europa eins bleibt. Also kann nur jene sträfliche Dummheit, wie sie seit Baudelaires Diagnose in Brüssel zu Hause scheint, ausübenden Künstlern und digitalisierenden Konzernen ein und denselben Anspruch auf Copyright zuerkennen. Die Folgen liegen auf der Hand. Nicht ohne Grund rühmt der Herr über 95 Prozent aller laufenden Betriebssysteme weniger diese seine Betriebssysteme als vielmehr die Tafelbilder, deren digitale Rechte und Kopien er nebenher besitzt. ——— Das Hochpreisgeschäft mit Inhalten, wie Künste oder Wissenschaften sie einst unter sehr anderen ökonomischen Sternen hervorgebracht haben, ist aber nur die Kehrseite der Unmöglichkeit, das Hochpreisgeschäft mit neuester Hardware oder Software unbegrenzt fortzuführen. Als einzig effektive Kritik am sogenannten Kapitalismus senkt der Turbo-Kapitalismus, dessen materielle Basis ja ausschließlich Silizium heißt, in schönem Automatismus die Massenfertigungspreise von Chips und Programmen auf Null. Schon weil Computer Turingmaschinen und Turingmaschinen Maschinen sind, die jede andere digitale Maschine imitieren können, ist ihr Betriebsgeheimnis die Kopie, das genaue Gegenteil also von Eigentumsrechten oder Besitzansprüchen. Und schon weil digitale Kopien im Gegensatz zu analogen – nach John von Neumanns Nachweis – beliebig exakt sein können, steht einer postmonetären Ökonomie nichts im Weg. ——— Das gilt, allem Anschein zum Trotz, auch für die Ökonomie des Wissens. Spätestens seit Platons Akademie, also nach-

❶ **6/116 Sholes & Glidden Schreibmaschine** 1874–78, Köln, Astrid & Uwe H. Breker ❷ **Die Tradition der QWERTY-Tastaturbelegung heutiger Computer geht auf die Sholes & Glidden Schreibmaschine zurück** ❸ **6/54 Universitätsvorlesung** Statuten der Theologischen Fakultät der Universität Köln, 1393, Staatsbibliothek zu Berlin – Preußischer Kulturbesitz

dem die pythagoreischen Ordensgeheimnisse öffentlich geworden waren, ist das Wissen in Europa frei gewesen. Einen mathematischen Beweis zu patentieren, wäre undenkbar gewesen. Und spätestens seitdem das Wissen frommer Klöster in die Öffentlichkeit oder Arbeit von Universitäten überging, hat es an ihren Bibliotheken, Postsystemen und angegliederten Buchkopieranstalten auch seine eigene Hardware gehabt: Mittelalterliche Universitäten waren, ganz wie heutige Computer, Anstalten zum Übertragen, Speichern und Verarbeiten von Datenmengen. Erst als Gutenberg die Buchproduktion privatisierte und Territorialstaaten Universitäten, Postsysteme und Bibliotheken monopolisierten, wurde Wissen zu Geld oder Urheberrechten. Ganz entsprechend haben die Universitäten unseres Jahrhunderts Dissertationen und Magisterarbeiten (etwa von Turing und Shannon) hervorgebracht, die die Idee und Technik digitalen Wissens allererst ersannen. Erst als auf dem Gelände der Leland Stanford jr. University, die vor Zeiten schon die Erfindung des Films ermöglicht hatte, ehemalige Studenten Garagen oder Hinterhöfe mieteten, um dieses universitäre Wissen in Hardware, Software und Dollars zu verwandeln, hat sich diese Privatisierung in jedem Wortsinn vollendet. Firmen dürfen Algorithmen patentieren, ganz wie Geheimdienste maschinell generierte Primzahlen zum Staatsgeheimnis erklären dürfen. _____ Aber Vollendung heißt auch Ende. Unter Computerbedingungen fällt jede Verbergung mit Verschlüsselung zusammen. Und schon jener Weltkrieg, dem Computer als solche entsprungen sind, hat mühelos bewiesen, alles, was eine Maschine verschlüsselt hatte, mit einer anderen Maschine entschlüsseln zu können. Insofern dürfte den proprietären Lösungen keine lange Zukunft mehr beschieden sein. Das Wissen ist immer eher da, wo es entsteht, als dort, wo es angekauft wird. Mit aller Software teilt es jene Kopierbarkeit, die jede Protektion zu Schanden macht. _____ Historisch sind solche Protektionen wohl aus den Spaltungen entstanden, die seit Buchdruck und Nationalstaat die mittelalterliche universitas litterarum in getrennte Teile zerlegt haben. In Akademien wie die Royal Society, der Karl II. seinen persönlichen Schutz verbürgte, verlagerte sich das Wissen von der Natur. In technische oder gar polytechnische Hochschulen, wie Generalstäbe seit den Tagen Carnots sie protegierten, verlagerte sich das Wissen von den Maschinen. So standen in Hörsälen, Labors und Prüfständen nicht zwei, sondern drei Kulturen unvermittelt nebeneinander. _____ Es ist aber absehbar, dass diskrete digitale Maschinen im Stande sind, diese Trennung wieder zu verwinden. Das Wissen von der Natur hat längst aufgehört, wie einst in Königsberg so genannte Erkenntnisse über eine so genannte Erscheinungswelt zu liefern. Was die Physiker an Daten noch erreicht, haben computergesteuerte Experimente schon zuvor in Computer und deren Statistikprogramme geschickt. Ganz entsprechend ist das Wissen von den Maschinen in eine Rückkopplungsschleife mit den Maschinen selber geraten. Was die Siziliumtechnologie an Miniaturisierungsmöglichkeiten entdeckt, folgt der Bahn computergestützter Simulationen. Von solchen Schaltungs- und Software-Bibliotheken ist der Weg zu guten alten Bibliotheken nicht mehr weit. Nicht umsonst beginnen die Geisteswissenschaften, ihren Diltheyschen Namen abzulegen. Als Kulturwissenschaften haben auch sie mit Techniken (der Kultur, des Körpers, der Überlieferung) zu tun, also mit Sachverhalten, die ihrer digitalen Simulation grundsätzlich offenstehen. Der einheitlichen Benutzeroberfläche, die Computer allen Wissenschaften gleichermaßen zuwenden, mögen daher in Bälde die Methoden selber nachfolgen. Das Erwachen aus jenem anthropologischen Schlaf, wie Foucault ihn dem neunzehnten Jahrhundert attestierte, ist jedenfalls kein Menschenwerk. _____ Wenn die Technik – mit Heidegger zu reden – die Erfahrung ihres Wesens nicht selbst verhindert, vergibt sie die Möglichkeit zu wissen, dass die altehrwürdige griechische Zwiefalt von Sein und Denken sich ins Selbe verwindet.

❸

)dataland: ein räumliches datenverwaltungssystem——WILLIAM DONELSON

In der Zeit von 1971 bis 1981 arbeitete ich in der Forschungsabteilung von Nicholas Negroponte am Massachusetts Institute of Technology (MIT), einer Abteilung, die heute den Namen »The Media Lab« (Das Medienlabor) trägt. Obwohl ich zunächst verschiedene Projekte bearbeitete, darunter 3-dimensionale Datenbanken und Vektorgrafiksysteme, begann ich mich im Jahr 1973 für die außerordentlichen Eigenschaften eines von Studenten entwickelten speziellen Videosystems zu interessieren. Es handelte sich um einen Rasterzeilenbildschirm, angeschlossen an einen Computer vom Typ ›Interdata Model 85‹, das den Vektorgrafikgeräten der damaligen Zeit weit überlegen war.——Unser erster Entwurf einer »Datenlandschaft« (Dataland) entstand im Jahre 1973 aus dem Wunsch heraus, eine große multimediale Datenbank zu schaffen, in der Informationen räumlich verarbeitet und abgerufen werden konnten und es nicht erforderlich war, sich Schlüsselwörter, logischer und/oder relationaler Kriterien zu bedienen. Auf dem Bildschirm des Computers entstand eine große virtuelle Oberfläche mit Bildsymbolen (Icons), die für verschiedene Formen von Datenmaterial standen. Es konnte sich dabei um Bilder, Videosequenzen, Texte, Karten etc. handeln. Der Bildschirm zeigte einen 4000 x 3000 Pixel umfassenden Ausschnitt einer grafischen Oberfläche geringer Auflösung, und dieser Ausschnitt konnte mit den Bedienelementen des Anzeigegeräts nach links, rechts, oben und unten verschoben werden. Wir waren auf diese Weise in der Lage, eine virtuelle Oberfläche darzustellen, die den Bildschirm an Größe weit übertraf, auch wenn sie von geringer Auflösung und naturgemäß symbolhaft war. Eine solche Darstellung von Symbolen auf einer Oberfläche stellt heute die Grundlage der meisten modernen Computersysteme dar.——Der Erfolg mit diesem System ermunterte mich, den ersten »Medienraum« in Angriff zu nehmen. Er bestand aus einem Projektionssystem der Firma General Electric mit einem Bildschirm von 1,8 x 2,5 m Größe, einem von Charles Eames entworfenen Sitzmöbel als Bediensessel, den wir liebevoll ›Captain Kirk‹-Sessel nannten, und einem 4-Kanal-Audiosystem, das in der Lage war, Schallquellen synchron mit den grafischen Symbolen über den Bildschirm zu bewegen. Der Bediensessel besaß zwei druckempfindliche Steuerhebel, später *Joysticks* genannt, mit denen Bewegungen auf der Oberfläche ausgeführt werden konnten. Später wurden zusätzliche berührungsempfindliche Bildschirme (Touchscreens) links und rechts vom Bediensessel angebracht. An dieser Stelle sei erwähnt, dass Charles Eames persönlich in dem von uns modifizierten Sessel Platz nahm und eine frühe Version des Systems bediente. Obwohl dieses System in vielfacher Weise begrenzt war, stellte es doch die Grundlage aller weiteren Entwicklungen dar und war 1975 zudem das Thema meiner Diplomarbeit mit dem Titel »The Spatial Data Management System« (Ein räumliches Datenverwaltungssystem).——Nachdem ich das »Spatial Data Management System« (SDMS) 1975 abgeschlossen hatte, entschied ich mich, ein Programm für ein noch leistungsfähigeres Bildschirmsystem zu schreiben, das ich

Elemente aus Dataland: ❶ Taschenrechner ❷ Movie-player ❸ Telephone ❹ Buch-Seite

»Virtual Frame Buffer« (virtuellen Bildspeicher) oder kurz VFB nannte. Die VFB-Software war so geschrieben, dass für die außerhalb der Ränder des Bildschirmspeichers befindlichen Informationen Bilddaten dynamisch von der Festplatte geladen wurden, wenn der Benutzer den Bildschirmausschnitt bewegte. Damit gelang es, eine sehr große Oberfläche hoher Auflösung mit bis zu 4000 x 3000 Pixel zu simulieren. Diese Ergänzung des Programms erlaubte es, sich in einer »Datenlandschaft« von fotografischem Detailreichtum in Echtzeit zu bewegen. _____ Die neue Datenlandschaft enthielt grafische und fotografische Symbole für Personen, Bücher und Dokumente, Karten, Videosequenzen, Dia-Serien, Korrespondenz, einen interaktiven Taschenrechner sowie ein interaktives Telefonsystem. Das Audiosystem wurde auf acht Kanäle erweitert, mit einem Lautsprecher in jeder Ecke des Medienraums, so dass Schallquellen an jeden Ort im Raum »versetzt« werden konnten. Auf der linken Seite des Bediensessels zeigte ein berührungsempfindlicher Monitor eine Miniaturversion der gesamten Datenlandschaft an. _____ Wenn man mit dem Joystick irgendein Symbol auf der Oberfläche vergrößerte, wurde dieses Symbol aktiv. Außerdem waren an den Lehnen des Bediensessels kleine berührungsempfindliche Felder angebracht. Ein modernes Spracherkennungssystem war so programmiert, dass man auch sprachgesteuert durch die Datenlandschaft navigieren und verschiedene Daten und Datentypen ansprechen konnte. _____ Wenn man ein Buch oder eine Nachricht vergrößerte, wurde das Buch oder der entsprechende Text geöffnet, wobei auch das Umblättern der Seiten angedeutet wurde. Der Monitor zur Rechten des Benutzers zeigte das Inhaltsverzeichnis des Buchs an, und die berührungsempfindlichen Lehnen des Sessels erlaubten es, mit einer Handbewegung jeweils eine Seite vor oder zurück zu springen. _____ Wenn man eine Fotografie oder eine Karte vergrößerte, erschien ein zunehmend gröber gerastertes Bild, bis eine bestimmte Vergrößerungsstufe erreicht war. Dann wurde ein Bild höherer Auflösung in das VFB geladen, mit dem gröberen zur Deckung gebracht und ersetzte dieses schließlich. Dieser Prozess konnte endlos wiederholt werden, so dass Bilder mit fast beliebiger Auflösung dargestellt werden konnten. _____ Vergrößerte man ein Video-Symbol, schaltete der Bildschirm um und spielte die Videosequenz von einer Bildplatte ab. Der berührungsempfindliche Bildschirm zur Rechten erlaubte es über ein Bedienfeld zur Steuerung des Videos, Zeitmarken zu setzen, die Sprache auszuwählen und Videosequenzen zu wiederholen. _____ Die Vergrößerung des Taschenrechner-Symbols führte natürlich dazu, dass auf dem rechten Monitor ein berührungsempfindlicher Taschenrechner erschien. _____ Wenn man das Telefon-Symbol vergrößerte, erschien auf dem rechten Monitor ein interaktives Telefonsystem mit farbkodiertem Telefonbuch, sprachgesteuerter Namenauswahl und Wahlautomatik. _____ Die Weiterentwicklung und Erprobung des SDMS setzte sich bis Anfang 1981 fort. Bis dahin war klar geworden, dass räumliche Attribute zur Datenverwaltung die Schnittstellen mit dem Computer erheblich komfortabler gestalten und die Bedienung und Nutzung einer Vielfalt multimedialer Daten und Techniken erleichtern konnten. Heute sind viele dieser Computer-Mensch-Schnittstellen, die damals am MIT entwickelt wurden, weltweit im täglichen Gebrauch. *Übersetzung von Doris Gerstner*

das ›los alamos problem‹.

zur herkunft des computers———WOLFGANG HAGEN

›»computing applications« in los alamos »Computer« in Los Alamos, der großen Werkstätte des amerikanischen Atombombenbaus von 1943 bis 1945, hatten die Ermittlung der »Kritischen Masse« von Uranspaltbomben zum Gegenstand, die Hydrodynamik von Im- und Explosionen sowie das Verhalten einer Uranbombe, wenn diese eine »Fusionsbombe«, also eine Bombe voll Wasserstoff zünden würde. Da war nichts »auszuprobieren«, sondern alles zu berechnen. »Computer« aber wurden nicht die Geräte genannt, sondern die Frauen gleichen Namens, spezialisierte Mathematikerinnen, die »computation« betrieben, nämlich das nummerische Lösen komplizierter Gleichungen aller Art, mit Bleistift, Papier und mechanischen Tischrechnern. ____ Berechnet wurde, mit unklaren Erfolgsaussichten, das Problem der Zündung einer Atombombe durch Implosion. Diese Bombe hieß in Los Alamos »The Fat Man«. Spaltbares Uran, in das Innere einer Stahlkugel eingebracht, sollte durch konventionellen Sprengstoff zur Kernspaltung »zusammengepresst« werden. ____ Überstiegen schon die zugehörigen Implosions-Gleichungen, was ihre nummerische Lösung betraf, alle Los-Alamos-Kapazitäten, so taten dies die mathematischen Kalkulationen der »Super«, der Fusionsbombe, um ein Vielfaches. »Das präziseste Verständnis von den Details des Verlaufs der Spaltungsvorgänge war nötig ... Dann mußten die folgenden Interaktionen der Effekte dieser Spaltungs-

Transformator-Einheiten des ENIAC

explosion vorhergesehen und kalkuliert werden ... Alle diese Fragen der Erhitzung und Dehnung der Materialien, dazu die wechselnden Zeitabstände der Reaktion; die hydrodynamischen Bewegungsvorgänge im Material; die Interaktion mit den Strahlungsfeldern, die energiemäßig vielleicht von gleicher Wichtigkeit wie die Hitze der expandierenden Massen werden könnten, – das alles musste mathematisch angeschrieben und berechnet werden« erinnert sich Stanislaw Ulam, der Mathematiker der Fusions-Bombe. Für die Kernfusion von Wasser zu Helium war an »Tests« nicht zu denken, nicht jedenfalls ohne zureichende Berechnungen der Vorgänge im Vorhinein. ____ Mit diesen »Los Alamos Problemen«, der mathematischen Theorie einer implosiven Kernspaltung und einer Kernfusion, lag ein völlig neuer Typ angewandter Analysis von allerhöchster Kriegswichtigkeit vor. Verbunden mit einem anderen Typ kriegswichtiger Mathematik, der Erstellung von Geschütztabellen, entstand der Computer. → »firing tables« – geschütztabellen John von Neumann — wie die meisten Atombomben-Wissenschaftler Emigrant aus Europa, Professor in Princeton, Mathematikgenie und Weltkoryphäe der Spieltheorie, Quanten-Mathematik und Hydrodynamik — war zweifellos der rechnende Kopf von Los Alamos. Wie sonst hätte er im Frühjahr 1944 die versammelten Hundertschaften an ›Computerinnen‹ und ›Computer‹ überreden können, mit Papier, Bleistift, Tischrechnern, mechanischen Multiplikatoren und Lochkartensortierern anzutreten gegen eine Rechenmaschine, nämlich den »Mark 1«, den Howard Aiken an der Havard University gerade fertig gestellt hatte. Die Alamosianer brauchten drei Wochen, währenddessen die Havard-Maschine noch nicht einmal bei der Hälfte der Berechnungen angelangt war. ──── Aber gegen den damals schnellsten und auf Differential-Analysis geradezu ›getrimmten‹ Rechner, den 1930 gebauten »Differential Analyzer« von Vannevar Bush, hatte auch ein John von Neumann im Krieg keinen Zugriff. Es waren die schnellsten damals existierenden elektro-mechanischen Rechner, und sie waren allesamt militärisch beschlagnahmt für die Erstellung von »firing tables«. Jeder einzelne weitreichende Waffentyp der Army und Navy hatte seine eigene »table«: Abschusshöhe über Meeresspiegel, Dichte und Temperatur der Luft, Abschusswinkel und -richtung, Mündungsgeschwindigkeit, Geschossdurchmesser, -gewicht und -form, Windgeschwindigkeit, Temperatur des Geschosspulvers und Erddrehung (für sehr weitreichende Geschütze), all diese Werte hatten die Schützen tabellarisch abzulesen und an der Waffe einzustellen. Ein solcher »differential analyzer« stand in der Moore School der University of Pennsylvania und, obwohl rund um die Uhr eingesetzt, wuchs der Berg der unerledigten Geschütz-Tabellen bis 1943 bedrohlich. ──> die röhre und ihre medienhistorische supplementarität So nähern wir uns der Schnittstelle zwischen Kriegsmathematik und Computerentwicklung. Ihr Schauplatz ist die »Moore-School« an der unscheinbaren Universität von Pennsylvania. ──── Um den »firing table«-Berg abzubauen, schlugen John Mauchly, Moore-Professor, 34 Jahre alt, und John Presper Eckert, frisch graduierter Student, 23 Jahre alt, vor, einen neuen »Differential Analyzer« zu bauen, aber aus Röhren und ohne jedes mechanische Verschleißteil. Der Röhrenrechner sollte einen ›speed‹ von sagenhaften 1000 Multiplikationen pro Sekunde erreichen. Dies ergab, im Ergebnis, eine Geschossbahn-Berechnungszeit von 20 Sekunden. Ein Mensch, ›Frau Computer‹ also, brauchte dafür zwei Tage, der »Analyzer« 15 Minuten. ──> die nachträglichkeit der röhren-entdeckung Damit ein ›reiner‹ Röhrenrechner gelingen sollte, mussten die beiden unbekannten Ingenieure technisch auf die sicherste Seite gehen. Mauchly und Eckert setzten also auf den einfachsten Baustein, auf die Allerweltsröhre aus dem Radio-Shop ›um die Ecke‹. »Es ist nämlich eine Bedingung der Möglichkeit für eine jede Computerarchitektur neuen Typs«, schrieb John von Neumann später, »dass keine Röhren ungewöhnlicher Komplexität oder mit fundamental neuen Funktionen verwendet werden«. ──── Von ihrer Verwendung im ersten Elektronenrechner her zeigt die Historie der Radioröhre am auffälligsten, wie technische Mediengeschichte verläuft. Zunächst ist immer nur »Hardware« da, ein reelles Gestell, das technisch ›irgend etwas‹ tut, aber einseitig, falsch oder halb beschrieben ist. So ›erfand‹ Thomas Alva Edison die (spätere) Radioröhre in seiner rastlosen Suche nach einer stabilen Glühbirne im Jahr 1880. Um rußende Glühfäden, die seine Kolben schwärzten, zu erkunden, brachte Edison einen weiteren Draht in das Vakuum seiner Glaskolben ein und meldete seinen »Effekt«, mit dem er *nichts* anzufangen wusste, zum Patent an. Seine Exemplare schenkte er William Preece, dem befreundeten Chef der englischen Seekabel, der 1894 der Entdecker und Förderer des jungen Marconi wurde. So kamen Edisons Geräte in die Hand des genialen Marconi-Helfers Ambrose Fleming, der ein Vierteljahrhundert nach Edison die *Gleichrichter-Eigenschaften* der Röhre ›entdeckte‹. Damit war die Radioröhre zum Empfangsgerät der Marconischen Radiotelegrafie geworden. ──── Aus Flemings Modell entwickelten – unabhängig voneinander – Lee de Forest in den USA und Robert von Lieben in Österreich die Eingitter-

Röhre und damit deren *Verstärkungs-Eigenschaften*. Röhren verbreiten sich nun erst recht über alle Labore der Kontinente, so dass schließlich, wieder an mehreren Orten zugleich, um 1913, die *Oszillations-Eigenschaften* der Röhre (rückkoppelnd-wechselnde Stromfelder im Inneren) zum Sendeprinzip des aufkommenden Radios geschaltet werden konnten. Die ›Entdeckungs‹-Geschichte der Radioröhre beruht auf nichts anderem als dieser millionenfachen Anhäufung von ›blinden‹ Experimenten mit ein- und derselben Gerätschaft, diesseits und jenseits des Atlantiks. Aus dem Zufall des Gesetzes der großen Zahl solcher Experimentation und ihrer Niederschrift folgte der letzte und wichtigste Schritt der Röhrenentwicklung, die Abbildung der periodischen Oszillation einer Röhre (Wechsel der Stromrichtungen) auf statische *Oszillations-Zustände* in zwei Röhren (Plus/Minus, On/Off). Die englischen Ingenieure Eccles und Jordan beschrieben diese Schaltung im »Electrician« von September 1919. Was sie fanden, waren zwei Röhren, die zwei elektrische Zustände – On/Off – stabil repräsentieren, die Bedingung der Möglichkeit jeglicher Digitalisierung im technischen Sinn. ──►der ENIAC Auf dieser ersten und einfachsten Flip/Flop-Schaltung von Eccles/Jordan sind alle Komplexitäten des ENIAC, des ersten Röhrenrechners der Welt, aufgebaut. Pres Eckert wusste, dass Eccles/Jordan-Schaltungen schon mit einfachsten Röhren und mittelguten Widerständen fehlerfrei operieren. Alle Computer der Welt enthalten seither diesen elektronischen Grundbaustein, als Verschaltung der elementarsten Röhreneigenschaft, nämlich den Flip/Flop-Trigger, heute im Chip-Format. ──── Nur war der ENIAC von Mauchly und Eckert kein Computer im heutigen Sinn. Er war, was er sein sollte, nämlich das Abbild eines analog und massiv parallel rechnenden »Differential Analyzers« in Röhrenform. Und wie dieser füllte er einen Saal: Ein u-förmig aufgestellter Gigant von 24 m Länge, 8 m Breite und einem Meter Tiefe, angefüllt mit achtzehntausend Trioden (und Doppeltrioden), siebzigtausend Widerständen, zehntausend Kondensatoren, 1500 Relais, 6000 Schaltern, auf 78 verschiedenen Gleichstromlevels operierend, bei einem Stromverbrauch von 140 Kilowatt/Stunde. ──── Allein, die Konstrukteure des ENIAC stellten schon nach einem halben Jahr Bauzeit fest, dass sie in einen tiefen Widerspruch geraten waren. Die De-Facto-Implementierung Boolscher Algebra in Flip/Flops und das Ziel der Nachbildung eines mechanischen Parallelrechners erwies sich ingenieurstechnisch als kaum lösbarer Gegensatz. Die Verschaltungsaufwände wurden zu hoch; der ENIAC geriet zum funktionell unüberschaubaren Giganten. Im Frühling 1944 war klar, lange vor Fertigstellung, dass mit dem ENIAC auch sein Nachfolgemodell aufgelegt werden müsse, wollte man wahrhaft Fortschritte erzielen. »Wir ... planten nun einen ›Gespeichertes-Programm‹-Computer, den EDVAC (Electronic Discrete Variable Arithmetic Computer). Er würde einen großen Arbeitsspeicher haben ... mindestens 1024 32-Bit-Worte groß. Der ENIAC dagegen hatte nur einen zwanzig 32-Bit-Worte großen Arbeitsspeicher, 400 Nur-Lese-Worte und verfügte über etwa 200 Instruktionen, die mechanisch gesteckt werden mußten.« Der Arbeitsspeicher eines Aldi-PC von heute ist standardmäßig 8 Millionen 32-Bit-Worte groß. ──── So waren die ENIAC-Erbauer von ihrem eigenen Grundbaustein, nämlich dem prinzipiell nur durch Elektronen-Geschwindigkeit limitierten Flip/Flop-Schaltkreis, eingeholt worden. Nachdem Ende 1943 der Taktgeber des ENIAC, »cycling-unit« genannt, funktionsfertig war, gab es keinen Grund mehr, das parallele Prozessieren von Rechnereinheiten ihrer

Austausch einer der 18 000 Röhren des ENIAC

seriellen Hintereinanderschaltung vorzuziehen. Mauchly und Eckert hatten de facto einen Megahertz-Taktgeber in der Hand, den sie im ENIAC nicht brauchen konnten, der aber, in einem neuen Rechner implementiert, serielle Additionen in 32 msec (hunderttausendstel Sekunde) und Multiplikationen um ein Vielfaches schneller ableisten würde als in den Parallel-Units aller bekannten Rechner, den ENIAC eingeschlossen. »Das leitende Prinzip des EDVAC war: Eine Sache zu einer Zeit, bis herunter auf das letzte Bit.«

→ gehirn- und maschinensprache: von neumann und der ENIAC Im August 1944, als das ENIAC-Team bereits seinen neuen Rechner plante, stieß John von Neumann dazu. Soweit die Aktenlage veröffentlicht ist, soll der Kontakt zufällig zu Stande gekommen sein. Das Ende seiner Arbeit im ENIAC-Team wird durch jenes Papier markiert, das den »Von-Neumann«-Grundriß aller modernen Computer enthält, das *First draft of a Report on the EDVAC,* Juni 1945. _____ Von Neumann kam mit dem »Super«-Problem aus Los Alamos, also den Fusions-Reaktions-Gleichungen, die dort unlösbar waren. Bis in die höchste Spitze von Los Alamos hatte sich schnell herumgesprochen, dass bald Rechengeschwindigkeiten von unvorstellbarer Größe möglich sein würden. Im März 1945 verbrachte von Neumann noch einmal zwei Tage in der Moore School, um alle Details des neuen geplanten Rechnertyps EDVAC zu erfahren. In den Wochen danach schrieb John von Neumann in jenem »draft« auf, was die Konzeption des ENIAC-Teams war und veröffentlichte das Papier unter seinem eigenen Namen. Vielleicht, um vom tatsächlichen Gegenstand und dessen militärischer Geheimnisstufe abzulenken, erläuterte von Neumann in seinem »draft« die neue Computerarchitektur in biologischen Metaphern, –

❶ ENIAC ❷ Erste Zeichnung der heute noch gültigen Computerarchitetur, John von Neumann Washington, Smithsonian Institutions

nach dem physiologischen Modell eines Körperorganverbunds. Von Neumanns Computer, – ein Organ aus Organen. Das »central control«-Organ (von Neumann »CC« / heute: »Central Processor Unit« – CPU) erhält seine »orders« (/Maschineninstruktionen) über ein »input«-Organ (»I«/Bus) aus dem »memory«-Organ (»M«/Arbeitsspeicher). In Abhängigkeit von den »orders« erhält das »central control« auch »data« aus dem »memory«-Organ, die es gegebenenfalls zur numerischen Verarbeitung an ein »central arithmetic«-Organ (»CA«/Koprozessor) weiterleitet, um nach verschiedenen Operationen dieses Typs das Ergebnis an das »memory«-Organ weiterzuleiten, von wo aus es über ein »output«-Organ (»O«/Bus) an ein »recording medium« (»R«/Festplatte) geleitet wird. Dieses Konzept wird seither computerhistorisch unter dem Terminus »stored programming« oder »von-Neumann-Architektur« zusammengefasst. _____ »Neuronale Funktionen«, schreibt von Neumann, »können durch Vakuum-Röhren imitiert werden«. So hießen denn auch Computer bis in die sechziger Jahre hinein »Elektronengehirne«. Von Neumann war es, der den epistemischen Bruch des Computers mit klassischen Rechnerarchitekturen nicht in der Kriegsforschung, wo er herkommt, sondern im Kontext der Utopie künstlicher Gehirnfunktionen angesiedelt hat. Nur so konnte er diese Maschine in den Kontext einer aufkeimenden Wissensoffensive platzieren, die mit der legendären Serie interdisziplinärer Kybernetik-Konferenzen in den frühen fünfziger Jahren die Nachkriegswissenschaft in der Biologie, Neurologie, Systemtheorie und Soziologie international so nachhaltig beeinflusst hat. Erst seit den achtziger Jahren, mit den ernüchternden Erfahrungen aus dem Scheitern der »Künstlichen Intelligenz«, ist die Rede vom Computer als Elektronengehirn verebbt. →epilog Von Neumann war der operative Mathematiker der Atombombe von Nagasaki. »Es war von Neumann, der den komplexen Zuschnitt der hochexplosiven ›Linsen‹ in der »Fat Man«-Bombe berechnet hatte«, – und zwar weitgehend ohne computergestützte Hilfe. Was das »Super Problem« der Fusionsbombe betraf, ist John von Neumanns Rolle eine andere, vermittelnde. Von Neumann kam zum ENIAC-Team in dem Wissen, dass mit keinem der existierenden Rechenmaschinen die komplexen Fusions-Reaktion-Vorgänge sich würden darstellen lassen. Er wusste, dass nur ein neuer Typ von Rechner, ja ein »neues Gehirn« diese Berechnungen würde machen können, und diesen neuen Typ fand er bei den Elektronikern Mauchy und Eckert vor. Dass er deren Konzept unter seinem Namen verbreitete, mag geschehen sein, um mit seinem berühmten Namen mehr zu bewegen. Bauprojekte für Rechner des »Von-Neumann-Typs« schossen jedenfalls schnell und zahlreich aus dem Boden, in Los Alamos selbst unter dem bezeichnenden Namen MANIAC. Doch für das Ausgangsproblem, die mathematische Simulation einer Fusions-Bomben-Zündung, kam bis 1949 nichts dabei heraus. _____ Stanislaw Ulam versuchte es also per Hand. »Wir fingen an, Woche für Woche, jeden Tag, vier bis sechs Stunden lang zu rechnen, mit Rechenschieber, Bleistift und Papier.« Im Mai 1950 lieferte von Neumann endlich auch die erste computergestützte Gegenrechnung nach. Auf dem umgebauten ENIAC (!) lief die bis dahin umfänglichste Fusions-Reaktions-Rechnung der Ex-Alamosianer. Auch sie ist immer noch »classified« – also bis heute geheim. Das Ergebnis war niederschmetternd. _____ So bewies die erste ›echte‹ Berechnung der Fusionsbombe auf einem Computer neuen Typs, dessen logisches Design sich dieser Bombe verdankt, dass die Fusionsbombe im Los Alamos-Design nicht funktionieren würde. Erst 1952 gelang es den USA ihre erste Wasserstoffbombe zu bauen, mit drei Spaltungsbomben als »Zünder«.

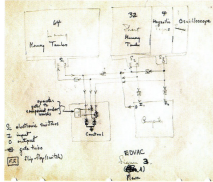

❷

❶ **6/160 Übungstext einer
Schreiberschule** Keilschrift,
Mesopotamien, um 2600
v. Chr., Staatliche Museen
zu Berlin, Vorderasiatisches
Museum ❷ **6/180 Sphinx
mit Inschriften: Hieroglyphen
und Sinai-Schrift** Ägypten,
Sinai, 14./13. Jh. v. Chr., London, The British Museum
❸ **6/181 Linear B – Inschrift**
Kreta, um 1400 v. Chr., Oxford, Ashmolean Museum
❹ **6/179 Brustschmuck mit
Rongorongo-Schriftzeichen**
Ostpolynesien, Osterinsel
(Rapanui), London, The
British Museum ❺ **6/165
Hethische Hieroglyphenin-
schrift auf einer königlichen
Stele** Nordostsyrien, Karke-
misch, um 730 v. Chr., London, The British Museum
❻ **6/167 Siegel mit Indus-
Schrift** Indus-Tal, um 2600 –
1500 v. Chr., Oxford, Ashmolean Museum

VOR DER ERFINDUNG DER SCHRIFT LEBTE DER MENSCH IN EINEM HÖRRAUM OHNE

GRENZEN, OHNE RICHTUNG, OHNE HORIZONT, IM DUNKEL DER SEELE, IM BEREICH

DER GEFÜHLE, MIT URAHNUNGEN, DURCH TERROR. —— MARSHAL MCLUHAN

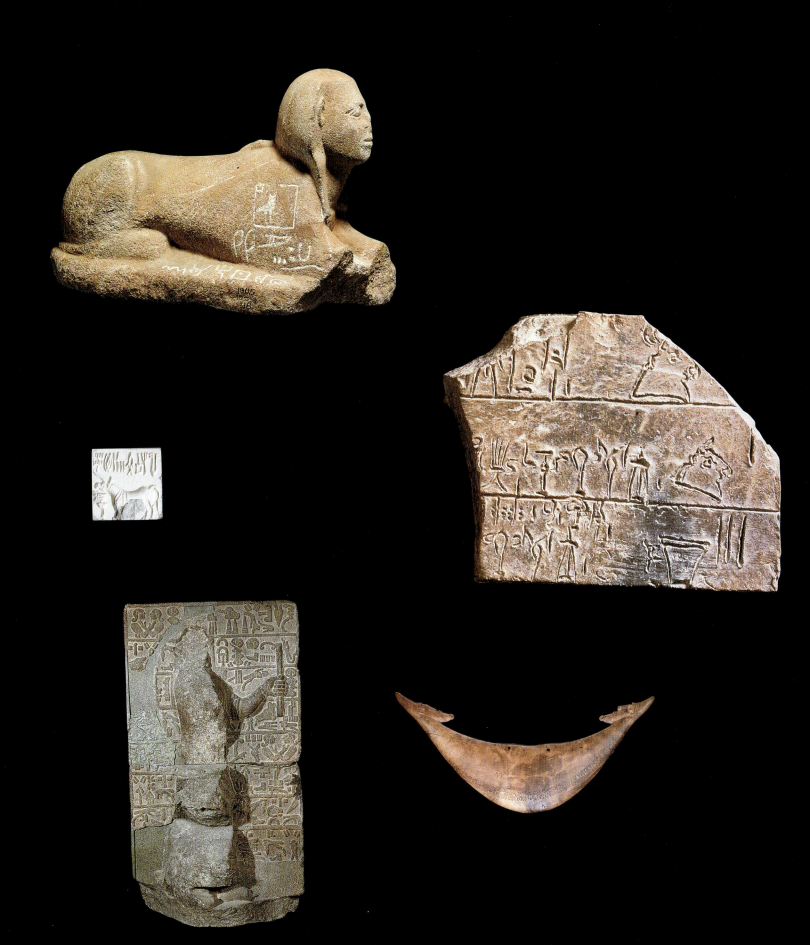

2 3
6 4
5

FWSJõx_†àC3ôDø:LA·
.DäG
µ^¨à¢ñ¨,·¨´ãGVf¨ žoM‹
@àHä"¨Açañ¨¸ÀôÝ¤Œe
‡@às´¸¨¨¿´ì¸¯à×îs×=q
¨~òã¨ÞÚ¨·D¼¨ôÛ¨¨¸
^=ä¨¨eq¿âÁ¨¨ãÃ¨¸¾¨õ
UDØ04¨¨Πλàïٲ¨·p
©ó*Iä¨¨¸¯¨ë¿¨¨¨¯Π·¸
<0KJÉ¨¨¸¯¨¨ç6à¨
ÚÄñff¨¨T8Iۯ·¸ü¸¿¨
m≥¤ä¨¨¨¸çà¨¸ú¨
í¨´™¨¨¨A¨¨¿¸Â¨M¨·ZÃ
öõ5À¸¨·âKɨ×àôKⶱ¨
Dì≈Æ¨¸¯¨¿¸à¨¸à¨¨
°â¨Ω·ΠÈxe/¨¨ïà¨·¨
LÜ 9¨·ç¨¨oùⶱ¨ΜΜΜ
†í¨¨U¨™¨º¨¸¨¸¸ç·¨ΔΜ
√ Xxà¨Σ¨¨¨ÁNϸ¸¨¨Ã
@ê¬héﬁ©ñ¨¸¯¸·ÎÂ¸¨
s(äÄ«A¸¨µ·¨ÿ¿¨·¨¨¨
p·³ ;Z?·
i·_
^¸%¨+°¨¿¸¨YÁ¨¨¸ú¨
å≠ûÛwY¨¨¨¨Úⶱ¨¨¸
xÚ∞¨¸¯¨¨¨¸Π¨¸à¨¨¨
Ëbt¤À¨¨Ω¨¨·¨¸¿¨¸
i¨¨hoﬀ¨¸¯¨¿¸¨·¸¨¨
$µ≥¨¨Y¸UÃ¸¨H¸¨¨·¨¨
Ã_¨×G¬H£Xà¨¸ç¨Â¨
°§ñÃéÀ¸Ã¨¸¯¨¨¸¸¿
}·≠ ١à¨¯o9¸ü¸¨¨¨¨
´,·a(ôÚY·¨ëx¨¸¨¨
@s3;¨¨¨¯àⶱ·¨¸¨
.w#°éⶱ¨¨¸¿¸¨¸¨¨
YÕ3¨°¸¨¸¸¨¨¨¨¸¨
mG;/¨¨¨∞·Þ¸ïw¨¨¨
ŸLjeBe¨¸¯ÐÝSPⶱ¨
v≤ó¨¸Πⶱ¨Σ¨¨¨¸¨
y0=ó·¨¸ç¨¨¸¸¸¨¨¸
ñô¨)ⶱ¨ÛBⶱ¨¸¨¨¨
◊5πH§¸¨¨¸¸¨¨¨¨¨
∫Dæ0¨s¨¨öⶱ¨¨¸¨
¬ÄÃ*ü§ùs§kⶱ¨¨
hö≈"öp"×»ûⶱ¨¨¸
uDÜ¨ⶱ¨ⶱ¨YMⶱ¨¨
ô¨´¨sⶱ¨FMⶱ¨¨¨
...äs¸ž¨¸¸¨¸¨¨
¨,u∞Gⶱasⶱⶱ N.¨
ÿµ¨ⶱ¨2Øÿ0NŸ¨
¿ç:^©TkJ¥¥

七十九年咸豐己未武林韓泰垕

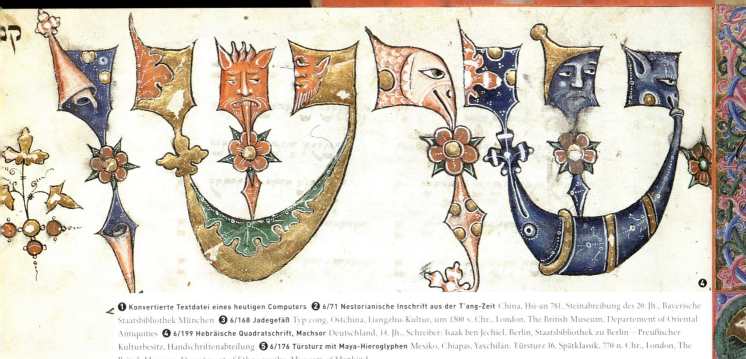

❶ **Konvertierte Textdatei eines heutigen Computers** ❷ **6/71 Nestorianische Inschrift aus der T'ang-Zeit** China, Hsi-an 781, Steinabreibung des 20. Jh., Bayerische Staatsbibliothek München ❸ **6/168 Jadegefäß** Typ cong, Ostchina, Liangzhu-Kultur, um 1500 v. Chr., London, The British Museum, Departement of Oriental Antiquities ❹ **6/199 Hebräische Quadratschrift, Machsor** Deutschland, 14. Jh., Schreiber: Isaak ben Jechiel, Berlin, Staatsbibliothek zu Berlin – Preußischer Kulturbesitz, Handschriftenabteilung ❺ **6/176 Türsturz mit Maya-Hieroglyphen** Mexiko, Chiapas, Yaxchilán, Türsturz 16, Spätklassik, 770 n. Chr., London, The British Museum, Department of Ethnography, Museum of Mankind

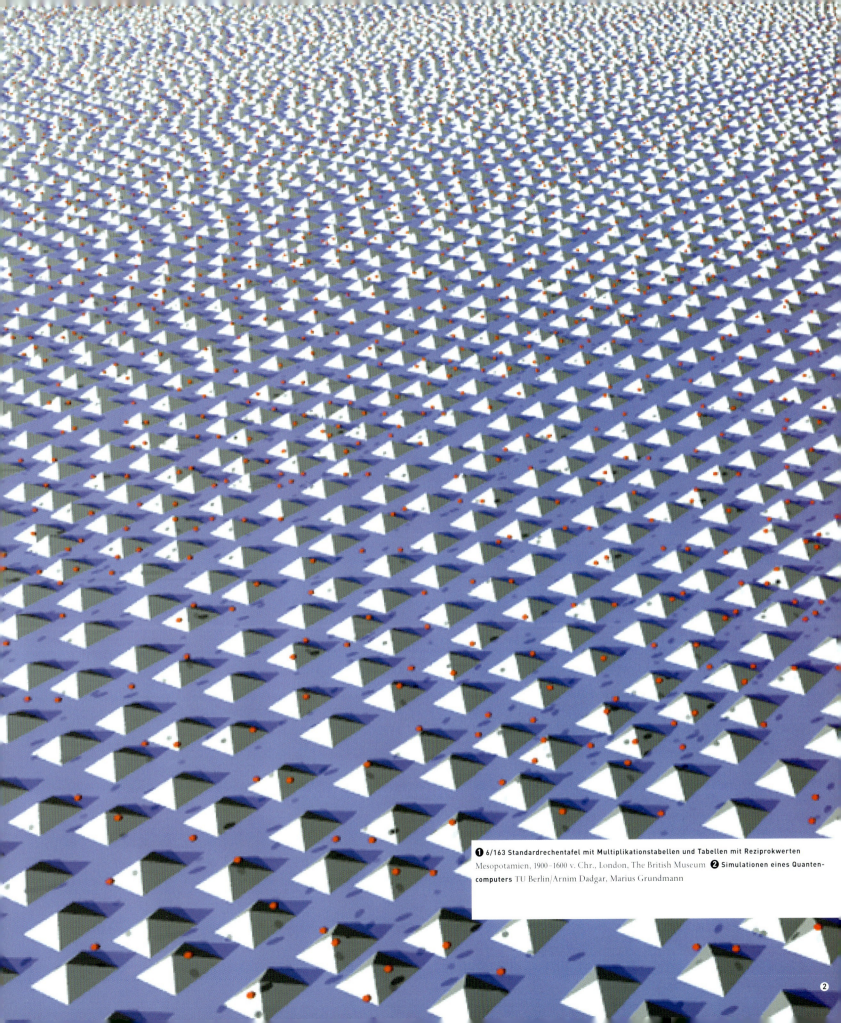

❶ 6/163 Standardrechentafel mit Multiplikationstabellen und Tabellen mit Reziprokwerten Mesopotamien, 1900–1600 v. Chr., London, The British Museum ❷ Simulationen eines Quantencomputers TU Berlin/Arnim Dadgar, Marius Grundmann

mit den quanten! —— MARIUS GRUNDMANN

Schon hat sich der geneigte Leser durch die erste Zeile gearbeitet und bisher 104 Zeichen gelesen. Zur Wahrnehmung dieser, bei hoffentlich hinreichend guter Beleuchtung, hat er zig Billionen Photonen genutzt, die auf seine Netzhaut trafen – was für ein Luxus, was für eine Verschwendung! Hätte doch die Übertragung dieser paar läppischen Zeichen über Glasfaser nur einige Tausend Photonen gebraucht und zudem nur eine millionstel Sekunde gedauert. Zeit- oder Photonenverschwendung lässt sich nun mal kein Telekom-Unternehmen gerne nachsagen – sonst fällt der *shareholder value.* Auch in einem Computer wird zur Zeit noch großzügig mit Quanten, in diesem Fall Elektronen, umgegangen, braucht es doch mehrere Tausend, um einen Buchstaben zu speichern. Egal, sagen Sie?

①

②

③

Na, beim nächsten Batteriewechsel für Ihren portable PC werden Sie sich wünschen, etwas weniger mit den Elektronen geaast zu haben. Doch wie weit kann man sparen, was hält die Physik an Nanotechnologie bereit, um im 21. Jahrhundert Rechenmaschinen zu bauen, die auf der Basis von Quanten funktionieren? Hören wir der Unterhaltung von M. und B. zu. **B :** Ich habe gehört, nach deinem Studium der Physik bist du Mechaniker geworden? **M :** *Quanten*mechaniker, bittschön! Du weisst ja, dass die Natur nicht beliebig teil- und knetbar ist, sondern dass man irgendwann bei den Atomen ankommt. Das Garn, aus dem die Welt gewebt ist, ist zwar fein, aber wenn man ganz genau hinguckt, besteht alles aus kleinen Bausteinchen. **B :** Aber die Atome kann man doch auch noch teilen und die Kerne dann spalten… **M :** …und diese Teile kann man sogar wieder teilen, man muss nur kräftig genug draufhauen. Aber schon die Atome sind so klein, dass es erst jetzt langsam gelingt, sie einzeln zu manipulieren. **B :** Was, man kann einzelne Atome hin- und herschieben? **M :** In der Tat. Nimm eine schöne glatte Oberfläche und eine sehr feine Nadel, dann kannst du einzelne Atome darauf bewegen und zu lustigen Mustern anordnen. Jedes Institut, das etwas auf sich hält, hat seinen Namen mittlerweile mit Atomen geschrieben. Der Inhalt von einigen 100 CDs passt auf die Oberfläche eines Stecknadelkopfes, wenn das perfektioniert wird und du für jedes Bit nur ein Atom brauchst. **B :** Ein Bit ? **M :** Ich rede von der kleinsten Informationseinheit, mit der alle Computer ticken. 0 oder 1, Ja oder Nein – das ist ein Bit, und acht davon machen ein Byte. Erinnerst du dich noch an meinen alten Computer, den ich zum Abitur 1982 bekam? Der hatte 64 Kilobyte Hauptspeicher, das bedeutet 64 mal 1024 Byte. Heute hat ein Computer meist 64 *Mega*byte Hauptspeicher, tausendmal so viel wie damals. Und trotzdem ist nur die gleiche Menge Silizium drin für die Speicherbausteine. **B :** Das ist ja eine tolle Idee, aus der gleichen Menge Material so viel mehr herauszuholen. Die Wertschöpfung liegt da wohl im Wesentlichen im Know-how? **M :** Ja, einige Firmen machen damit tatsächlich schöne Gewinne. Und damit das so bleibt, müssen die Transistoren, die ein Bit speichern, immer kleiner und kleiner werden. Da gibt es einen festen Plan, die SIA (Semiconductor Industry Association) *roadmap*. Alle 20 Monate verdoppelt sich die Speicherdichte, und zudem reduziert sich der Energieverbrauch pro Rechenoperation – und wenn nicht: *shareholder value* ade! Diese Entwicklung hält jetzt schon seit gut 25 Jahren an und wird noch ein Weilchen weitergehen. **B:** Aber irgendwann kommen doch die Atome ins Spiel, oder? **M:** Ganz genau, etwa im Jahre 2020 ist der entscheidende Teil eines Transistors nur noch ein paar Atome groß. **B:** Funktioniert das Ganze dann noch? **M:** Tja, da kommt dann die Quantenmechanik ins Spiel. Die Anzahl der Elektronen, die man nehmen muss, um ein Bit zu speichern, hat sich dann auf einige wenige und schließlich auf ein einzelnes Elektron reduziert. Dieses muss man in einem Quantenpunkt gefangen halten, bis man es nicht mehr braucht. **B:** Ist das nicht Freiheitsberaubung? **M:** Rechtlich handelt es sich hier um eine Sache. Außerdem sind alle Elektronen dieser Welt prinzipiell ununterscheidbar – da scheitert schon die Identifizierung der Prozessbeteiligten! Es gelingt tatsächlich, einzelne Atome oder Elektronen über Tage und Wochen gefangen zu halten und an ihnen Experimente durchzuführen. **B:** Immer am gleichen Elektron? **M:** Ja, mit Garantie. Und wenn man das nächste Elektron nimmt, ist der Ausgang der Experimente genau der gleiche. Diese Quanten sind perfekte Kopien voneinander – das ultimative Massenprodukt. Aber diese Biester gehorchen nicht den Regeln der Mechanik. **B:** Was, fallen die etwa nach *oben*? **M:** Nein, im Alltäglichen folgen sie schon den bekannten Regeln. Sie wandern zum Pluspol, wenn man eine Batterie anschließt, und wenn diese vom Tisch fällt, fallen sie mit. Aber wenn man das Elektron vor die Wahl stellt, an einer Verzweigung den linken oder den rechten Weg einzuschlagen, kann man, wenn es hinten angekommen ist, nicht sagen, welchen Weg es genommen hat. Wellenmechanik nennen wir Physiker das. Wie die Wellen zweier Steine, die du in einen Teich geworfen hast, sich durchdringen und schöne Muster, sogenannte Interferenzmuster, ergeben, so schwingen die Quanten umher und ergeben allerlei wunderliche Effekte. **B:** Diese Quantenmechanik ist schon ihr eigenes Ding. Und mit solch unsicheren Kantonisten willst du einen Computer bauen? **M:** Wenn man sauber konstruiert und alles richtig macht, wird das gehen. Der Einzelelektronen-Transistor funktioniert schon, wenigstens wenn es bitterkalt ist und nicht Wärme die Elektronen durcheinander schüttelt. **B:** Aber wenn das alles ausgereizt ist, ist dann endlich Schluss mit der Miniaturisierung? **M:** Ja, aber nicht mit der Steigerung der Rechenleistung. Denn dann werden durch intelligentere Konstruktion und Vernetzung und durch effizientere Software noch schlummernde Reserven geweckt. Und wenn du mehr rechnen möchtest, dann nimmst du einfach zwei Prozessoren oder vier oder mehr, denn die Preise werden weiter fallen. **B:** Ich habe gehört, dass alle Rechenleistung dieser Welt aber nicht ausreicht, um gewisse Verschlüsselungscodes zu brechen. **M:** Das ist ein derart brisantes Thema, dass in den USA Verschlüsselungs-Software als Munition klassifiziert ist und unter Kriegswaffenkontrollgesetze fällt. Außerdem müssen Algorithmen zur Verschlüsselung ein Hintertürchen für den Geheimdienst haben. Vertrauen ist gut – Kontrolle ist besser! Es sei denn, du schreibst dein eigenes Programm, dann kann keiner außer dem Adressaten deine Nachricht lesen. Das kann dich aber ins Gefängnis bringen. **B:** Ein paar Zeilen Computercode, und schon bist du ein Terrorist? **M:** Es sieht so aus, als wenn Information als gefährliches Gut klassifiziert ist, aber das ist ja nichts Neues. **B:** Gibt es denn keinen Weg, den Verschlüsselungscodes ein Schnäppchen zu schlagen? **M:** Doch, und da kom-

❹

❶ 6/99 Rechenstäbe (»Napier's bones«) 1678, Paris, Musée des Arts et Métiers du CNAM
❷ 6/103 Rechenmaschine von Sir Samuel Morland 1664, Florenz, Istituto e Museo di Storia della Scienza **❸ 6/110 »Arithmomómétré« – Rechenmaschine von Charles Xavier Thomas de Colmar** 1854, Paris, Musée des Arts et Métiers du CNAM
❹ 6/101 »Mathematischer Schrein« – »Organum Mathematicum« um 1666, Athanasius Kircher und Caspar Schott, München, Bayerisches Nationalmuseum

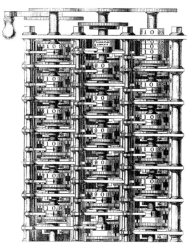

men wir zur ultimativen Anwendung der Quantenmechanik, sozusagen der Brandungsgischt der Wellenmechanik. Information kann in einem QuBit, einem Quanten-Bit, gespeichert werden, das auf verschränkten Zuständen beruht. B : Eine gewisse Beschränkung hat... M : Nein, nicht *besondern verschränkt*, obwohl mir das englische Wort *entangled* besser gefällt. Es handelt sich um zwei Quanten, die so korreliert sind, dass der Informationsgehalt auf beide Quanten verteilt ist, ohne in einem der beiden jeweils für sich allein vorhanden zu sein. Wenn man den Zustand des einen Quants jedoch misst und dadurch die Verschränkung zerstört, ist der Zustand des anderen Quants danach automatisch festgelegt. Und dies selbst, wenn sich die Quanten kilometerweit voneinander entfernt befinden. B : Das ist ja unglaublich! M : Das dachten die Physiker auch lange, und Einstein wollte an diese «geisterhafte Fernwirkung», wie er es nannte, gar nicht glauben. Es ist zwar noch nicht mit letzter Sicherheit experimentell bewiesen, ob dem wirklich so ist, aber alles sieht danach aus. Wenn die Nutzung dieser Effekte kultiviert wird, kann man Information quanten-kryptografisch übertragen und sogar prinzipiell herausfinden, ob jemand mithört. Auf der Basis von QuBits lassen sich auch wesentlich effizientere Algorithmen konstruieren, zum Beispiel für die Suche in Datenbanken, dem sogenannten «Nadel-im-Heuhaufen»-Problem. Oder man meistert die Primzahlzerlegung großer Zahlen wesentlich schneller und kann so die heutigen Codes brechen. B : Das heißt also, man wird mit Quanten rechnen. M : Ja, damit kann man rechnen.

1_11 **)computer und die schriften der welt**—— DIETER E. ZIMMER

Eigentlich wäre der Computer die Multikulturmaschine par excellence. Er verbindet die Kulturen, wie nichts zuvor sie je verbunden hat, und lässt doch jeder die Freiheit, ihn auf ihre Art zu benutzen. Er wäre es – gäbe es da nicht ein kleines Problem. Damit jeder ihn auf seine Art benutzen kann, müsste er auf ihm zunächst auf seine Art schreiben können. Von Haus aus ist der Computer aber nur auf Englisch eingerichtet, auf die in Amerika und England benutzten Buchstaben des lateinischen Alphabets, kurz: auf ASCII. ——— Hybris war es nicht, und dass es ihnen an Voraussicht mangelte, ist den Erfindern von ASCII auch kaum vorzuwerfen. Um 1960 gab es auf der ganzen Welt keine zehntausend Rechner, über die Hälfte davon in Amerika. Was sie verarbeiteten, waren Zahlen, nicht Text; als Textverarbeitungsmaschine sollte der Computer erst zwanzig Jahre später entdeckt werden. Den ungefügen Großrechnern der fünfziger und sechziger Jahre wurden Zahlen eingefüttert und dazu ein paar Steuerbefehle und Kommentarwörter, und das in der Regel über Lochstreifen und Lochkarten. Mit steigender Zahl der Computer wurde es immer hinderlicher, dass jeder Hersteller seine eigene Art hatte, die Lochkarten und -streifen zu codieren – dass die Löcher also auf jedem Computer etwas anderes bedeuteten. Es wuchs das Bedürfnis nach einem gemeinsamen Code, einer Tabelle, die verbindlich festlegte, welche alphanummerischen Schriftzeichen überhaupt verwendet werden konnten und welchen Platz in der Tabelle jedes von ihnen besetzte. Ende der fünfziger

Jahre schoben die amerikanischen Hersteller das kleine, aber große Problem dem amerikanischen Normenverband zu. _____ Der wartete am 17. Juni 1963 mit der Lösung auf: ASCII, den *American Standard Code for Information Interchange*. Es war eine Tabelle, die jedem alphanummerischen Zeichen verbindlich eine Nummer und damit einen eindeutigen Platz in einer Reihenfolge zuwies. Da Speicherplatz damals noch knapp war, mussten es niedrige Nummern sein und nicht mehr als unbedingt nötig. Und damit der Computer von vornherein wusste, wo ein Zeichen aufhörte und das nächste begann, musste jedes außerdem in der gleichen Länge codiert sein, also aus der gleichen Zahl von Nullen und Einsen bestehen. Eine Gruppe von zwei Grundeinheiten (Bit) lässt sich auf vier verschiedene Weisen mit 0 und 1 besetzen (00, 01, 10 und 11), eine aus dreien auf achterlei Art, und so fort. Das »Internationale Telegrafenalphabet« aus dem Jahre 1895 war für Eingabelochstreifen bestimmt, auf denen jeweils eine senkrechte Reihe ein Zeichen bedeutete. Jede Reihe hatte fünf Positionen, an denen sich entweder ein Loch oder kein Loch befinden konnte. Dieser nach seinem Erfinder so genannte Baudot-Code war also binär (er wurde durch lediglich zwei Werte dargestellt, Nichtloch und Loch), und er war, lange bevor das Bit seinen Namen erhielt, ein 5-Bit-Code, ausreichend für 2 hoch 5 gleich 32 Zeichen. Ein Trick, ein Umschaltzeichen, vermehrte diese 32 schwerfällig auf 64, die auch nur knapp reichten, da eine ganze Menge als reine Steuerzeichen gebraucht wurden. Mit diesem verdoppelten 5-Bit-Code wurden ein Jahrhundert lang Telegramme per Fernschreiber übertragen, immer nur in Großbuchstaben. _____ Wenn dem neuen Computercode stolze acht Bit (ein Byte) zugestanden wurden, so schien das damals mehr als großzügig. Acht sollten es sein, weil es als Vielfaches von 2 eine magische Zahl für Computeringenieure ist. Sie erwies sich geradezu als prophetisch, denn die in den siebziger Jahren entwickelten Mikrocomputer, zu denen die heutigen PCs gehören, machten alle das aus acht Bits bestehende Byte zu ihrer Grundeinheit, ihrer einheitlichen »Wortlänge«. _____ Ein Byte: das gab Raum für eine Tabelle von 2 hoch 8 gleich 256 Zeichen – mehr als genug, wie es damals schien, sogar zu viel. So wurden von den 8 Bit eines Byte nur 7 belegt, genug für 128 Zeichen. Und da man, das Telexalphabet vor Augen, selbst Kleinbuchstaben für überflüssig hielt, besetzte man von den vorhandenen 128 Plätzen nur 99. Als sich schon ein Jahr später auch die europäischen Computerhersteller auf eine gemeinsame Zeichentabelle einigten, waren sie so klug, keinen Konflikt mit ASCII zu suchen, belegten allerdings auch die noch freien 29 Plätze des amerikanischen 7-Bit-Codes, vor allem mit den Kleinbuchstaben des Alphabets, die die Amerikaner weggelassen hatten, und diese ergänzte Tabelle übernahm 1968 wiederum das amerikanische Normeninstitut ANSI. 1974 schließlich machte die Internationale Normenorganisation ISO sie zum Weltstandard. Sie enthält neben zahlreichen unsichtbaren Steuerzeichen 61 sichtbare Zeichen: Buchstaben, Zahlen, Satzzeichen und ein paar Symbole. _____ 7-Bit-ASCII – das ist der gemeinsame Zeichenbestand, den heute ausnahmslos alle Computer der Welt beherrschen. Kein Datenverkehr ohne ISO 646, wie der offizielle Name lautet. (ASCII ist nur noch eine historische Reminiszenz, ein Spitzname.) _____ Als man Ende der siebziger Jahre dann ernstlich mit Computern zu schreiben begann, kam jedoch bald ans Licht, dass es den amerikanischen und europäischen Schöpfern von ISO 646 doch an Weitsicht gefehlt hatte. 128 Zeichen – das war einfach viel zu wenig, um auch nur alle europäischen Sprachen mit lateinischen Alphabeten schreiben zu können. Wo waren die französischen Akzentzeichen, die deutschen Umlaute, das spanische ñ, gar nicht zu reden vom dänischen å oder dem isländischen ∂? _____

Da begann der Krampf mit den Codepages, den nun nicht mehr allgemein verbindlichen Zeichentabellen. Wieder war die Internationale Normenorganisation gefragt; ab 1986 lieferte sie die Normtabellen mit der Nummer ISO 8859. Es wurden schließlich zehn verschiedene Zeichentabellen, die alle das freie achte Bit mitverwendeten und damit Platz für 256 Zeichen schufen – immer den Grundvorrat von ASCII im alten unteren Teil der Tabelle und jeweils einer anderen Auswahl nationaler Schriftzeichen in ihrem neuen oberen. Diese müssen sich seitdem als »Sonderzeichen« titulieren lassen. Die Sonderzeichen der großen westeuropäischen Sprachen stehen alle in der Ersten dieser Tabellen, 8859-1, auch Latin-1 genannt. Wessen Computer dieser folgt, kann Englisch und Deutsch und Französisch und viele andere europäische Sprachen schreiben, auch alle beliebig durcheinander in einer einzigen Datei. Für Griechisch oder Kyrillisch aber muss man seinen Computer auf eine andere Codepage umschalten. Und wenn ein fremder Computer den Text liest und nicht weiß, von wo bis wo welche Tabelle gilt, die entsprechende Tabelle vielleicht gar nicht besitzt und die ihr entsprechenden grafischen Zeichen auch nicht, kommt nur Gebrabbel heraus oder eine Reihe von Rechtecken, *squishes*, »Zermatschtes«. ——— Da jeder dieser Zeichensätze die obere Hälfte der 256-Zeichen-Tabelle anders vergibt, ist auf sie beim Datenaustausch kein Verlass: Man kann nie sicher sein, als was eins der oberen Zeichen auf einem anderen Computer eintrifft. Die Nummer ist dieselbe, aber der andere Computer mag sie anders interpretieren. Europäische Computer sind inzwischen mindestens mit Latin-1 ausgerüstet, aber amerikanische zum Beispiel keineswegs, und wenn man die Diskette mit einer europäischen Textdatei einem amerikanischen Computer zu lesen gibt, ist nicht gesagt, dass der mit all den absonderlichen »Sonderzeichen« irgendetwas anfangen kann. ——— Und da ist nun das Problem. Wo auch immer ein Text auf unbekannten Wegen und über unbekannte Stationen wandert, im Internet also, kann man nie sicher sein, dass mehr als 7-Bit-ASCII richtig ankommt. Nur dessen 61 Schriftzeichen sind uneingeschränkt netztauglich. Und da niemand Gewalt über das Internet hat, kann ihm auch niemand eine andere, größere, bessere Zeichentabelle verordnen. Auf absehbare Zeit bewegt sich kein anderer Text als 7-Bit-ASCII sicher durch die Netze – das ist ein Faktum, das nur hingenommen werden kann. Wem es nicht gebührend klar ist, der muss gewärtigen, dass die *schönen Grüße* seiner E-Mail deren Adressaten zum Beispiel als *sch=F6ne Gr=FC=DFe* erreichen. ——— Wenn eine E-Mail in den letzten Jahren zunehmend dennoch unverstümmelt ankommt, dann dank MIME, den *Multipurpose Internet Mail Extensions*. Alle Schriftzeichen der Welt lassen sich durchs Internet transportieren, wenn sie beim Versand in 7-Bit-ASCII verwandelt werden, etwa das deutsche ß in die drei ASCII-Zeichen =DF – und wenn der Computer des Empfängers sie richtig zurückübersetzt. Auch Programmdateien, Grafiken, Klänge – alles lässt sich in ASCII konvertieren, wenn man die Zahlen, um die es sich ausnahmslos ja handelt, in der binären Gestalt belässt, die sie im tiefsten Innern des Computers ohnehin haben. ——— Es gab und gibt zahlreiche Verschlüsselungsverfahren zur Umwandlung in ASCII; der Haken ist nur, dass der Mail-Client, der die Botschaft empfängt, die Verschlüsselung erkennen und den Schlüssel besitzen muss, um sie wieder zu entschlüsseln. Kannte er ihn nicht, so kamen die *Grüße* etwa gar als *($=R_-]e* an. MIME besteht in einer Reihe von speziellen neuen Verschlüsselungsverfahren – und dazu genauen Angaben im Kopffeld der E-Mail, auf welche Teile welcher Schlüssel anzuwenden ist. Wer seine E-Mail aus einem MIME-kundigen Computer verschickt, fügt ihr im Header automatisch einen Vermerk hinzu, der etwa besagt: Hier

THE COMPUTER TREE

❶ Baum der Computer-Entwicklung US-Army-Diagramm ❷ 6/113 Schreibautomat von Friedrich von Knaus 1764, Florenz, Istituto e Museo di Storia della Scienza

kommt etwas, das mit der Zeichentabelle Soundso geschrieben und von MIME nach dem Verfahren Soundso in 7-Bit-ASCII übersetzt wurde. Und wenn der Mail-Client des Empfängers auch über MIME und den entsprechenden Zeichensatz – die Tabelle und die sie abdeckenden Schriftfonts – verfügt (und der Vermerk in keiner Relaisstation unterwegs getilgt wurde), übersetzt sie das kryptische ASCII – die Transportverpackung – automatisch zurück in jede Schrift der Welt. ——— Echt multilingual kann es im Computerwesen der Welt erst zugehen, wenn die Schriftzeichen nicht über viele Codepages verstreut sind, von denen jeweils immer nur eine gelten kann. Sie müssten in einer einzigen großen Codetabelle vereint sein, in der sämtliche Schriftzeichen der Welt ihren eindeutigen und unverrückbaren Platz hätten, ihre feste und für alle verbindliche Nummer. Dann ließen sich sogar innerhalb eines Dokuments beliebige Schriftsysteme verwenden. ——— Es gibt diese Codetabelle seit Anfang der neunziger Jahre. Sie heißt Unicode. Unicode ist eine Normtabelle, die jedem Zeichen zwei Byte zubilligt. Zwei Byte lassen sich nicht nur auf 256-fache Weise codieren, sondern auf 65536-fache. Für ebenso viele Zeichen hat Unicode Raum. Inzwischen sind 38887——— Zeichen aus 24 Schriftsystemen zugewiesen, von Arabisch über das indische Gurmukhi bis Tibetisch. Allgemeingut ist Unicode noch lange nicht, und durchs Internet wird auch in fernerer Zukunft nur 7-Bit-ASCII fließen. Aber zur Jahrhundertwende hat sich das Schriftendilemma dank Unicode doch so weit entspannt, dass jeder, der es wirklich darauf anlegt, wenigstens die großen Schriftsprachen der Welt auf seinem Computer schreiben und lesen und auch elektronisch versenden könnte.

082

1 _ 12) **schrift, wissen und kulturelles gedächtnis**——— ALEIDA ASSMANN

Aus der Perspektive der abendländischen Kultur erscheint die Erfindung der Schrift und später des Buchdrucks als ein hervorragender Motor kultureller Evolution. Westliche Schriftkulturen, die im Kulturraum des Nahen Ostens und der Ägäis entstanden sind, haben eine dramatische Beschleunigung ihrer soziopolitischen Entwicklung erfahren. Mithilfe der Erfindung der Schrift sind Großreiche mit differenzierter Bürokratie entstanden wie Ägypten, Mesopotamien oder das Römische Reich, aber auch kleinere Herrschaftsbereiche wie die griechischen Stadtstaaten. In der frühen Neuzeit wurde die Entwicklungsbeschleunigung der europäischen Staaten wiederum wesentlich mitgetragen durch den Buchdruck, der neue Formen der Organisation und Rationalisierung von Kommunikation und Wissen eingeleitet hat. ——— Diese allgemeine Beschreibung wird niemand ernsthaft in Frage stellen, und doch bedarf sie unbedingt einer Ergänzung und Korrektur. Denn es darf nicht der Eindruck erweckt werden, als handele es sich bei der Schrift um eine Kulturtechnik mit eingebauter Fortschritts-Dynamik. Es ist keineswegs der Fall, dass Kulturen, deren Mitglieder auf das Gleis der Schrift umstellen, alle mit gleicher Geschwindigkeit in die Zukunft abfahren. Die Beispiele China und Ägypten zeigen einen grundsätzlich anderen Umgang mit der Schrift; hier wurde die Tendenz zur

Rationalisierung und Demokratisierung, die in der Schrift mit angelegt ist, durch entgegenwirkende Formen der Abgrenzung, Ausgrenzung und Hierarchiebildung gekreuzt. Die Schrift blieb neben der Organisation von Wirtschaft ein Instrument der Machtentfaltung und Machtkontrolle, das der Selbstdarstellung der Herrschenden diente. Aber auch eine flächendeckende Alphabetisierung muss noch keine automatischen Konsequenzen für die Entwicklung eines Gemeinwesens haben. Die einfache Silbenschrift, die Missionare für die *Cree*-Indianer, Ureinwohner der heutigen kanadischen Provinzen Québec, Ontario und Manitoba erfanden, verbreitete sich ohne entsprechendes Bildungssystem wie ein Lauffeuer, ähnliches gilt für die *Vai* in Liberia an der Elfenbeinküste, die mithilfe von Missionaren insgesamt schriftkundig wurden. Die Schrift wurde in diesen Fällen individuell eingesetzt als Gedächtnisstütze im Bereich von Buchhaltung und geschäftlichen Angelegenheiten, sie diente auch für Tagebuch-Eintragungen und Botschaften, die man nicht in der face-to-face-Situation austauschen wollte, doch all das führte nicht zu einer Mutation des Gemeinwesens in Richtung auf einen technisch-zivilisatorischen ›Fortschritt‹. ——— Das bedeutet, dass Schrift kulturellen Wandel stützen und beschleunigen, jedoch nicht von sich aus induzieren kann. Die Fragen, die sich vielmehr stellen, betreffen die unterschiedlichen Potentiale und Anwendungen der Schrift im Rahmen unterschiedlicher kultureller Bedürfnisse und Prioritäten. →zur entwicklung von schriftsystemen Die Historiker der 19. Jahrhunderts ließen Geschichte erst dort entstehen, wo schriftliche Zeugnisse vorlagen. Nach diesem Kriterium begann Geschichte gegen Ende des 4. Jahrtausends v. Chr. mit Keilschriftzeichen in Südmesopotamien und den Hieroglyphen in Ägypten. Zu den frühesten Schriftzeugnissen zählten lange die sogenannten Schminkpaletten der Ägypter, die einzelne historische Ereignisse symbolisch darstellten. Inzwischen hat sich die archäologische Forschung der Vor-Geschichte zugewandt und dabei Vorformen von Schrift entdeckt, die bis ins Jahr 8500 v. Chr. zurückgehen. Die Schrift wurde also keineswegs, wie es Platons Mythos will, den Menschen von den Göttern als ein fertig ausgeklügeltes, gebrauchsfertiges Notationssystem übergeben, sondern hat eine lange Vorgeschichte. Lange bevor Notationssysteme zur visuellen Repräsentation von Sprache erfunden wurden, waren Zeichensysteme in Gebrauch, die kulturelles Wissen gespeichert und organisiert haben. Beispiele dafür sind die »Calculi« oder Zählsteine, mit deren Hilfe Waren wie Vieh, Korn oder Öl registriert sowie Land- und Besitzverhältnisse markiert wurden, Piktogramme auf Steintafeln, auf denen kultische und politische Handlungen repräsentiert wurden, mit Symbolen gezeichnete Knochen, mit denen in China die Zukunft gedeutet wurde oder Knotenschnüre, mit deren Hilfe die Inka ihre mündliche Überlieferung memorierten. Langfristige Vorratswirtschaft, Tauschhandel, Repräsentation von Herrschaft und Stabilisierung der Überlieferung waren unterschiedliche Anwendungsgebiete für diesen frühen Einsatz von Schrift. Aus den abzählenden, Waren auszeichnenden und Verfallsdaten registrierenden Zeichen wurden die Silbenzeichen der Keilschrift entwickelt. ——— Mit der Möglichkeit, Sprache aufzuzeichnen, hat sich der kulturelle Wissensspeicher noch einmal schlagartig erweitert. In Mesopotamien wurde eine umfangreiche Palastbürokratie entwickelt und eine Bibliothek auf Tontafeln angelegt. Während die Stütze der Schrift in den Bereichen der Wirtschaft und Herrschaft bald unverzichtbar war, entstand im

6/155 Alabastergefäß mit Hieroglyphen Ägypten, 6. Dyn., um 2200 v. Chr., Staatliche Museen zu Berlin, Ägyptisches Museum und Papyrussammlung

Bereich der kulturellen Überlieferung kein entsprechender Bedarf. Es gab keinen Grund, den Sänger, der eindrücklich und mit festlicher musikalischer Rahmung die Stammesepen vorzutragen wusste, durch eine steinerne Inschrift oder eine Papyrusrolle zu ersetzen. In Griechenland setzte der Einsatz von Schrift im Bereich kultureller Überlieferung eine Vervielfältigung dieser Überlieferung in Gang. Nicht einer trug mehr vor, was in Grundzügen allgemein bekannt und für alle verbindlich war, sondern mehrere Dichter schrieben ihre eigenen Texte nieder, traten miteinander in Konkurrenz und warben um Anerkennung. Mit ihrer Verschriftlichung wurde die kulturelle Überlieferung vielstimmig. Wer sich zu Wort meldete, musste sich an dem messen lassen, was bereits niedergeschrieben war. Aber je besser man die schriftliche Überlieferung übersehen konnte, desto deutlicher traten auch die Wiederholungen zutage. Bereits im 2. Jahrtausend v.Chr. hat ein ägyptischer Schreiber festgestellt, dass es eigentlich nichts Neues mehr unter der Sonne gäbe. Er klagte: »O, dass ich neue Worte hätte, Worte, die noch niemand geschrieben oder gelesen hat! Ich wringe meinen Leib aus auf der Suche nach neuen Worten, doch alles, was ich sage, ist bereits gesagt worden.« →unterschiede von schriftsystemen Im 18. Jahrhundert, als man sich der Geschichte der einen Menschheit in den räumlich und zeitlich fernen und fremden Kulturen zuwandte, begann man auch, sich für die Logik der unterschiedlichen Schriftsysteme zu interessieren. Man verglich die Bilderschriften Chinas und Ägyptens mit der Lautschrift des Alphabets und spekulierte über die Konsequenzen der verschiedenen Notationssysteme für die kulturellen Wissensformen. So groß im 17. Jahrhundert das Interesse an den geheimnisvollen Hieroglyphen der Ägypter gewesen war, so wenig Sympathie brachten ihnen die Aufklärer entgegen. Eine Schrift, so befanden sie, die so kompliziert zu lernen war, dass sie nur von einer professionellen Kaste benutzt werden konnte, eignete sich bestens für die Produktion und Wahrung von Geheimnissen, aber schlug nicht zum Nutzen des Volkes aus. Der Aufbau einer Hierarchie, die Verfestigung von Machtstrukturen, die Vernichtung von Kontrollmöglichkeiten, die Absicherung von Geheimnissen (Priesterbetrug) und ein statisches, die Kräfte des Fortschritts abwehrendes Geschichtsbild – all das ließ sich aus der Logik der esoterischen Bilderschrift ableiten. Das Gegenbild dieses Mediums war die arbiträre und gerade durch die Willkürlichkeit ihrer Zeichen transparente Alphabetschrift, die als ein Motor gesellschaftlichen Fortschritts gerühmt wurde. Der Geist der Aufklärung war ein alphabetisierter Geist. Die Zeichenökonomie dieses Schriftsystems ließ es zu, dass jeder und jede es in kurzer Zeit beherrschen und für eigene Zwecke einsetzen konnte. Dieses Demokratisierungspotenzial der Schrift, das mit der flächendeckenden Alphabetisierung und dem Buchdruck in Europa geschichtsmächtig geworden ist, hat nicht nur eine neue Form der Öffentlichkeit und Kritik geschaffen, sondern auch die alten Wissensspeicher entrümpelt und mit neuen, zukunftsweisenden Daten aufgefüllt. ____ Dieses Selbstbild der europäischen Kultur als eine auf die Technologie des Alphabets gegründete Erfolgsgeschichte von Aufklärung, Fortschritt und Demokratisierung des Wissens blieb bis in die Mitte des 20. Jahrhunderts wirksam. Ein neues Bewusstsein für das Eigenrecht fremder Kulturen, verbunden mit der Einsicht, dass diese nicht mehr mit der alten Überheblichkeit als Negativfolie für die eigene Identitätsbildung missbraucht werden dürfen, hat inzwischen dazu geführt, dass der europäische und westliche Sonderweg der auf das Alphabet gegründeten Kultur nicht mehr zu einer universal verbindlichen Norm erhoben wird, an dem sich die anderen schriftlosen oder schriftverwendenden Kulturen

❸

messen lassen müssen. Andere Schriftsysteme bergen, wofür ihre lange Erfolgsgeschichte spricht, ihre eigene Weisheit und Rationalität. Die Ökonomie der chinesischen Schrift zum Beispiel, die, zusammengesetzt aus 214 signifizierenden Zeichen (Radikale), es auf bis zu 60000 Zeichen bringt, von denen die Gebildetsten maximal ein Zehntel beherrschen, liegt auf einer anderen Ebene als die sparsame Alphabetschrift mit ihren 24 Zeichen. Jene besteht in der Integrationsfunktion der Schrift: Die Sprecher einer Fülle von regional auseinander strebenden Dialekten sind in der Lage, über eine gemeinsame Schrift miteinander zu kommunizieren. →gefahren und chancen der alphabetischen schriftkultur Es scheint ein Spezifikum der Alphabetschrift zu sein, dass sie von Anfang an von ihrer eigenen Kritik begleitet wurde. Die Schrift hat als neues Übertragungsmedium im Gegensatz zur face-to-face-Kommunikation eine ganze Serie von Trennungen hervorgebracht: Sie löst das Wissen vom Wissenden, die Sprache von der Stimme, das Zeichen vom Körper ab. Aus direkter Interaktion wird dabei eine medial gestützte, ›zerdehnte‹ Kommunikation, die in Raum und Zeit grundsätzlich in dem Maße erweiterbar ist, wie es die Übertragungskanäle der Post und die Stabilität der Aufzeichnungsträger zulassen. ＿＿＿ Platon, der selbst eifrigen Gebrauch von der Schrift gemacht hat, hat als erster ihre Gefahren analysiert. Er befürchtete, dass Schrift, die das Wissen vom Wissenden abkoppelt, um es in Raum und Zeit verbreiten zu können, zu einer Wissenskrise führen müsse. Platon kritisierte die »ahnungslosen« Buchstaben, die nichts von dem wissen, was sie mitteilen, und die deshalb immer nur höchst unzureichende und unzuverlässige Träger des Gemeinten sind. Sie sind so oberflächlich wie das Geschwätz von Papageien, die auf Nachfragen auch keine vernünftigen Antworten geben können. Was ihnen fehlt, ist Einsicht, Wahrheit, Geist, lauter immaterielle Qualitäten, die nur lebendigen Menschen zugesprochen werden können. In der geschwätzigen Schrift, die sich überall herumtreibt, sah Platon nicht nur die Grundlagen von Wahrheit, sondern auch von Autorität untergraben. Gegen die in der Alphabetschrift angelegte Tendenz zur Verbreitung und Öffnung des Wissens plädierte er für die mündliche Pflege von Wissen in geschlossenen Gruppen von Eingeweihten. Ohne dieses Wissen der Verständigen bleibe die Botschaft der Schrift stumm. Mit der Abspaltung des Wissens von den Wissenden entsteht zudem das Problem der Externalisierung des Wissens, was dazu führt, dass die in Bibliotheken und Archiven ausgelagerten Bestände immer weiter anwachsen, während umgekehrt proportional das Fassungsvermögen des menschlichen Gedächtnisses zusammenschrumpft. Der Soziologe Georg Simmel beschrieb Anfang des 20. Jahrhunderts diese Schere, die sich zwischen externen Wissensspeichern und dem verkörperten Gedächtnis öffnet, als »die Tragödie der Kultur«. ＿＿＿ Doch gerade diese von Platon und Simmel problematisierte Trennung der Schrift von lebendigen Körpern und Gedächtnissen war es, in der andere eine einzigartige Chance erkannten. Kann die Schrift doch durch ihre in Stein gravierte Monumentalität eine zeitliche Dauer gewinnen, die die kurze menschliche Lebensspanne bei weitem übersteigt. Inschriften auf Grabsteinen, Tempelwänden und Denkmälern haben die Funktion der Verewigung menschlicher Namen, Taten und Schicksale. Doch auch Schrift überhaupt, die materielle Sicherung des eigenen Gedichts oder der eigenen Lebensgeschichte kann zu einem Garanten der Unsterblichkeit werden. Die Schrift stellt für individuelle Produkte des Geistes einen materiellen Ersatzkörper bereit, auf dessen Stabilität und unverminderte Kommunikationskraft man seit Jahrtausenden die menschliche Hoffnung auf Unsterblichkeit gründete. Platons Urteil über die Schrift als Ansammlung toter Buchstaben ohne immanente Kraft zur Kommunikation wurde in der Renaissance vielfach energisch widersprochen. Bücher, so schrieb ein englischer Humanist, »sind keine gänzlich toten Gegenstände, sondern enthalten eine Lebenskraft in sich und sind so aktiv wirksam wie die Seelen derer, von denen sie abstammen. Im Gegenteil, sie bewahren wie in einer Schale die reinste Energie und Essenz jenes lebendigen Geistes, der sie hervorgebracht hat.« → e x p l o s i o - n e n   d e s   w i s s e n s   –   d a s   z e i t a l t e r   d e s   b u c h d r u c k s In seinem histori- schen Roman mit dem Titel *Notre Dame de Paris,* der im Jahre 1482 spielt, hat Vic- tor Hugo eine kleine Szene eingeflochten, die die Medienschwelle des Buch- drucks als eine bedrohliche Erosion des kulturellen Gedächtnisses inszeniert. Ein Gelehrter sitzt an seinem mit Manuskripten bedeckten Tisch, auf den zum ersten Mal ein gedrucktes Buch gelegt worden ist. Er nimmt es in die Hand, blickt medi- tativ aus dem Fenster auf die Kathedrale und spricht den berühmten Satz: »Dies Buch hier wird die Kathedrale zerstören!« (Ceci tuera cela). Das Buch, so befand Hugo im Jahre 1832, hat das in der Kathedrale verkörperte, gestalthaft anschauli- che und bilderreiche Gedächtnis verdrängt, und an die Stelle dieses zentralen, unverrückbaren kulturellen Bezugspunkts die blinde Streuung von Information gesetzt. Der mittelalterliche Wissenskosmos, der durch eine Korrespondenz von Welt und Heiliger Schrift, verkörpert in der Kathedrale, zusammengehalten war, wurde durch die zentrifugalen Kräfte des Buchdrucks gesprengt. An erster Stel- le war es die Bibel selbst, die auf Betreiben der Protestanten vervielfältigt und ver- breitet wurde, was zu einer Aushöhlung kirchlicher Autorität führte, denn die Autorisierung zur eigenen Bibellektüre war der erste Schritt auf dem Wege einer tiefgreifenden Dezentralisierung von Religion und Demokratisierung von Wis- sen. —— Neben das paradigmatische Buch, die Bibel, traten aber auch die ande- ren Bücher in ihrer Vielzahl und Vielstimmigkeit. Lange vor der digitalen Revo- lution führte bereits die Erfindung Gutenbergs zu einer Explosion des Wissens, das nicht mehr zu überschauen und zu ordnen war. Sie geschah im Rahmen eines neuen sozioökonomischen Mediums, des Buchmarktes, der von tatkräftigen Unter- nehmern beherrscht wurde und trotz entsprechender Regularien seitens der Obrigkeiten nicht mehr zentral gesteuert werden konnte. In einem Europa, wo ein verbotenes Buch an einem anderen Druckort erscheinen konnte, blieb das schlüssigste Argument gegen Zensur ihre Impraktikabilität. —— Mit der enormen Vermehrung der Bücher verwan- delte sich der Wissenskosmos in ein Wissenslabyrinth, das die Zeitgenossen damals als ähnlich unübersichtlich und überwältigend empfunden haben müssen wie wir heute das Internet. Und wie in der Gegenwart reagierte man auch damals auf dieses neue Babel mit Suchmaschinen und neuen Ordnungsangeboten. Die wichtigste Suchmaschine des Druckzeitalters war das standardisierte Titelblatt, das untereinander Autornamen, Titel, Drucker, Druckort und Jahr aufführte. Dieses Titelblatt-Arrangement diente zur alpha- betischen Sortierung der Bücher, die mit dem Incipit, dem herausgehobenen Eingangs- wort der Handschriften, nicht möglich war. Der Wille zur Systematisierung des verviel- fältigten und fragmentierten Wissens drückte sich aber auch in den Büchertiteln selbst aus; Begriffe wie »speculum« oder »theatrum« suggerieren in visueller Metaphorik die Möglichkeit von Evidenz, Überblick, Durchblick. Der Vervielfältigung der Bücher, die die Kapazität des kulturellen Gedächtnisses sprengte, versuchte man Herr zu werden durch

6/173 Bronze-Spiegel mit Inschrift (TLV-Typ) China, 9–23 n. Chr., Helsinki, Didrichsen Art Museum

❶

❶ 6/203 Kharosthi-Inschrift auf einer buddhistischen Reliefplatte Indien, London, The British Museum ❷ 6/175 Frühes Beispiel chinesischer Schrift im kaishu-Stil Turfan, 5. Jh., Staatsbibliothek zu Berlin – Preußischer Kulturbesitz

ein Meta-Gedächtnis in Form von Katalogen und Kompendien, die einer allgemeinen Bestandsaufnahme und -wahrung des kulturellen Wissens dienten. →aufklärung und historismus – das 18. und 19. Jahrhundert Im 18. Jahrhundert wurde der zeitliche und räumliche Horizont der europäischen Kulturen durch neue Forschungen noch einmal dramatisch erweitert. Der Grund dafür war, dass man sich immer weniger als Teil des Kollektivsubjekts ›Christenheit‹ und immer mehr als Teil des Kollektivsubjekts ›Menschheit‹ verstand. Die Menschheit lebte in einem anderen Zeithorizont als die Christenheit; ihre Geschichte begann nicht mehr mit der Schöpfungsgeschichte, sondern verlor sich in der Dämmerung vergessener und ungewisser Ursprünge. _____ Mitten aus dem 18. Jahrhundert, das Zeitgenossen als ein Zeitalter der Enzyklopädien, »der Lexika und anderer technischer Gedächtnishilfen« charakterisiert haben, wuchs die Vision einer ›Natur‹, die von der Fracht der überbordenden Wissensspeicher unberührt ist. Das in diesem Jahrhundert erfundene ›Originalgenie‹ galt als ein solches Stück Natur, das einen Weg vorbei an Schrifttum und Buchgelehrsamkeit zu den lebensspendenden Quellen der Kultur weist. Inbegriff eines solchen Originalgenies war Homer, der seine Originalität daraus bezog, dass er sein Wissen nicht aus Büchern abgeschrieben, sondern sich die Natur selbst zum Vorbild genommen hatte. Homer, von dem man annahm, dass er weder lesen noch schreiben konnte, verkörperte für das 18. Jahrhundert den Zustand einer Gedächtniskultur, in der »alles, was Menschen wissen konnten, identisch war mit dem, was sie erinnerten«. In einer solchen Kultur, die man dafür bewunderte, dass es in ihr »kein nutzloses, unverständliches und überflüssiges Wissen« gab, waren die Menschen befreit vom Druck der Auswahl und der schwierigen Aufgabe der Bewertung aufgespeicherten Wissens. _____ Die Probleme mit Gedächtnisspeichern, die den Menschen im wahrsten Sinne über den Kopf wuchsen, haben sich im 19. Jahrhundert noch weiter verschärft. Neue, an den Universitäten etablierte historische Fächer produzierten ein Wissen, das mit den Bedürfnissen der Gegenwart immer weniger zu vermitteln war. Nietzsche sprach von einem Dammbruch des Wissens und einem Überspülen lebensnotweniger Orientierungsmarken im Wissenshaushalt der Gesellschaft. Seine Gegenvision war nicht das naturhafte Originalgenie, sondern der gebildete Mensch, der sich nicht vom angespeicherten Wissen erdrücken lässt, sondern sein Wissen zu begrenzen und in den Dienst des Lebens zu stellen vermag. Die Fähigkeit, die Wissensflut für sich selbst einzudämmen und einen lebensdienlichen Wissenshorizont aufbauen zu können hielt Nietzsche für das wichtigste Zeichen von Bildung. Auf die Entgrenzung des Wissens antworteten die Kulturpolitiker des 19. Jahrhunderts mit einer ›Bildungsoffensive‹. Ältere kulturelle Institutionen wie der Kanon der Klassiker, Museum und Denkmal wurden neu besetzt als Medien eines nationalen Gedächtnisses, die der Fülle des abstrakten, unübersehbaren und relevanzlosen Wissens ein anschauliches, und persönlich anzueignendes Identitätswissen entgegensetzen sollten. Auch wenn sich ihre Form und Funktion seit dem 19. Jahrhundert tiefgreifend geändert hat, sind der Kanon der Klassiker, Museum und Denkmal weiterhin zentrale Medien des kulturellen Gedächtnisses geblieben. →die digitale revolution Schriftlose Gesellschaften kennen keine beziehungslos gewordenen Rückstände vergangener Epochen und also auch keine Archive.

Mit der schriftlich materiellen Fixierung von Informationen dagegen lagern sich Schichten ab, welche Geschichte als eine ›geschichtete‹ Struktur erkennen lassen. Das kulturelle Gedächtnis, in das die Schrift eingedrungen ist, differenziert sich in das Alte und Neue, denn alles Geschriebene, so hat es ein amerikanischer Philosoph einmal ausgedrückt, »stürzt in den unvermeidlichen Abgrund, den die Schöpfung des Neuen für das Veraltete öffnet.« Doch das mit Erscheinen des Neuen zum Alten erklärte wird nicht vergessen, sondern nur verdeckt in einer Schicht, aus der es zu neuer Besichtigung wieder hervorgeholt werden kann, ganz im Sinne der Goetheschen Maxime: »Was in der Zeiten Bildersaal / jemals ist trefflich gewesen, / das wird immer einer einmal / wiederauffrischen und lesen.« Dieser Modus des Veraltens als Vorgang der Ablagerung und Überlagerung jedoch muss im Zeitalter der digitalen Revolution selbst als veraltet gelten. Im Zeichen einer elektronischen Schrift, die die Bedingung des Materiellen hinter sich gelassen hat, wird

sich nichts mehr ablagern und aufschichten. An die Stelle der Überlagerung ist die Überschreibung und damit eine Form der Erneuerung getreten, die das Alte nicht mehr konserviert, sondern im Prozess des Schreibens auflöst. Der Palimpsest von Kultur und Geschichte verliert dabei sein durch die Epochen gewachsenes historisches Profil; kommende Historiker des PC-Zeitalters werden sich nach den Überresten vergangener Schriftkommunikation vergeblich umsehen. Das Internet mit seiner vibrierenden Vielfalt an Kommunikationsmöglichkeiten, Selbstpräsentationen und Informationsangeboten ist das Gegenteil eines stabilen Datenspeichers; es funktioniert auf Abruf und hält immer nur für eine begrenzte Weile das vor, was jeweils auch abgefragt und gebraucht wird. Der Traum von einer säkularen Ewigkeit ebenso wie die historische Kategorie der Überreste zeigen sich im Rückblick als Denkformen, die an das Leitmedium der materialen Schrift gebunden sind und mit diesem stehen und fallen. ——— Die Wissensexplosion im Internet wird, wie schon zu Zeiten des frühen Buchdrucks, mit neuen Suchmaschinen und Zugriffstechniken organisiert. Im Gegensatz jedoch zum 18. Jahrhundert, dem Zeitalter der Enzyklopädien und Lexika, besteht keinerlei Ehrgeiz mehr, diesen Megadatenspeicher noch zu einem Wissenskosmos zusammenzufassen. Das Wissen, das seine gestalthafte Anschaulichkeit damit vollends verloren hat, ist jedoch noch in einem ganz anderen Maße, als dies der Buchdruck ermöglichte, diffus verteilt, dezentral verfügbar und interaktiv mitzugestalten. Die digitale Schrift schreibt wesentlich mehr, als es die Alphabetschrift vermochte; auch Bilder und Töne werden in dieser technisch unsinnlichen Infraschrift kodiert. Ohne entsprechende Maschinen ist diese Schrift nicht mehr zu lesen. Dabei schließen sich die Gräben, die zwischen den Medien Schrift, Bild und Ton entstanden sind und eigene Künste, Traditionen, Diskurse ausgebildet haben. Auch Schreiben und Lesen rücken dabei wieder näher zusammen, denn die Rezeption von Wissen schließt Formen der Partizipation immer schon mit ein. Es gäbe, wenn wirklich alles digitalisiert wäre, keine stabilen Datenspeicher, keine Archive mehr, nur noch ein System der permanenten maschinellen Sicherung und Reaktivierung von Daten. Solange der Strom fließt.

der ungeschriebenen musik —— ARTUR SIMON

»Sie werden viel reisen und aufnehmen müssen, um noch eben vor Torschluss zu retten, was zu retten ist«, schrieb 1930 Erich Moritz von Hornbostel an den holländischen Musikethnologen Jaap Kunst zur Aufnahme ungeschriebener Musik in Indonesien, dem damaligen Niederländisch-Indien. Für den Entwurf einer Weltkarte der Musik war es eigentlich schon zu spät. Jedoch rückte die auf den Wachswalzen festgehaltene Musik das Phänomen ›Musik‹ als universale kulturelle Äußerungsform der Menschen in eine globale Perspektive. Die Musikweltkarte in der Ausstellung »Sieben Hügel: Bilder und Zeichen des 21. Jahrhunderts« möchte anhand von Beispielen aus allen Kontinenten zeigen, auf welches musikalische Material sich dieser erste wissenschaftlich fundierte Versuch der Entwicklung eines musikalischen Weltbildes stützen konnte. —— In den westlichen Musikkulturen werden den Autographen der Komponisten mehr Wert beigemessen als der nach dem Gedächtnis vorgetragenen, mündlich erlernten und zum Teil auch improvisierten Musik, sei es im Gesang wie auch auf Musikinstrumenten. In vielen Musikkulturen der Welt wird deren traditionelle Musik von einer Generation zur nachfolgenden meistens oral oder besser gesagt aural durch das reine Abhören tradiert, das heißt, sie wird nicht aufgeschrieben. In Afrika wurde die Musik bisher im Wechselspiel oder Spannungsfeld zwischen den Musikern und der traditionellen Gesellschaft gestaltet, wobei der eine Teil auf den anderen angewiesen war. Die Musiker und jene, die ihnen bis heute zuhören, leben in derselben Gemeinschaft mit den gleichen sozialen Wertvorstellungen. Die auf dieser Basis bestehende klangliche Ordnung wurde erst dann vom Wandel ergriffen, wenn sich die sozialen und technischen Bedingungen geändert haben wie durch den Kolonialismus und die einsetzende Urbanisierung. Musiker in Afrika sind Spezialisten in ihrer Gesellschaft, die ihr Leben wegen einer außergewöhnlichen musikalischen Begabung oder auch aus anderen außermusikalischen Gründen weitgehend der Musik verschrieben haben. Der Musiker ist in jedem Fall etwas Besonderes, der aus der Menge herausragt: sei es als Angehöriger einer speziellen Musikerkaste, als vielgefragter ›master drummer‹, als ›entertainer‹ oder als respektabler Hofmusiker. Von dieser Gruppe, sei sie nun institutionalisiert oder nicht, sind die übrigen Gelegenheitsmusiker, die singende, klatschende und tanzende ›chorus line‹ oder die musikalischen Unterhalter wie Selbstunterhalter im häuslichen Alltagsmilieu zu unterscheiden. Die Aufgabe des professionellen Musikers liegt also darin, als musikalischer Spezialist für die anderen Mitglieder der Gesellschaft eine Dienstleistung zu erbringen, die mit Geld, Naturalien oder auch nur mit entgegengebrachter Sympathie wie Zuneigung – meistens seitens der Frauen – entgolten wird. —— In ganz Westafrika berühmt sind die Griots der Malinké aus Guinea, Gambia, Mali, dem Senegal und dem Nordwesten der Elfenbeinküste. Die Herkunft des Wortes »griot« ist bisher nicht geklärt wie die für den »jazz«. In beiden Fällen dürfte der Grund darin zu suchen, dass die Begriffe verschiedene Sprechgemeinschaften und Sprachen

Aufnahmen mit Tonwalzen: ❶ Homumi-Beduine aus Hadramaut Foto von Hans Helfritz, 1931/32 (Rautenstrauch-Joest-Museum, Köln)

❷ Sara-kaba-Sängerinnen vom Tschad-See auf dem Münchner Oktoberfest 1931 (Staatliches Museum für Völkerkunde, München)

❸ Bernard Struck bei den Kassanga in Portugiesisch-Guinea, 1930 (Ethnologisches Fotoarchiv Bernatzik, Dr. Doris Byer, Wien) durchwandert und dabei ihre originale Beschaffenheit wie auch den semantischen Wert verändert haben. Der Begriff »griot« taucht Ende des 17. Jahrhunderts in französischen Berichten auf und ist heute im frankophonen Raum gebräuchlich. Bei den Malinké heißt der Griot *jàli* oder *jèli*. Er gehört dort der unteren Kaste der *nàmàkálá* an, zu der auch die Schmiede und Lederbereiter zählen. In dem französischen Sprachbereich werden sie auch treffend als ›généalogistes‹, als Ahnenforscher oder Erzähler zur Geschichte der Sippen, bezeichnet. Sie haben unter anderem die Funktion eines Historikers und Epensängers über die Heldentaten einer großen Vergangenheit in einer mündlich tradierten Kultur inne. Das Speichern von großen Kapazitäten zu erlernender Texte und Gesänge begann schon in der Kindheit. Der Malinké Sory Camara hat in seinem französischen Buch über die *Gens de la parole* (Paris 1976), den *Leuten des Wortes* der Malinké folgendes erwähnt: »Vor allem nach der Beschneidung beginnt der kleine Griot jenes Handwerk richtig zu erlernen, in das er hineingeboren wurde. Er beginnt, die Geschichte seiner Sippe und seines Landes zu rezitieren. Er spezialisiert sich auf ein bis zwei Musikinstrumente... Im allgemeinen kümmert sich der Großvater oder der Vater um die Erziehung des kleinen Griots. Der erste lehrt ihn vor allem die genealogischen Texte, der andere das Instrumentalspiel. Bei gewissen Instrumenten wie der *kórá* (der Malinké-Harfe) ist es außerdem der Onkel mütterlicherseits, der sich um die musikalische Erziehung seines Neffen kümmert.«_____ In der modernen Zeit in Afrika werden auch die mündlich überlieferten langen Epengesänge der Malinké verschwinden, wenn sie nicht mit unseren technischen Aufzeichnungen festgehalten werden. Das Verschwinden dieser oralen Traditionen ist nicht neu. Ein altes arabisch-nordafrikanisches Sprichwort heißt: »Stirbt ein Griot, so nimmt er eine ganze Bibliothek mit in sein Grab.« Auch in anderen Kulturen wie zum Beispiel in Ghana konnte man Veränderungen in der traditionellen Musikwelt erkennen. Auch die »state drummers«, die Hofmusiker, die früher von ihren Herren, den »Chiefs«, unterhalten wurden, müssen mutatis mutandis heute zusätzlichen Erwerbsmöglichkeiten nachgehen, meistens als Kakaofarmer oder Holzfäller. Der Beruf der offiziellen »master drummers« hat seine frühere Attraktivität eingebüßt, die Tradition ist gebrochen. Väter schicken ihre Söhne lieber zur Schule als zum Trommelunterricht. In vielen Fällen wird vor allem jener mündlich überlieferte Gesang nicht mehr zu hören sein, der von den altehrwürdigen Musikinstrumenten begleitet wurde wie zum Beispiel auf der alten Stegzither, die in Kamerun und Gabun als *Mvêt* bezeichnet wird. In ganz Afrika sind heute vor allem die Gitarren in der Begleitung kurzer, wiederholter Texte zu hören. Die alten Texte und Gesänge konnten bisher nur teilweise mit unseren tontechnischen Geräten überliefert werden, so bei einigen alten *Mêt*-Sängern in Kamerun wie Théophile Ebanga, Jean Awono Ekasi und Joseph Ndeng, der letzten Generation dieses Genres._____ Als Beispiel sei eine Aufnahme vom November 1984 in der Nähe von Sangmelima im Süden von Kamerun erwähnt: Das Team mit Professor Towa und Noah Messomo, zu jener Zeit von der Universität in Yaunde, beide Experten im Erforschen mündlicher Traditionen, und der Verfasser dieser Zeilen vom Berliner Phonogramm-Archiv der Stiftung Preußischer Kulturbesitz, waren auf musikethnologischem Neuland unterwegs. Im abgelegenen Ort Mvangan wurde uns Joseph Ndeng genannt, ein Sänger, der seine epischen Gesänge auf einem *Mvêt* begleitete. Wir trafen ihn in dem kleinen Urwalddorf Meboéo in seinem Haus an, wohin er gerade von einer musikalischen Vortragsreise nach Gabun zurückgekehrt war. Nach einem kurzen Gespräch, in dem wir ihm unser Anliegen vortrugen, eine Kostprobe seiner Meisterschaft aufnehmen zu wollen, willigte Joseph Ndeng ein. Mein Kameruner Kollege Towa hatte schon mit vielen *Mvêt*-Sängern zusammengearbeitet und – wie seinerzeit bei uns die Brüder Grimm – deren Texte aufgezeichnet, leider nur mit dem Notizbuch, da ihm eine geeignete technische Ausrüstung fehlte. Jedoch Joseph Ndeng war ihm noch völlig unbekannt, obwohl er doch so berühmt war, dass er ins Nachbarland Gabun eingeladen wurde. Die Aufnahmen vom 3. November 1984 sollten eine kleine »Sensation« für uns werden. Joseph Ndeng sang – sein Repertoire schien unerschöpflich – den Mythos von der Erschaffung der Welt nach der Vorstellung des *Ekang*-Volkes – ein kleines Schöpfungsoratorium also – und von der Erschaffung der ersten Menschen, natürlich vom Stamme der *Ekang*. Begleitet wurde er von seiner Frau und zwei Männern aus dem Dorf, die eine Reihe von Schlaginstrumenten spielten und an besonderen Höhepunkten der gesungenen Erzählung einen Refrain sangen. Wir fragten Joseph Ndeng, 70 Jahre alt, ob er denn keinen Schüler habe, der seine Gesänge von ihm erlernen würde. Dies verneinte er niedergeschlagen, obwohl doch seine Vortragskunst äußerst beliebt sei. Er könne sich vor Einladungen in andere Orte kaum retten. Die jungen Leute, meinte er, würden ihm zwar gerne zuhören, doch das mühselige Erlernen der Gesänge und der Begleitung auf dem Instrument wollten sie nicht auf sich nehmen. Jeder sehne sich nur nach einem Job in der Hauptstadt oder Sangmelima, wo es Kinos, Discos und elektrisches Licht gäbe. ⸺ Wir waren wieder im letzten Augenblick gekommen, um wenigstens eine kleine Kostprobe eines unermesslichen Schatzes aufzunehmen. Als wir Joseph Ndeng 1990 wieder aufsuchten, um seine Vortragsweise mit einer Videokamera aufzunehmen, erfuhren wir, dass er, vor allem aus Altersgründen, nicht mehr mit dem *Mvêt* auftreten würde. Es stellte sich jedoch auch ein weiterer Grund heraus, sein Einsatz als Laienprediger in der christlichen Kirche. Trotzdem war er uns gegenüber bereit, sich noch einmal – vielleicht ein letztes Mal –, mit einer Videokamera aufnehmen zu lassen. Von seinem Instrument

❶ 6/221 Walzen verschiedener Materialien für den Edison-Phonographen Staatliche Museen zu Berlin, Ethnologisches Museum
❷ 6/222 Walzen-Dosen für den Edison-Phonographen Staatliche Museen zu Berlin, Ethnologisches Museum

hatte er sich – wie andere alte *Mvêt*-Sänger auch – noch nicht getrennt. Wir erinnerten uns an andere, absolut letzte tontechnische Erfassungen von nicht geschriebenen, nur mündlich tradierten Liedern von Musikern und Sängern: an Dahab Khalil, den Komponisten aus dem nubischen Nordsudan, der drei Jahre nach unseren Aufnahmen 1977 gestorben war, an den alten Betengde aus dem Bergland von West-Neuguinea und an die alte Klagesängerin der *Toba-Batak* in Sumatra, Indonesien, die eine der letzten Frauen dieser großen Tradition war. ⸺ Es gelang uns, so viel wie möglich von diesen alten Traditionen aufzunehmen und zu dokumentieren. Das ist eine der Aufgaben einer kleinen Handvoll von Ethnomusikologen und Archiven wie dem Berliner Phonogramm-Archiv am Preußischen Kulturbesitz oder seiner Schwesterinstitution, dem Wiener Phonogrammarchiv. Beide Archive wurden 1999 von der UNESCO im *Memory of the World-Register* aufgenommen, das Phonogramm-Archiv in Berlin wegen seiner alten Bestände der Edison-Phonogramme von 1893–1943 (1952). Es gibt Anstrengungen, in den einzelnen

6/210 Grabstele mit Buchstabennotenschrift
1. od. 2. Jh. v. Chr., Kopenhagen, Nationalmuseum

Ländern, in denen gesammelt wird, Archive einzurichten. ———— Was der Tourist in einem gut ausgestatteten Hotel nicht bemerkt, sind die gravierenden Veränderungen, die traditionelle Musikkulturen in der ganzen Welt in den vergangenen Jahrzehnten durchlaufen haben und mit immer eruptiveren Folgen gegenwärtig erfahren. Während Umweltzerstörungen in Südamerika, Südostasien oder Afrika in vieler Munde sind, spricht man von Kulturzerstörungen oder dem Verschwinden von Traditionen nur selten, da es ein fast unmerklicher, lautlos schleichender und ganz und gar unsensationeller Vorgang ist. Aus unserer eigenen Erfahrung war uns immer bewusst, dass mit den Tonaufnahmen des Archivs das Wissen und die Kunst der letzten Kulturträger einer langen Taditionskette für die Nachwelt als »lebendige« Dokumente erhalten werden konnten. Wirklich ein »Weltkulturerbe«! ————
Begonnen hatte alles mit der Erfindung der »Sprechmaschine« im Jahre 1877 durch Thomas Alva Edison. Mit diesem, Edison-Phonograph genannten, mechanisch arbeitenden Apparat konnte man Rillen in Wachswalzen ziehen und das so Aufgenommene wieder abspielen. Seit 1888 war der Edison-Phonograph praktisch verfügbar und käuflich erhältlich. Zur Werbung wurde zum Beispiel 1889 in Wien Johannes Brahms aufgenommen, und 1890 entstanden die ersten Feldaufnahmen durch Walter Fewkes bei den nordamerikanischen Indianern, *Passaquoddy* in Maine und den *Zuñi* in New Mexico, und in den neunziger Jahren weitere Sammlungen durch Franz Boas, der in Berlin studiert hatte, mit Carl Stumpf befreundet war und dessen Aufnahmen dem Berliner Phonogramm-Archiv später übergeben wurden; ebenso Aufnahmen von Charles Myers aus dem Jahre 1898 aus der Torres-Strait-Island und Jonker 1899–1902 auf Timor in Indonesien. Als im September 1900 in Berlin die ersten Tonaufnahmen von Carl Stumpf, unterstützt von seinem Assistenten Otto Abraham, auf 24 Edison-Phonogrammen mit einem *pi phât*-Ensemble, einer gastierenden Theatergruppe aus Thailand, dokumentiert wurden, war damit der Grundstein für das Berliner Phonogramm-Archiv und auch der Vergleichenden Musikwissenschaft in Deutschland gelegt. Dieser Beginn von intensiven Aktivitäten der Dokumentation internationaler Musikkulturen auf einer neuen Quellengrundlage ging auf die tonpsychologischen und musikwissenschaftlichen Initiativen von Carl Stumpf zurück, dem damaligen Ordinarius und Leiter des Psychologischen Instituts an der Berliner Friedrich-Wilhelm-Universität. Er benutzte diese Aufnahmen, um die als fremdländisch oder exotisch bezeichnete Musik in europäische Notenschrift zu transkribieren und die Stimmung der Instrumente zu untersuchen. Dies wurde 1901 unter dem Titel *Tonsystem und Musik der Siamesen* publiziert. Bald bildete Carl Stumpf mit seinen Assistenten ein Team – vor allem mit Otto Abraham und Erich Moritz von Hornbostel, um weitere Walzen von gastierenden Musikern in Berlin aufzunehmen. 1901 nahmen sie die Musiker der Kawakami-Gruppe aus Japan (1903 veröffentlicht als *Tonsystem und Musik der Japaner*) und 1902 Künstler aus Indien auf (1904 veröffentlicht als *Phonographierte indische Melodien*). Die ersten Feldaufnahmen, die direkt in das Archiv kamen, wurden 1902 von Felix von Luschan, dem Direktor des Berliner Völkerkundemuseums, im heutigen Syrien und von dem Linguisten und Afrikanisten Carl Meinhof in Ostafrika gemacht. Die Aufnahmen der Feuerländer (1907, 1923, 1924) sind zum Beispiel historische

Dokumente eines untergegangenen Volkes. Diese Arbeit wurde in jenen ersten Gründerjahren durchweg von keinem Musikwissenschaftler ausgeführt. Insgesamt handelte es sich überwiegend um Aufnahmen am originalen Ort, meist in Beratung mit dem Phonogramm-Archiv. Der Phonograph im Reisegepäck von Völkerkundlern, Linguisten, Archäologen, Expeditionsteilnehmern, Ärzten, Missionaren und interessierten Kolonialbeamten hielt Klänge fest, die der Wissenschaft völlig neue musikalische Welten erschlossen. Die Zusammenarbeit mit Fachleuten aus zahlreichen Ländern wie zum Beispiel den USA, Frankreich, Großbritannien, Belgien, den Niederlanden, Skandinavien, Island, Österreich, Polen und Russland beweist die internationale Einbindung des Archivs und der neuen deutschen Vergleichenden Musikwissenschaft. Zwischen Béla Bartók, der selber sehr viel aufnahm, und von Hornbostel bestand in dieser Hinsicht seit 1912 eine Verbindung, während die zwischen Albert Schweitzer und Carl Stumpf 1914 eingeleiteten Planungen durch den 1. Weltkrieg abgebrochen wurden. _____ Am 4.4.1914 hatte Albert Schweitzer aus seinem Lambaréné in Gabun an Carl Stumpf nach Berlin geschrieben:

Verehrter Herr Professor! Nun seit einem Jahr im Land, bin ich in der Lage auf die Anfrage Ihres Briefes vom 11/7/12 sachlichen Bescheid zu geben. In diesem Lande handelt es sich hauptsächlich um Rudergesänge. Sie sind sehr alt und *wunderbar schön:* motettenartig gearbeitet mit interessantem Contrapunkt! Hier muß eine in ihrer Art große Kultur geherrscht haben. Andererseits ist es Zeit, diese Musik aufzunehmen. In zwanzig Jahren existiert sie nicht mehr. Einmal weil die Jugend von der Mission christliche Gesänge lernt. Letzthin holten mich die Knaben der katholischen Mission zu einem kranken Pater und sangen... »Laudate pueri«. Über dem Rudern ferner aber kommen die Motorboote mehr und mehr auf, da die Faktoreien damit besser bestehen. In absehbarer Zeit wird es also die tagelangen Ruderfahrten, wo zwanzig Männer im Canoe hintereinander stehen und singen, weil sie sonst nicht im Takt rudern können, nicht mehr geben. Id est: Ende des Ruderliedes. _____ Nun möchte ich gerne Phonogramme aufnehmen und Studien machen, aber meine ausgedehnte Arbeit erlaubt es mir nicht. Ich habe täglich 40 Clienten, 3 Operationen die Woche, etc. Die Sorge um die Operierten verbietet mir zu reisen. Das wäre aber absolut nötig, da hier viele Stämme nebeneinander wohnen und jeder seine Sprache und Gesänge hat. Überdies gehört meine ganze freie Zeit der Arbeit an der zweiten Auflage des Bach und der von Schirmer New York geplanten Gesamtausgabe der Werke Bachs für Amerika. _____ Nun aber ein Vorschlag: Es wäre am besten, wenn ein mit den Methoden vertrauter Student hierher käme und die ganzen Gesänge aufnähme und sichtete für eine Doktorarbeit! Da könnte etwas Gediegenes geleistet werden. Ein paar Monate müßte er wohl darauf verwenden. Aber es gäbe eine herrliche Arbeit. *Die Musik ist hier überaus reich...* _____ Meine Frau und ich grüssen Sie und Ihre Umgebung sehr herzlich. Ihr A. Schweitzer _____ P.S.: Bei vernünftiger Lebensweise u. kurzem Aufenthalt *keine Gefahr für Gesundheit.*

Es wuchs schon damals die Erkenntnis, dass vieles dieser Welten dem Untergang geweiht war und die vielleicht letzte Möglichkeit, eine musikalische Weltkarte für das ausgehende 19. und beginnende 20. Jahrhundert zu zeichnen, nicht vertan werden durfte. —— Der wesentliche Motor der Entwicklung war Stumpfs Assistent, der bei Bunsen in der Organischen Chemie promovierte Erich Moritz von Hornbostel aus Wien, der 1905 auch offiziell mit der Leitung des jungen Berliner Phonogramm-Archivs beauftragt wurde. Als 1933 von Hornbostel und Curt Sachs von den Nationalsozialisten ihrer Beamtenstellen enthoben und zur Emigration gezwungen wurden, war das inzwischen auf über 10 000 originale Musikaufnahmen angewachsene Berliner Phonogramm-Archiv das führende internationale Zentrum der Vergleichenden Musikwissenschaft. Im Jahre 1934 wurde es an das Museum für Völkerkunde angegliedert und von Marius Schneider geleitet. Am Ende dieser Phonogrammzeit hatte man rund 15 000 Aufnahmen aus den Musikkulturen der Welt gesammelt. —— Skalen, Tonsysteme, Stimmungen von Musikinstrumenten und die Analyse von Melodien und Rhythmen, die man von den Walzenaufnahmen transkribiert hatte, standen in der ersten Phase der Vergleichenden Musikwissenschaft im Mittelpunkt des wissenschaftlichen Interesses. Globale Aussagen und Vergleiche wurden allerdings auf einer zunächst noch schwachen Quellenbasis getroffen, die sich aus mehr oder weniger zufällig zu Stande gekommenen Klangdokumenten zusammensetzte. Wir wissen heute, wie differenziert die musikalischen Erscheinungen bereits innerhalb einer einzigen Kultur oder Region sein können. Außerdem wurde der sozio-kulturelle Kontext der Musik meistens zwangsläufig ausgeklammert. —— Der Zweite Weltkrieg bewirkte in mehrfacher Hinsicht eine tiefe Zäsur auch der vergleichenden Musikforschung im Berliner Archiv. Mit der Tonbandaufzeichnung stand ein neues Verfahren zur Verfügung, das bessere und vielseitigere Möglichkeiten des Sammeln und Bearbeitens ergab. Das alte Phonogramm-Archiv wurde an Größe, Inhalt und wissenschaftlicher Relevanz wesentlich übertroffen. Heute wird mit den jeweils neuesten technischen Grundlagen auch im Videobereich gearbeitet. Der Bestand umfasst heute, zusammen mit den originalen und kommerziellen Aufnahmen, etwa 145 000 Aufnahmen, vor allem nach ausgedehnten neueren Feldforschungen in vielen Kulturen der Welt. Im Gegensatz zur Zeit der Edison-Ära wurden die zu untersuchenden Musikregionen von den Musikwissenschaftlern, das heißt den Musikethnologen oder Ethnomusikologen, direkt am Ort besucht und dokumentiert. —— Ein weiterer Aspekt zur bereits begonnenen Zukunft ist die digitale Speicherung vorhandener Tondokumente; die ältesten Dokumente aus der Zeit der Edison-Phonogramme werden bereits in einem Projekt gesichert und die Sicherung der ersten Tonbandaufnahmen steht unmittelbar bevor. Ein wichtiger Punkt ist die digitale Vernetzung, so dass die Bestände weitgehend benutzbar sind, eben auch in jenen Regionen, aus denen die Aufnahmen stammen. Dieses wird einen neuen wissenschaftlichen Ansatz der Vergleichenden Musikforschung in der ganzen Welt aufzeigen.

6/211 Gesangs- und Instrumentalnoten zu drei griechischen Gedichten Ende 2./Anfang 3. Jh. n. Chr., Staatliche Museen zu Berlin, Ägyptisches Museum und Papyrussammlung

→ **Dänemark**

Kopenhagen
Antikensammlung, Nationalmuseum

→ **Deutschland**

Berlin
Abguss-Sammlung Antiker Plastik Berlin
Deutsches Technikmuseum Berlin
Musikinstrumenten-Museum des Staatlichen
Instituts für Musikforschung PK
Staatliche Museen zu Berlin
_ Ägyptisches Museum und Papyrussammlung
_ Antikensammlung
_ Ethnologisches Museum
  (Fachreferate für: Amerikanische Archäologie,
  Afrika, Ost- und Nordasien, Süd- und Südost-
  asien, Südsee und Australien, Musikethnologie)
_ Kupferstichkabinett
_ Museum für Indische Kunst
_ Museum für Ostasiatische Kunst
_ Museum für Vor- und Frühgeschichte
_ Vorderasiatisches Museum
Staatsbibliothek zu Berlin – Preußischer
Kulturbesitz
  (Historische Drucke, Benutzungsabteilung,
  Handschriftenabteilung, Musikabteilung
  mit Mendelssohn-Archiv, Orientabteilung,
  Depositum der BBAW, Orientabteilung,
  Ostasienabteilung)
Universitätsbibliothek der Humboldt-Univer-
sität zu Berlin
Dr.-Ing. Horst Zuse
Bonn
Akademisches Kunstmuseum
_ Antikensammlung der Universität Bonn
Braunschweig
Braunschweigisches Landesmuseum, Braun-
schweig
Darmstadt
Licht- und Teilchenoptik, Institut für Angewandte
Physik, Technische Universität Darmstadt
Dresden
Technische Sammlungen der Stadt Dresden
Feldkirchen
Intel GmbH
Frankfurt am Main
Deutsches Filmmuseum Frankfurt am Main
Museum für Post und Kommunikation
Hamburg
Deutsches Klimarechenzentrum
Museum für Kunst und Gewerbe
Hannover
Niedersächsische Landesbibliothek
Karlsruhe
Badisches Landesmuseum Karlsruhe
Köln
Astrid & Uwe H. Breker

Leipzig
Museum für Völkerkunde zu Leipzig
Magdeburg
Magdeburger Museen, Kunstmuseum Kloster
Unser Lieben Frauen
München
Bayerisches Nationalmuseum, München
Bayerische Staatsbibliothek München
_ Abteilung für Handschriften und Seltene Drucke
Deutsches Museum
Münster
Institut für Experimentelle Audiologie –
Labor für Biophysik
Weimar
Goethe-Nationalmuseum der Stiftung Weimarer
Klassik
Wolfenbüttel
Herzog August Bibliothek

→ **Finnland**

Helsinki
Didrichsen Art Museum

→ **Frankreich**

Le Mans
Ville du Mans, Médiathèque Louis Aragon
Lyon
Musée des Tissus
Paris
Bibliothèque nationale de France
_ Cabinet des Monnaies, Médailles et Antiques
_ Département des Estampes
_ Département des Manuscrits
_ Département des Manuscrits Orientaux
_ Département des Réserves
Prêt du Musée des arts et métiers du CNAM –
Paris
Musée du Louvre
_ Département des Antiquités Orientales
Straßburg
Coll. de la B.N.U. Strasbourg
Bibliothèque Nationale et Universitaire de
Strasbourg

→ **Großbritannien**

London
The British Library
_ The Manuscript Collection
Courtesy of the Trustees of the Science Museum
Government Art Collection of the United Kingdom
The British Museum
_ Department of Egyptian Antiquities
_ Department of Ethnography, Museum of
  Mankind
_ Department of Greek and Roman Antiquities
_ Department of Oriental Antiquities
_ Department of Western Asiatic Antiquities

Oxford
By Courtesy of the Visitors of the Ashmolean
Museum, Oxford

→ **Italien**

Bergamo
Accademia Carrara
Florenz
Istituto e Museo di Storia della Scienza
Museo Archeologico di Firenze
Verona
Biblioteca Capitolare

→ **Niederlande**

Groningen
Universiteitsmuseum Groningen
Leiden
Rijksmuseum voor Volkenkunde

→ **Österreich**

St. Paul i. L.
Stift St. Paul im Lavanttal
Wien
Kunsthistorisches Museum Wien
_ Ägyptisch-Orientalische Sammlung
_ Antikensammlung
_ Kunstkammer
Österreichische Nationalbibliothek
_ Handschriften-, Autographen- und Nachlaß-
Sammlung
Technisches Museum Wien

→ **Schweden**

Skoklosters
Skoklosters slott

→ **Schweiz**

Basel
Museum der Kulturen Basel, Schweiz

→ **USA**

Philadelphia, PA
Philadelphia Museum of Art: The George
W. Elkins Collection
Warren, New Jersey
AT & T Archives
Washington D.C.
National Museum of American History,
Smithsonian Institution
National Portrait Gallery, Smithsonian
Institution

→ bibliothek der ewigkeit

Virtueller Spaziergang über die Akropolis von Pergamon

Die Tradition der heutigen Bibliotheken als Stätten der Ordnung von Wissen und Forschung geht auf antike Einrichtungen zurück. Zu ihnen zählt die Bibliothek von Pergamon, eine der bedeutendsten Forschungsinstitutionen der hellenistischen Welt. Von ihr erhalten haben sich nur noch die Fundamente und eine kolossale Skulptur der Göttin Athena, die im Original in der Ausstellung zu sehen ist. Das ehemals in den Magazinen gespeicherte Wissen ist in seiner ursprünglichen Form, den auf Papyrus und Pergament geschriebenen Buchrollen, für immer vergangen. Dank der digitalen elektronischen Technik kann jedoch die Architektur dieses Kulturzentrums der Menschheit virtuell wiederentstehen.

Geschichtliches

Die von den Griechen gegründete Stadt Pergamon (heute Bergama) liegt an der kleinasiatischen Küste und wurde als Hauptstadt des selbständigen Königreiches von dem Herrschergeschlecht der Attaliden 283 v. Chr. gegründet. Neben Alexandria und Antiochia, den Hauptstädten der Ptolemäer und Seleukiden, behauptete es sich als einflussreiches Zentrum hellenistischer Macht.
Die archäologischen Ausgrabungen auf dem Burgberg Pergamons wurden 1878 durch den deutsche Altertumsforscher Carl Humann begonnen. Architekturfragmente, Skulpturen und Reliefs, insbesondere des Zeus-Altars, der zu den antiken Weltwundern zählte und die Statue der Athena Parthenos wurden nach Berlin gebracht und sind heute im Pergamonmuseum ausgestellt.

Die Bibliothek

Als Gründer der Bibliothek ist Eumenes II. (197–159 v. Chr.) bezeugt, der sie wahrscheinlich mit Hilfe des Stoikers Krates von Mallos einrichtete. Die Zuordnung der Bibliothek zu den Gebäuden, die sich an das Heiligtum der Athena anschließen, gilt als gesichert. Die Athenastatue stand im nordöstlichen Hauptraum auf einem hohen Postament, das in der Achse des Raumes nach vorne erweitert war. Wahrscheinlich diente dieser Raum als Lesesaal, der mit hölzernen Buchschränken möbliert war. Besonders wertvolle Buchrollen wurden wohl in steinernen Wandschränken aufbewahrt. Die Benutzung von speziell behandelten Tierhäuten – Pergament – ist eine pergamenischen Erfindung und gab dem Schreibmaterial seinen Namen. Das Schicksal der Bibliothek ist, wie das ihrer großen Schwester, der alexandrinischen Bibliothek, nicht eindeutig belegt. Plutarch berichtet, Antonius habe Kleopatra 200 000 Bände aus der pergamenischen Bibliothek zum Geschenk gemacht. Vermutlich sollten damit die Verluste der alexandrinischen Museions-Bibliothek, verursacht durch den Brand 47 v. Chr., ausgeglichen werden. Diese Angabe findet sich

jedoch in keiner anderen antiken Quelle wieder. Sicher ist, dass der Bibliotheksbetrieb fortgesetzt wurde. Durch die geschickte Bündnispolitik mit Rom, die den Staat Pergamon in ein römisches Protektorat verwandelte, blieb die Bibliothek viele Jahrhunderte funktionstüchtig. Galen (129–199 n. Chr.), der letzte große Repräsentant der antiken Medizin, betrieb hier seine Schriftstudien.

Rundgang

Beginnend bei dem großen Zeus-Altar führt der Weg bergauf zum Athena-Heiligtum und endet dort mit dem Besuch der Bibliothek. Eintretend in den Lesesaal, wird der ursprüngliche Standort der ausgestellten Athena Statue und die anzunehmende Architektur des Raumes und seiner Einrichtung sichtbar. (Staatliche Museen zu Berlin, Antikensammlung / artemedia / Berliner Festspiele GmbH)

6/1 Statue der Athena Parthenos aus der Bibliothek von Pergamon

Hellenistisch, um 150 v. Chr. | Pentelischer Marmor, H 310 cm | Staatliche Museen zu Berlin, Antikensammlung (AvP VII Nr. 24) (Abb. S. 11)
Die Figur der Göttin der Weisheit und des Verstandes stand im Hauptsaal der Bibliothek von Pergamon. Im Gegensatz zu ihrem Vorbild, der über 10 m hohen Goldelfenbeinstatue der »jungfräulichen Athena« (Parthenos) auf der Akropolis von Athen, einem Meisterwerk des Phidias, war sie nicht als Kultstatue gedacht. Sie verkörperte die ehemals in der Athener Klassik gepflegten Wissenschaften, deren Tradition das pergamenische Herrscherhaus fortzusetzen trachtete. Als Mittelpunkt des geistigen Lebens von Pergamon waren die Bibliotheksräume – der Hauptraum, die Magazine und die vorgelegte Säulenhalle – dem Athena-Tempelbezirk angeschlossen und dienten zugleich dem Herrscherhaus als auch den Gelehrten als Stätte der Forschung. In dieser Doppelfunktion zählt sie zu den ersten öffentlichen wissenschaftlichen Bibliotheken der Antike. Die Statue wurde für die Ausstellung restauriert und wird zukünftig einen neuen Platz in der umgebauten Antikensammlung einnehmen.

Die Museions-Bibliothek von Alexandria

Die größte und bedeutendste öffentliche Bibliothek der Antike war die des Museions, der Philosophenhochschule von Alexandria. Die den Musen geweihte Forschungsstätte stand in der Tradition der Hochschulen Athens, der von Platon gegründeten Akademie und der späteren aristotelischen Gründung Peripatos. Im Gegensatz zu diesen war jedoch das von Ptolemäus I. (vor 280 v. Chr.) gegründete Museion eine monarchische Institution. Großzügige Ankaufspolitik und Scriptorien für umfangreiche Kopiertätigkeiten, aber auch extreme Maßnahmen wie Beschlagnahmung von Buchfrachten und Einbehaltung von Vorlageschriften vermehrten schnell den Buchbestand. Zur Zeit Caesars soll sie 700 000 Rollen umfasst haben.

Um das Ende der Museions-Bibliothek ranken sich Legenden. Die Prinzipien der Bibliothek als Stätten der Ordnung von Wissen und der Forschung leben in den heutigen Nationalbibliotheken weiter.

6/2 Porträtbüste des Direktors der Bibliothek von Alexandria Kallimachos (310–235 v. Chr.)

(Mögliche Identifizierung der Büste auch mit Kallimachos Schüler Apollonio Rodio-Democrito) | Kopie, Rom 16./17. Jh. | Bronze, H 44 cm
Florenz, Museo Archeologico di Firenze (1647)
Im Auftrage von Ptolemaios II. Philadelphos (283–246 v. Chr.) verfasste der berühmte Dichter und Philologe ein Literaturverzeichnis der griechischen Autoren, »die sich in den verschiedensten Wissensgebieten ausgezeichnet haben«. Der Titel dieses Buches — Pinakes — und seine Ordnungsstruktur leitet sich von den Hinweistafeln an den Buchregalen in der Bibliothek ab. Die systematische Aufstellung des Buchbestandes soll zwölf Hauptgruppen umfasst haben: 6 literarische, 5 wissenschaftliche und eine Varia. Leider hat sich dieser 120 Rollen umfassende alphabetisch geordnete Katalog, der Grundlage der griechischen Literaturwissenschaften wurde, nicht erhalten.

❶ 6/3 Schriftrollenbehälter aus Alexandria mit griechischer Aufschrift: »Dioskurides, 3 Bände«

Hellenistisch (?) | Roter Granit, 24 x 44 x 40 cm
Kunsthistorisches Museum Wien, Antikensammlung (III 86)
Das erste maßgebende arzneikundliche Werk der Antike wurde von dem griechischen Arzt Pedanios Dioskurides aus Anazarbos in Kilikien (1. Jh. n. Chr.) verfasst. Für mehr als eineinhalb Jahrtausende blieb es das Standardlehrbuch der Pharmakologie und Pharmazie. Zu welcher alexandrinischen Bibliothek der Schriftrollenbehälter gehörte, ist ungewiss, denn neben der griechischen Museions-Bibliothek gab es in Alexandria eine weitere, hauptsächlich für die ägyptische Bevölkerung gedachte Bibliothek, die dem Serapeion-Tempelheiligtum angeschlossen war. Da sie der hellenistischen Kulturpropaganda diente, verfügte sie auch über einen umfangreichen Bestand griechischer Schriften.

❶

6/4 Darstellung eines Bibliotheksregals auf einem römischen Relief

Kupferstich in: Christoph Brouwer (1559–1617), Jacob Masen (1606–1681) | Antiquitatum et Annalium Trevirorum Librie XXV., S. 105 | Löwen, 1670 | Universitätsbibliothek der Humboldt-Universität zu Berlin (Rp 43045 (2°) Rara) (Abb. S. 40)

Die Abbildung zeigt ein heute verlorenes Steinrelief – wohl von einem Grabmal – aus Neumagen an der Mosel. Dargestellt ist eine Regalwand mit Schriftrollen, die in drei Lagen übereinander liegen. Die meisten Rollen sind mit einem kleinen Anhänger, dem titulus (grch. sillybos), den Vorläufern der Buchrücken, gekennzeichnet. In den großen Bibliotheken waren die Regale, Schränke und Kisten nach Ordnungssystemen aufgestellt. Die erste öffentliche Bibliothek der Antike wurde in Rom von Caesar geplant.

Die Palastbibliothek Assurbanipals in Ninive

Die 1854 bei archäologischen Grabungen in Ninive entdeckte Bibliothek ist die umfangreichste, die sich aus dem Altertum erhalten hat. Die meisten der etwa 25 000 Keilschriftfragmente sind Wirtschaftstexte oder juristische Dokumente. Viele Tafeln sind in mehrfacher Abschrift vorhanden. Assurbanipal scheint bemüht gewesen zu sein, die gesamte Dichtung des Zweistromlandes zu sammeln, in authentischen Belegtexten niederschreiben und übersetzen zu lassen. Die Sammlung von etwa 1200 unterschiedlichen literarischen Texten ist in verschiedenen Sprachen – sumerisch, akkadisch, babylonisch und assyrisch – verfasst. An manchen Tafeln fanden sich Identifikationszeichen – Girginakku genannt – die auf eine systematische Ordnung des Bestandes schließen lassen.

6/5 Stele des neuassyrischen Königs Assurbanipal (668–627 v. Chr.)

Mesopotamien, Borsippa (Birs Nimrud), um 668–655 v. Chr. | London, The British Museum, Department of Western Asiatic Antiquities

Gottes Zorn sollte Ninive treffen: »Nicht soll dein Name weiter fortgepflanzt werden« (Nahum 1,11). Tatsächlich sollte bis zur Mitte des 19. Jahrhunderts die Bibel die einzige Quelle bleiben, die über Ninive und das assyrische Reich berichtete. Die archäologischen Ausgrabungen ergaben, dass die assyrischen Herrscher nicht nur, wie in der Bibel berichtet, grausame Feldherren waren, sondern auch Kultur und Wissenschaft förderten. Insbesondere Assurbanipal zeichnete sich als traditionsbewusster Sammler von Kunstwerken und literarischen Texten aus. Darstellungen des Herrschers, etwa auf dem grandiosen Relief einer Löwenjagd (heute: British Museum), welches den größten Raum seiner Bibliothek zierte, zeigen ihn häufig mit Schwert und Schreibzeug.

6/6 Katalog der Schriften in der Bibliothek Assurbanipals in Ninive

Regierungszeit des Assurbanipal (668–627 v. Chr.) | Mesopotamien, Ninive (Kuyunjik) | Ton, 7,5 x 1,8 x 1,5 cm | London, The British Museum, Department of Western Asiatic Antiquities (K 4753+5711+81-2-4, 268) (Abb. S. 35)

Wie aus dem Katalog der Schriften zu entnehmen ist, galt Assurbanipals besonderes Interesse astrologischen Vorzeichendeutungstexten (Omina), von denen mehr als 300 Tafeln aufgeführt sind. Die Verzeichnisse führen den Eingang von Schriften und ihre Herkunft auf. Neben Tontafeln werden als Beschreibungsmaterial auch mit Wachs bezogene Holztafeln, die mit Scharnieren zu Diptychen, Triptychen oder Polyptychen verbunden wurden, Papyrus und sogar Pergament genannt. Gefunden haben sich ausschließlich Tontafeln.

Das Gilgamesch-Epos

Der bedeutendste Schriftfund der Bibliothek Assurbanipals ist das Gilgamesch-Epos. Dieses früheste Werk der Weltliteratur hatte für Mesopotamien wahrscheinlich den gleichen kulturstiftenden Charakter wie die homerischen Epen in der griechischen Antike. Das eigentliche Gilgamesch-Epos entstand in babylonischer Zeit, verfasst von Sin-leqe-uninni auf elf Tafen mit insgesamt etwa 3600 Verszeilen. Die lange literarische Entwicklung des Legendenzyklus fand ihre endliche Komposition in Ninive. Diese so genannte ninivitische Fassung besteht aus zwölf Tafeln. Die elfte Tafel, die über die Sintflut berichtet, geht auf einen ursprünglich unabhängigen sumerisch-babylonischen Schöpfungsmythos – Atrachasis – zurück, der wahrscheinlich auch dem biblischen Sintflutbericht zugrunde liegt.

❶ ❷ ❸ 6/7_a–c Erzählungen aus dem Gilgamesch-Epos

Staatliche Museen zu Berlin, Vorderasiatisches Museum (VAT 6281, 4105, 12890)

a) »Gilgamesch und der Himmelsstier«, inhaltlich identisch mit der Tafel VI der späteren ninivitischen Fassung | Abschrift eines sumerischen Originals vom Ende des 3. Jahrtausend v. Chr. Mesopotamien, altbaylonisch? (2. Jahrtausend v. Chr.) | Keilschrifttafel (Fragment), Ton, 10,5 x 10,5 cm

Schriftlich aufgezeichnete Erzählungen über den sumerischen Kulturheros und als Unterweltsgott verehrten Gilgamesch, Herrscher der ersten Dynastie von Uruk (28./27. Jh. v. Chr.), reichen bis zum Ende des 3. Jahrtausends zurück. Die sumerische Sprache wurde von dem Akkadischen abgelöst, lebte aber als Sprache der Gelehrten fort und wurde bevorzugt für epische Texte benutzt.

b) Gilgamesch bei der ›Schenkin‹ Siduri und die Begegnung mit dem Fährmann Ursanabi, Vorläufer von Tafel IX und X der ninivitischen Fassung | Mesopotamien, altbaylonisch (2. Jahrtausend v. Chr.) | Keilschrifttafel (Fragment), Ton, 15 x 7,5 cm

Gilgameschs Suche nach dem ewigen Leben hat sich in hunderten von Keilschriftfragmenten verschiedener Fassungen erhalten. Erst kürzlich (1998) sind die ersten vier Zeilen des Epos entdeckt worden.

c) Gilgamesch und Enkidu bei Humbaba, dem Wächter des Zedernwaldes, akkadische Version der Tafel V bis VI der ninivitischen Fassung Anatolien, Hattuscha (Boghaköy), hethitisch, ca. 14. Jh. v. Chr. | Keilschrifttafel (Fragment), Ton, 9,6 x 15,6 cm

Die Verbreitung der Erlebnisse von Gilgamesch blieb nicht nur auf das Zweistromland beschränkt. Auch in den Tontafelarchiven der hethitischen Hauptstadt Hattuscha haben sich Fragmente des Epos in hethitischer Sprache gefunden. Wahrscheinlich gehen die zur indoeuropäischen Sprachfamilie gehörenden hethitischen Texte zurück auf Übersetzungen der zwischen den Grenzen des hethitischen und babylonischen Reiches lebenden Hurriter.

❹ 6/8 Zweisprachiges Lexikon mit bibliothekarischer Standortangabe

Mesopotamien, Warka (Uruk), neubabylonisch, um 600 v. Chr. | Ton, 14,5 x 9,5 x 2,8 cm | Paris, Musée du Louvre, Département des Antiquités Orientales (AO 7661) (Abb. S. 19)

Die Tafel trägt eine Schlussschrift (Kolophon), die besagt, dass sie zur Bibliothek des Ishtar-Tempels von Uruk gehört und von dort nicht entnommen oder verstellt werden darf. Schlussschriften wie diese treten gegen Ende des assyrischen Reiches als Vorstufen der Katalogisierung auf. Bei Sammelwerken sind die Tafeln nummeriert und mit einer Übersicht versehen. Häufig finden sich auch Angaben zum Inhalt. Das Lexikon ist in vertikale Kolonnen gegliedert: die sumerischen Wörter in der Mitte, links ihre Aussprache in Silbenschrift und rechts die akkadische Übersetzung. Zusätzlich werden auch verschiedene mögliche Übersetzungen angegeben.

❶

❸

❷

4

5

6

❺ 6/9 Keilschrifttafel mit Sicherheits-umschlag

Nordsyrien, Alalach (Tell Atschana), mittelba-bylonisch (15. – 13. Jh. v. Chr.) | Ton | The British Museum, Department of Western Asiatic Anti-quities (BM 131449)

Seit dem Ende des 3. Jahrtausends v. Chr. (Ur III) wurden in Mesopotamien wichtige Keilschrift-tafeltexte durch einen Tonumschlag geschützt, auf dem die Kopie des Tafeltextes geschrieben stand. Meist waren es Urkunden, die von einem Schreiber im Dienste eines Herrn an einen Schreibkundigen im Dienste eines anderen Herrn adressiert waren. In die Kunst des Schreibens waren meist nur die ausgebildeten Schreiber, Beamte und Priester eingeweiht. Die ausgestellte juristische Urkunde gehört zu einem Archiv von Tontafeln in akkadischer Keilschrift. (S)

6/10 Krug mit Keilschrifttafeln aus einem privaten Archiv

Beschriftung: »[Depot] des Scharnaschh-ahu-erisch, des Sohnes des Risch-Marduk« | Meso-potamien, Assur, mittelassyrisch, Zeit des Tiglat-pileser I. (1114 – 1076 v. Chr.) | Ton, 32 x 22 cm | Staatliche Museen zu Berlin, Vorder-asiatisches Museum (VA Ass 1138, VAT 13073, 13073,13075, 13077, 13078, 13086, 13086, 13088, 16405, 18066, 19197, 19198, 19905, 19906, 19908, 20903, 20904, 20906)

Neben den Archiv-Bibliotheken, die zu Tem-peln oder Palästen gehörten, wurden bei den archäologischen Ausgrabungen im Zweistrom-land auch zahlreiche private Archive gefunden, die bis in das 3. Jahrtausend zurückreichen. Nicht anders als die Schriftbestände der Tempel und Paläste sind die meisten Dokumente wirt-schaftlichen und juristischen Inhalts. Die Besit-zer solcher Archive waren meist schreibkundige Beamte oder Tempelpriester.

6/11 Keilschrifttafel aus dem Archiv des Außenministeriums von Achet-Aton

Brief des Duschratta, König von Mitanni an Amenophis IV. | Achet-Aton, Amarna, 1. Hälfte 14. Jh. v. Chr. | Gebrannter Ton, 50 x 30 cm Staatliche Museen zu Berlin, Vorderasiatisches Museum (VAT 271, z. Zt. als Leihgabe im Ägypti-schen Museum)

Wie in Mesopotamien waren in Ägypten die Archiv-Bibliotheken meist einem Tempel ange-gliedert. Die Tempel waren Zentren des geisti-gen Lebens: Stätten der Forschung, Lehre und Schriftenproduktion. Verschiedentlich befanden sich auch Archive in den Palästen. In Amarna, der zu Ehren Atons errichteten Hauptstadt Amenophis IV. (Echnaton), haben sich neben Papyri auch einige hundert Keilschrift-Tontafeln gefunden, die auf enge diplomatische Bezie-hungen mit dem Zweistromland schließen lassen.

Bibliotheken im Mittelalter

Nach der Völkerwanderung (4. – 6. Jh.) herr-schte im lateinischen Westen allgemeines An-alphabetentum; nur die Klöster setzten die Schreibtradition fort. Ihre Skriptorien und Bib-

liotheken waren die Pflegestätten der abendlän-dischen Buch- und Schreibkultur. Die Verbrei-tung von Wissen lag in den Händen der geist-lichen Orden, insbesondere der Benediktiner, später auch der Franziskaner und Dominikaner. Weltliche Kulturträger traten allmählich in Form der Ritterkultur zur Zeit der Hohenstaufer im 12. Jh. auf. Mit der Gründung der Universi-täten verloren die Klosterbibliotheken an kultur-tragender Bedeutung.

❻ 6/12 Handschrift aus der Bistums-bibliothek von Verona

Sculpicius Severus, Vita S. Martini | Abschrift des »Lektors« Ursicinus aus dem Jahre 517 Pergamenthandschrift | Verona, Biblioteca Capitolare (cod. XXXVIII)

Die Bistumsbibliothek von Verona kann auf eine 1500jährige, ununterbrochene Tradition zurück-blicken und ist damit die älteste Bibliothek der Welt. Die ausgestellte Handschrift wurde im Skriptorium der Bibliothek geschrieben und ist das früheste datierte Exemplar des Bücherbe-standes.

6/13 – 15 Bücher aus einer Kettenbibliothek

Bonaventura – Conradus Holtnicker u. a. – Jaco-bus de Jüterbog | Staatsbibliothek zu Berlin – Preußischer Kulturbesitz, Handschriftenab-teilung (Ms. theol. lat. fol. 653, 656, 668)

Um das Verstellen und Entwenden von Büchern vorzubeugen, wurden sie bereits in den Kloster-bibliotheken an den Lesepulten angekettet. Diese Art der Buchsicherung wurde in den Kollegien-bibliotheken, den Vorläufern der Universitäts-bibliotheken, übernommen. Das früheste Beispiel ist die Pultbibliothek des theologischen Kolle-giums in Paris, Collège de Sorbonne, von 1289. Auch in der Renaissance wurde dieses System weitergeführt, etwa in der von Michelangelo in Florenz entworfenen ersten öffentlichen Biblio-thek (Laurenziana). Erst durch Zunahme der Buchbestände und der Trennung von Magazin und Leseraum verlor die Kettensicherung ihre Bedeutung.

6/16 Darstellung einer chinesischen Gelehrtenbibliothek

in: Renjing yangqiu (ausgesuchte Biographien), 1610 | Holzschnitt, 31,5 x 44 cm (geöffnet) | Paris, Bibliothèque nationale de France, Dépt. des Manuscrits Orientaux (Mss. Or. Chinois 3373, ch. XII, fol. 47v° – 48r°)

Durch das in China früh entstandene Beamten- und Gelehrtentum, welches Träger des Schrift-wesens war, entwickelte sich ein reiches Doku-mentenwesen. Die Erfindung des Papiers um 100 v. Chr., die Verfielfältigung von Schriften durch Steinabklatsche ab dem 2. Jahrhundert n. Chr. und die ab 600 n. Chr. in Gebrauch kom-menden Holzdruckplatten erforderten Archive und Bibliotheken. Die erste kaiserliche Bib-liothek wurde im 1. Jahrhundert n. Chr. einge-richtet. Die in Heftform gebundenen Bücher werden, anders als in Europa, liegend überein-ander gestapelt.

6/17 Der Bibliothekar

Wien oder Prag, 1566 (?) | Giuseppe Arcimboldo (um 1527 – 1593) – zugeschrieben | Öl auf Lein-wand, 95 x 72 cm | Schweden, Skoklosters slott (11616) (Abb. S. 38)

Der Bibliothekar wird als die Summe der Bücher, die er ankauft, ordnet und verwaltet, dargestellt. Wahrscheinlich ist es ein Porträt des Humanis-ten Wolfgang Lazius (1504 – 1555), dessen be-deutende Bibliothek von der kaiserlichen Hofbib-liothek erworben wurde. Arcimboldo war der sicher ungewöhnlichste Vertreter der manieristi-schen Kunst am kaiserlichen Hofe. Von Rudolf II. 1592 zum Reichsgrafen ernannt, war er auch für die Ankäufe der kaiserlichen Kunst- und Wun-derkammer verantwortlich. Die Berufsbezeich-nung »Bibliothekar« (lat.: bibliothecarius) geht auf den römischen Kaiser Mark Aurel zurück, der sie zum erstenmal im Jahr 144 in einem Brief verwendete.

Zerstörtes Wissen

6/18 Die Zerstörung der Bibliothek von Alexandria

in: Hartmann Schedel, Liber Chronicarum, fol. 92v | Nürnberg, Koberger, 1493 | Wiegendruck, 47 x 33 cm | Staatsbibliothek zu Berlin – Preu-ßischer Kulturbesitz, Handschriftenabteilung (Wgdr. 69) (Abb. S. 28)

Um das Ende der Museions-Bibliothek ranken sich Legenden. Sie scheint durch Caesars Krieg gegen Pompeius 47 v. Chr. erheblichen Schaden genommen zu haben. Aurelian zerstörte 272 n. Chr. das gesamte Palastviertel (Brucheion) und damit sicher auch die Bibliothek; Bischof Theophilus steckte im Auftrage des christlichen Kaisers Theodosius 391 n. Chr. das Serapeion in Brand. Was an Schriften die Jahrhunderte über-lebte, soll schließlich in den Bädern der musli-mischen Eroberer verheizt worden sein.

6/19 Bibel mit Targum und Massora

Deutschland, 1343 vollendet (Band 1 der zwei-bändigen Ausgabe) | Pergamenthandschrift, 584 Bll., 60,5 x 44,5 cm | Staatsbibliothek zu Berlin – Preußischer Kulturbesitz, Handschrif-tenabteilung (Ms.or.fol. 1210)

Wohl keine andere religiöse Gemeinschaft war in ihrer Geschichte größerer Verfolgung und Vernichtung ausgesetzt als die jüdische. Diese Zerstörungswut richtete sich insbesondere auch gegen die religiösen Schriften, von denen nur wenige vor den Flammen gerettet werden konnten. Die zweibändige Bibel gehörte der 1349 einem Pogrom zum Opfer gefallenen jüdischen Gemeinde von Erfurt. Der zweite Band ist durch Brand- und Löschschäden im Zweiten Weltkrieg erheb-lich geschädigt und wird zur Zeit restauriert.

Wiederentdeckte Schriften

Mit dem Beginn der wissenschaftlichen Archäologie im 19. Jahrhundert wurden Schriftkulturen wiederentdeckt, die zum Teil tausende von Jahren völlig in Vergessenheit geraten waren. Viele Zeugnisse dieser archäologischen Großtaten sind in der Ausstellung zu sehen. Aber nicht nur mit Hilfe des Spatens wurde vergangenes Wissen wieder aufgefunden. Durch das Lesbarmachen von Palimpsesten oder die Bearbeitung von unbeachteten Schriftfragmenten in den Archiven der Welt konnten neue Erkenntnisse gewonnen werden.

❶ 6/20 Palimpsest

Gregor I., der Große, Moralia, 9. Jh. | überschriebener Text: Vergil mit Scholien – Livius, Ab urbe condita, Libb. III. 6–VI.7 -Euclid, Elementa XI-XIII Pergamenthandschrift | Verona, Biblioteca Capitolare (cod. XL)

Als Palimpsest wird eine Handschrift bezeichnet, deren ursprünglicher Text getilgt und durch einen neuen ersetzt wurde. Viele antike Texte haben sich erhalten, weil sie aus Mangel an Schreibmaterial mit kirchlichen Texten überschrieben wurden. Eine Praxis, die bereits in der Antike bekannt war, aber besonders in den Scriptorien der Klöster des 7. bis 9. Jahrhunderts angewandt wurde. Bei den frühen Versuchen, die ursprünglichen Texte sichtbar zu machen, etwa durch Galläpfel, wurden diese zerstört. Heutige Methoden der Sichtbarmachung sind die Fluoreszenz- und Infrarot-Fotografie sowie Durchleuchtungsverfahren.

6/21 ›Physika (Über die Natur)‹ – Früheste antike Textausgabe eines Philosophen vor Platon

Abschrift, ca. 400 v. Chr. (?) | Empedokles (495–435 v. Chr.) | 4 Papyrusfragmente (von 52 Teilen, mit 80 Hexametern) | Erwerbung des »Deutschen Papyruskartells« in Ägypten 1904, Deutung der Schrift durch Alain Martin und Oliver Primavesi (Frankfurt/M.) | Coll. de la Bibliothèque Nationale et Universitaire de Strasbourg (P. Strasbg. gr. Inv. 1665–1666) (Abb. S. 31)

Das als Versteifung eines Totenkranzes zusammengelegte und gebogene Papyrus zerfiel beim Entfalten in 52 Teile, die in das Archiv der »Kaiserlichen Universitätsbibliothek« von Straßburg gelangten. Erst kürzlich erfolgte eine Gesamtdeutung des »Buchstabensalats«, die 1997 auf einem Kongress in Agrigent, der Wirkungsstätte des Empedokles, erörtert wurde. Sie wirft ein neues Licht auf dessen Hauptwerk »Physika«, in welchem die Lehre der vier Elemente – Feuer, Wasser, Erde, Luft – dargestellt wird. Eine Mischung aus rationaler Wissenschaft und mystischer Urweisheit zeichnet das Werk des Philosophen aus, der sich in den Ätna gestürzt haben soll.

6/22 Fragmente eines Evangeliums in koptischer Sprache

3./4. Jh. n. Chr. | Papyrus | Schriftdeutung: Paul Mirecki (Univ. Kansas) und Charles Hedrick (Univ. Missouri) | Staatliche Museen zu Berlin,

Ägyptisches Museum und Papyrussammlung 1997 konnten Fragmente der Berliner Papyrussammlung als Teile eines noch unbekannten Evangeliums bestimmt werden. Es ist in Koptisch verfasst, der Sprache der christlichen Bevölkerung Ägyptens. Neben den vier in das Neue Testament aufgenommenen kanonischen Evangelien gab es noch wenigstens sechs teils verlorene, teils nur in Bruchstücken vorhandene apokryphe Evangelien. Erst 1945 wurde das Thomasevangelium entdeckt.

Die Handschriftenschätze der Berliner Turfansammlung

Zwischen 1902 und 1914 wurden vier deutsche Grabungskampagnen zu den ausgedehnten Ruinenstätten aus prä-islamischer Zeit in der Nähe der modernen Stadt Turfan, die heute zum Autonomen Gebiet Xinjiang der Volksrepublik China gehört, durchgeführt. Sie standen unter der Leitung von Albert Grünwedel und Albert von Le Coq. Die wichtigsten Fundstätten waren die Ruinenstadt Khocho, die Tempelanlage Bezeklik bei Murtuk, das Tal von Toyok, Yarkhoto, Tempel in der Schlucht von Sengim, die Grotten-Tempelanlagen im Kucha-Gebiet und buddhistische Ruinen in Tumshuk. Die Fülle der aufgefundenen Schriften und Sprachen, in denen die Texte abgefasst wurden (17 Sprachen und mehr als 20 Schriften), machen den hohen Wert dieser Sammlung für die Wissenschaft aus. Zu den herausragenden Schätzen dieser Sammlung gehören zahlreiche Reste der verloren geglaubten Literatur der Manichäer und die Wiederentdeckung einer vollkommen verschollenen, einst aber weit verbreiteten, iranischen Literatursprache, des Soghdischen. Zu den Höhepunkten der erfolgreichen Forschungsarbeit gehört auch die Entdeckung des Tocharischen, einer indogermanischen Sprache, die erst durch die Textfunde aus Ostturkistan bekannt wurde. Mit Unterstützung der Deutschen Forschungsgemeinschaft und der Tamai-Foundation wurde mit der Digitalisierung der Turfantexte begonnen. Erste Teilprojekte, so die Digitalisierung der tocharischen, chinesisch/uigurischen und der soghdischen Fragmente in nestorianischer Schrift stehen kurz vor ihrem Abschluss. Nach Vollendung der Arbeiten wird eine Präsentation im Internet angestrebt. (S-C R)

❷ 6/23_1–30 Schriftfragmente aus der Turfan-Sammlung

Beispiele aus der Sammlung von 20 verschiedenen Schriften in 17 unterschiedlichen Sprachen | China, Xinjiang, Turfan, 3.–18. Jh. | Depositum der Berlin-Brandenburgischen Akademie der Wissenschaften in der Staatsbibliothek zu Berlin – Preußischer Kulturbesitz, Orientabteilung
1. Birkenrinde-Fragment in Pustaka-Format. Sanskrit-Text in Gilgit-Schrift. Udanavarga (SHT 14, Bl. 278) 2. Leder-Fragment in Pustaka-Format. Medizinischer Sanskrit-Text in Kusana-Schrift. Teile aus der Lehre von den 8 Rasas (SHT 17, Bl. 68) 3. Vollständiges Blatt in Pustaka-Format. Tocharisch B in Brahmi-

Schrift. Pratimoksa-sutra (THT 337) **4.** *Bruchstück einer Handschrift in Tocharisch A und Brahmi-Schrift. Fragment einer Erzählung von einem Brahmanen Badhari (THT 849)* **5.** *Geschäftliches Dokument in Tocharisch B und in Brahmi-Schrift – Klosterschrift (THT 2685)* **6.** *Fragment eines chinesischen Haushaltsregisters der Tang-Zeit (Ch 1034)* **7.** *Chinesischer Text mit uigurischen phonetischen Glossen (Ch 2931)* **8.** *Buchrollenfragment buddhistischen Inhalts in chinesischer Sprache und Schrift. Dirghagama (Ch 5510)* **9.** *Alttürkisches Agama-Fragment. Auf die chinesischen Zitate folgen die uigurischen Zitate. Neben die alttürkischen Wörter in uigurischer Schrift wurden dieselben mit roter Tusche in Brahmi-Schrift in senkrechter Anordnung geschrieben (Ch/U 6092)* **10.** *Buchrollenfragment. Zwischenzeilig im chinesischen buddhistischen Text (Si fen bi qiu ni jie ben) der Vorderseite zwei Zeilen in großer uigurischer Kursive. Sie gehören zum Text der Rückseite, einer alttürkischen Sprichwortsammlung (Ch/U 6500)* **11.** *Tantrisch-buddhistischer Text in alttürkischer Sprache und in goldgelber uigurischer Schrift auf dunkelblauem Untergrund. Fragment aus einem gehefteten Buch, Einstichlöcher noch erkennbar (U 3832)* **12.** *Fragment eines gedruckten Votivblattes. Dargestellt sind Buddha und zwei Schüler (U 3845)* **13.** *Blockdruckbuch in der weit verbreiteten Gestalt eines Faltbuches aus dem Jahr 1330. Lobpreis auf den Bodhisattva Avalokitesvara als Nachspann zu einem alttürkischen Avalokitesvara-sutra (U 4707)* **14.** *Fragment einer sogdischen Handschrift des Pancavimsatisahasrika-prajnaparamita-sutra. Bruchstück einer Buchrolle (So 20164)* **15.** *Doppelblatt aus einem Codex. Manichäische Hymnen in parthischer und mittelpersischer Sprache und der besonderen Schrift der Manichäer. Blattüberschriften und Initialen in Zierschrift (M 4a)* **16.** *Blattfragment aus einem Codex in sogdischer Sprache und nestorianischer Schrift. Bruchstück aus einer apokryphen Geschichte des Propheten Daniel (n 195)* **17.** *Textfragment in hephtalitischer Schrift und baktrischer Sprache (h 3)* **18.** *Holztäfelchen mit Inschrift in mittelindischer Sprache und Kharosthi-Schrift. Reisepass (Kha 2)* **19.** *Paginiertes Blatt einer Handschrift des Suvarnaprabhasa-sutra in khotansakischer Sprache (KS 1)* **20.** *Holztäfelchen mit Inschrift in tumshuksakischer Sprache und Brahmi-Schrift (TS 41)* **21.** *Amtliches zweisprachiges Dokument in osttürkischer und chinesischer Sprache (Arab 13)* **22.** *Syrische Handschrift in Serto-Schrift. Der Text der Vorderseite enthält Verse der alttestamentlichen Proverbia und verläuft in Schriftrichtung von rechts nach links. Die Schriftrichtung des Briefes auf der Rückseite geht von oben nach unten (Syr HT 2)* **23.** *Mandschurisches Fragment. Bruchstück eines kaiserlichen Edikts, den Handel mit den Nachbargebieten des Qing-Reiches betreffend. Text in schwarzer chinesischer Tusche mit Kalam auf gelb gefärbtem Papier des kaiserlichen Hofes geschrieben (Mandschu 1)* **24.** *Fragment in Xixia-Schrift. Blockdruck*

(Mainz 320) **25.** *Mongolisches Kalenderfragment. Blockdruck (MongHT 51)* **26.** *Fragment eines mongolischen Manuskripts in Kanzleikursive. Geleitbrief für Einsammler von Weinabgaben (MongHT 74)* **27.** *Birkenrinde-Fragment. Bruchstück einer tibetischen Dharani-Sammlung (TibHT 43)* **28.** *Sechs tibetische Amulettblättchen, mit je einem Mantra bedruckt, als Schutz- und Abwehrzauber verwendet. Blockdruck (TibHT 55)* **29.** *Manuskript in sehr kleiner tibetischer Kanzleischrift. Zwei unvollständige metrische Mahayana-Texte (TibHT 71)* **30.** *Fragment in Xixia-Schrift. Blockdruck (Mainz 322) (*Aus satztechnischen Gründen stehen für fremdsprachige Termini keine Sonderzeichen zur Verfügung)*

Virtuelle Bibliotheken und Museen

❸ 6/24 Kernspeicherplatine aus BESM 6
2D-Drahtnetz mit Ringelementen, 2 x 16,5 x 21 cm | Technische Sammlungen der Stadt Dresden (8884 H2)
Die Informationen in einem digitalen Computer müssen in einem stabilen elektronischen Zustand, der 0 und 1 repräsentiert, dem binären Code, gespeichert werden. Eine Möglichkeit, dies zu tun, ist der Ferritkernspeicher, ein feines Gitter von Drähten, in deren Kreuzungspunkten kleine Ringkern-Magnete sitzen, die durch Stromimpulse magnetisiert werden. Eingesetzt wurde diese Speicherart in den fünfziger und sechziger Jahren, bevor sie von mit Transistoren arbeitenden Chips abgelöst wurden. Der BESM 6 ist ein ab 1967 in der Sowjetunion gebauter Supercomputer. (BG)

6/25 Datenspeicher im Zuckerwürfelformat
volumenholographischer Speicher | Fotorefraktiver Speicherkristall | Lithiumniobat (LiNbO3), 10 x 10 x 10 mm | Institut für angewandte Physik der TU Darmstadt (Abb. S. 9)
Die Miniaturisierung von herkömmlichen Speichern scheint demnächst an ihre physikalischen Grenzen zu stoßen. In Zukunft könnte wieder eine Technik angewendet werden, die zu den ältesten gehört, die Menschen kennen: das Einschreiben in Festkörper. Wie schon bei Keilschrifttafeln vor 5000 Jahren werden Informationen direkt in das Material geschrieben, nur wird nicht mehr mit einem Schilfgriffel in eine rechteckige Tontafel, sondern mit dem Laser in einen kubischen Lithiumniobat-Kristall geschrieben. (BG)

6/26 Das Archiv der Hologramme
Höchstauflösende Hologramme von minoischen Schriften
Kunststoff, Glas, je ca. 10 x 10 cm | Münster, Institut für Experimentelle Audiologie – Labor für Biophysik
Dreidimensionale Objekte können mit Hilfe des Laserlichts aufgenommen und auf fotoempfindlichen dünnen Glasplatten gespeichert werden. Diese Platten verwandeln sich unter Laserlicht zu »Lichtplastiken«. Neuere Techniken erlauben

höchstauflösende Hologramme in Farbe, an denen die gleichen optischen Feinstrukturanalysen vorgenommen werden können wie an dem Original. Die Holographie ist besonders hilfreich für die Lesbarmachung von Schriftdokumenten. Auch für die Entzifferung von noch unbekannten Schriften, wie die ausgestellten minoischen Dokumente, ist diese Technik dienlich.

Ordnung der Welt

6/27 Sumerische Königsliste (»The Weld Blundell Prism«)
Mesopotamien, Larsa, um 2000 v. Chr. | Quadratisches Tonprisma, 20 x 8 cm | Oxford, By Courtesy of the Visitors of the Ashmolean Museum (1923.444) (Abb. S. 19)
Das ausgestellte Prisma, das zum Lesen in einem Rahmen gestellt und rotiert werden konnte, ist die ausführlichste und berühmteste aller im Zweistromland gefundener Königslisten. Es ist auf jeder Seite mit zwei Keilschriftkolumnen beschriftet. Die Sprache ist Sumerisch. Für die legendären Könige vor der Flut sind Lebensalter zwischen 10800 und 21600 Jahren angegeben. Diese Altersangaben, in anderen Listen sind diese sogar noch länger, wie auch die Geschichte der Flut, liegen wahrscheinlich den biblischen Berichten (Genesis 5 und 11) zu Grunde. Diese Tradition wurde in den Großreichen des Zweistromlandes fortgeführt. Synchronistische Königslisten der babylonischen und assyrischen Könige geben besonders für die spätere Zeit verlässliche Daten.

❹ 6/28 Tempeltagebuch mit der frühesten datierten Aufzeichnung über den Frühaufgang des Sothis (Sirius).
Ägypten, Faijum-Illahun, 12. Dyn., 13. Regierungsjahr Sesostris III., hieratisch, 1872 – 1868 v. Chr. | Papyrus, 37 x 24,5 cm | Staatliche Museen zu Berlin, Ägyptisches Museum und Papyrussammlung (P. 10012)
Der Beginn eines Jahres wurde in der Frühzeit Ägyptens mit der jährlich wiederkehrenden Nilüberschwemmung gleichgesetzt. Später fand man in dem alljährlich wiederkehrenden ersten Auftreten des Hundsstern Sothis (Sirius) am Morgenhimmel, der ungefähr mit dem Einsetzen der Nilüberschwemmung übereinstimmt (17. Juni), einen genaueren Fixpunkt. Das aus mehreren Blättern bestehende Tempeltagebuch mit Abrechnungen, Aufstellung von Einkäufen und Lieferungen wurde zusammen mit anderen Dokumenten in einem Tempelarchiv gefunden. Überschriften sind in roter Tinte hervorgehoben.

Onomastikon – Die richtige Benennung der Dinge
Mit der Einführung der Schrift in Mesopotamien und Ägypten geht eine systematische Erfassung der Natur und der dinglichen Welt einher. Schon früh werden Verzeichnisse von Worten und Begriffen bestimmter Sachgebiete, häufig ergänzt durch Etymologien oder Synonyma, aufgestellt. Die Bezeichnung Onomasti-

kon für ein solches Werk, das zur richtigen Benennung der Dinge anleiten soll, wurde in Griechenland von den Sophisten (»Weisheitslieben-de«), eine Gruppe von Philosophen des 5. Jahrhunderts v. Chr., geprägt. Diese lexikalischen Werke sind die Vorläufer der Enzyklopädien.

❺ 6/29 Lexikalische Liste mit 58 verschiedenen Schweinebezeichnungen
Mesopotamien, Uruk (Warka), Djemdet-Nasr-Zeit (2800–2700 v. Chr.) | Ton, 7,6 x 5,1 x 1,5 cm | Staatliche Museen zu Berlin, Vorderasiatisches Museum (VAT 16773 = W 12139)
Die auf beiden Seiten beschriftete Tafel führt in jedem eingerahmten Feld eine Bezeichnung auf. Andere Tafeln dieser frühen Epoche der Schriftlichkeit verzeichnen Namen von Vögeln, Rindern, Fischen, Bäumen, Sträuchern, aber auch von Berufen, Städten oder verschiedenen Gebrauchsgegenständen aus Holz und Metall. Bisher fanden sich vierzehn verschiedene lexikalische Listen, die in zahlreichen Kopien vorliegen.

6/30 Onomasticon
Ägypten, Ramesseum (Totentempel Ramses II., Westufer von Theben), 13.–14. Dyn. (1785–1650 v. Chr.) | Papyrus, Gesamtlänge 178 x 14 cm, zehn Stücke je 40 cm lang | Staatliche Museen zu Berlin, Ägyptisches Museum und Papyrussammlung (P. 10495)
Das ausgestellte Papyrus gehört zu einer großen Anzahl von Schriften, die in einer Grabkammer unterhalb eines Nebenraumes des Ramesseums gefunden wurden. Der Anfang der Schrift ist verloren und so auch ihr Titel. Es handelt sich um ein Wortverzeichnis mit phonetischer Aussprache. Für jedes Wort ist eine Zeile reserviert. Der anonyme Schreiber gibt an, dass das Buch 343 Einträge haben sollte, es aber tatsächlich nur 323 umfasst. Die Zeilen sind nummeriert, eine Form der Ordnung, für die es auf ägyptischen Papyri kaum weitere Beispiele gibt. Einzelne Wortgruppen tragen Überschriften, die mit kurzen vertikalen Strichen markiert sind.

❶ 6/31 **Zweisprachiges lexikalisches Wortverzeichnis der Steine und Objekte aus Stein**
Sechzehnte Tafel der enzyklopädischen Folge HAR. RA=hubullu, Mesopotamien, Uruk (Warka), neubabylonisch, 6. Jh. v. Chr. | Ton, 17 x 7 x 2,5 cm | Paris, Musée du Louvre, Département des Antiquités Orientales (AO 7662)
Die kanonische Form des großen Wörterbuches der Steine, die 456 Einträge umfasst, geht auf sumerische Listen zurück. Die ausgestellte Tafel ist der Anfang der Liste, welche die als besonders kostbar geltenden, raren und schönen Steine aufführt. Vom Lapislazuli werden alleine siebzig Farbabstufungen und seine Fundorte, meist in den Bergen Persiens oder im Industal, genannt. Seit Anbeginn menschlicher Kultur haben Mineralien und Gesteine als Rohstoffe für Werkzeuge eine große Rolle gespielt. Die frühen ersten Bemühungen der Sumerer, die Mineralien zu klassifizieren, wurden später in Griechenland fortgesetzt.

Historia naturalis (Naturgeschichte)
Plinius der Ältere (Gaius Plinius Secundus – 23/24 – 79)
Die in der Antike und im Mittelalter maßgebende naturwissenschaftliche Enzyklopädie war die Naturgeschichte des Plinius. In seinem Vorwort weist Plinius mit vollem Recht darauf hin, dass er als erster den Versuch unternimmt, die gesamte natürliche Welt in einem einzigen Werk abzuhandeln. Von den etwa fünfhundert herangezogenen und namentlich genannten Autoren werden rund hundert als Primärquellen — auctores exquisit — bezeichnet. Gerade in dieser häufig bemängelten unkritischen Übernahme von Beschreibungen anderer, die eigene Beobachtungen vermissen lässt, liegt heute der dokumentarische Wert der Naturgeschichte, denn fast alle von Plinius genannten Quellen sind heute verloren. Seine enzyklopädische Kompilation stellt den Wissensstand seiner Zeit in sämtlichen Disziplinen der Naturforschung dar.

❷ 6/32 **Ältestes und umfangreichstes Fragment der »Historia naturalis« (Naturgeschichte), Bücher XI bis XV**
Verona (?), 5. Jh. | Text des Plinius, abgeschabt und überschrieben mit Bibelkommentar ›In Ecclesiasten‹ Hieronymus (347-419/20) | Abtei Luxeuil, um 700 | Pergamenthandschrift, 138 Bll., 21,5 x 13,5 cm | Kärnten, Stift St. Paul im Lavanttal (Cod. 3/1)
Neben Vergil war Plinius der meist verbreitteste antike Autor im Mittelalter. Seine Naturgeschichte hat sich in etwa zweihundert mittelalterlichen Abschriften erhalten, keine ist vollständig. Nur fünf antike Fragmente sind bekannt. Das älteste und umfangreichste ist das ausgestellte Palimpsest. Der Text ist in der für die Spätantike üblichen Unizialschrift verfasst und überschrieben mit einer im Merowingerreich gebrauchten Schrift, der Luxeuil-Minuskel. Um den Pliniustext sichtbar zu machen, benutzte der Entdecker der Handschrift Fredegar Mone (1854) Chemikalien, die sich schädlich auf die Schriften aus-

*wirkten, so dass heute auf vielen Blättern keiner der beiden Texte mehr lesbar ist.
Der Kirchenvater Hieronymus, dessen lateinische Bibelübersetzung die »Allgemeingebräuliche« (Vulgata) wurde, wirkte auch als wichtiger Vermittler des antiken Geistesguts an die okzidentale mittelalterliche Gesellschaft. Er wäre über das Tilgen des Pliniustextes sicher empört gewesen.*

6/33 **Plinius beim Schreiben seines Werkes**
Autoren- und Dedikationsbild, in: Historia naturalis (Naturgeschichte) Bücher I-XXXVII (fol. 10v) England?, Mitte 12. Jh. | Pergamenthandschrift, 435 Bll., 43,5 x 32 cm | Ville du Mans, Médiathèque Louis Aragon (Ms C 263) (Abb. S. 21)
Die kostbar illustrierte Handschrift belegt die hohe Wertschätzung des Werkes des Plinius im Mittelalter. Handschriften mit allen siebenunddreißig Büchern der Naturgeschichte treten seit der Zeit Karls des Großen auf, der befohlen haben soll, dass sich in jedem Kloster eine Ausgabe des Plinius befinden muss. Die ganzseitige Miniatur, die in zwei Register unterteilt ist, zeigt oben den bärtigen Autor mit einem Schreibpult auf seinen Schenkeln. Ein Diener bringt ihm eine Kerze. Der Illustrator kannte wahrscheinlich den Brief von Plinius' Neffen, der berichtet, dass Plinius seine Arbeit vor Tagesanbruch bei Kerzenlicht begann. Unten überreicht Plinius als Ritter gekleidet sein Werk dem Herrscher.

6/34 **Plinius beim Schreiben seines Werkes**
in: Historia naturalis (Naturgeschichte) Bücher I-XXXVII (fol. 30r) | Schreiber: Nicholas Riccius Spinosus, 15. Jh. | Pergamenthandschrift, 431 Bll., 43,2 x 29 cm | Wien, Österreichische Nationalbibliothek, Handschriften-, Autographen- und Nachlaß-Sammlung (Cod. 2 [Rec. 9251]) (Abb. S. 10)
Die Initiale zeigt Plinius »im Gehäuse«, seiner hauptsächlichen Arbeit nachgehend, dem Kopieren aus anderen Schriften. Die Regale der Studierkammer (studiolo) sind gefüllt mit Handschriften, an der Wand ist eine ptolemäische Weltkarte zu erkennen. Plinius' Widmung seines Werkes an Titus, den ältesten Sohn Vespasians, ist auf der gegenüberliegenden Seite zu lesen. Plinius betrachtete sein Werk als Grundlage des Wissens für den gebildeten Stand. Viele Seiten dieser sehr gut erhaltenen, prachtvoll illuminierten Handschrift sind, wie auch die aufgeschlagenen Blätter, mit Initialen und mit kleinteiligem Rahmenwerk verziert, das sich aus floralem Dekor, Vögeln, Eroten und Grotesken zusammensetzt.

❸ 6/35 **Historia naturalis (Naturgeschichte)**
Edition: Johannes Andreas de Buxis | Inkunabel, 44,5 x 31 | Venedig, Nicolas Jenson, 1472 | Paris, Bibliothèque nationale de France, Département des Réserves (Imp. Rés. Vélin 497)
Die im Mittelalter weit verbreitete Handschrift wurde bereits 1469 in Venedig zum ersten Mal gedruckt. Dem ersten Buch, das Inhalts- und Quellenverzeichnisse der einzelnen Bücher enthält, folgen die weiteren Bücher nach Wissens-

gebieten aufgeteilt: Kosmologie (Buch 2), Geografie und Ethnologie (3 – 6), Anthropologie (7), Zoologie (8 – 11), Botanik (12 – 19), pflanzliche und tierische Heilmittel (20 – 32), Mineralogie und Verwendung der Metalle und Steine, besonders in der Kunst (33 – 37).

6/36 **Speculum historiale, Teil 1/2**
Vincenz von Beauvais (Vincentius Bellovacensis – 1184 / 1194 – um 1264) | Straßburg, Adolf Rusch, um 1473 | Inkunabel, 49 x 35 cm | Staatsbibliothek zu Berlin – Preußischer Kulturbesitz, Handschriftenabteilung (gr. 2° Inc. 2131)
Das »Speculum maius« (lat. Größerer Spiegel) des Dominikaners Vincenz von Beauvais ist die umfangreichste und bedeutendste Enzyklopädie des Mittelalters. Gegliedert in drei Teile (naturale, doctrinale, historiale) ist das nach 1256 abgeschlossene Werk eine Zusammenstellung meist wörtlich zitierter Textstellen aus Schriften von über 450 Autoren der Antike und des Mittelalters, die inhaltlich und chronologisch geordnet sind. Der meist verbreitete Teil des Speculum war die historiale. Neben der Bibel gehört das Speculum zu den frühesten im Druck erschienenen Büchern.

6/37 **Encyclopédie, ou Dictionnaire Raisonné des Sciences, des Arts et des Lettres**
Paris, 1751 – 1784 | Denis Diderot (1713 – 1784) und Jean-Baptiste le Rond d'Alembert (1717 – 1783) Staatsbibliothek zu Berlin – Preußischer Kulturbesitz, Historische Drucke (A 7595a-7597a)
Die unter der Regie des Schriftstellers Denis Diderot und des Philosophen und Mathematikers d'Alembert entstandene 35bändige (einschließlich einer 12bändigen Tafelsammlung) »Encyclopédie« ist das repräsentative Werk der französischen Aufklärung. Die Enzyklopädie ist nicht bloß eine Sammlung geistes- und naturwissenschaftlicher Aufsätze, sondern verfolgt in einer wohlüberlegten Auswahl kritischer Darstellungen das Programm der Aufklärung. Erstmals erfahren auch Gewerbe und Handwerk ausführliche Darstellungen, man bezeichnete daher das Werk auch als »Summe« des dritten Standes. (BG)

Chinesische Enzyklopädien
Die Tradition der chinesischen Enzyklopädie geht bis zur Zeit der Han-Dynastie zurück. Meist waren es vom Kaiser in Auftrag gegebene Nachschlagewerke. Sie stellten den Kanon des kaiserlich definierten Wissens dar und waren zugleich Grundlage der Prüfungen für Kandidaten, die in kaiserlichen Dienst treten wollten. Die erste bekannte chinesische Enzyklopädie — der Kaiserspiegel (Huanglan) — wurde um 220 n. Chr. zusammengestellt. Ab dem 6. Jahrhundert entstand eine große Anzahl solcher Werke, die zum Teil später überarbeitet und ab dem 18. Jahrhundert gedruckt wurden. Die frühen chinesischen Enzyklopädien sind keine eigentlichen Nachschlagewerke, sondern Kompilationen von Abschriften ganzer Bibliotheken, die nach Themen geordnet sind.

6/38 **Die älteste erhaltene Handschrift einer chinesischen Enzyklopädie**
Xiuwendian yulan (Kaiserliches Palastexamen zur Perfektionierung der Literartur) | ZU Ting (6. Jh.) | China, Dunhuang, 7./8. Jh. | Papierrolle, 27 x 489 cm | Paris, Bibliothèque nationale de France, Département des Manuscrits Orientaux (Pelliot chinois 2526)
Die ältesten chinesischen Handschriften und Drucke wurden in den Höhlen der Oasenstadt Dunhuang in der Wüste Gobi westlich von Chang'an (Xian) gefunden. Diese zwischen dem 5. und 11. Jahrhundert von buddhistischen Mönchen in den Felsen geschlagenen Höhlen wurden 1907 von dem englischen Gelehrten Sir Aurel Stein wiederentdeckt. In einer Höhle befand sich eine komplette Bibliothek, deren Bestand heute zum größten Teil auf London, Paris, St. Petersburg, Peking und Japan verteilt ist.

6/39 **Der älteste erhaltene Druck einer Enzyklopädie**
Qieyun (Verzeichnis der Reime) | China, Dunhuang, 9. Jh. | LU Fayan (6./7. Jh.) und SUN Mian (Tafel LXIX) Reime: he, qia, xia, ye, tie | Druck auf Papier, 27,5 x 44,5 cm | Paris, Bibliothèque nationale de France, Département des Manuscrits Orientaux (Pelliot chinois 2015 [3])
Das Blatt zählt zu den frühesten bekannten Druckwerken überhaupt. Jede Gruppe von gleichlautenden (homophonen) Reimen ist nummeriert und mit roter Farbe hervorgehoben. Die Klassifizierung der Reime wurde in späteren Enzyklopädien übernommen.

6/40+41 **Yongle-Enzyklopädie, Yongle dadian**
Peking, 1408, Abschrift 1562(?) – 1567 | Papierhandschrift, 30 x 18 cm | Berlin, Staatsbibliothek zu Berlin – Preußischer Kulturbesitz (891338 R-OA) | Staatliche Museen zu Berlin, Ethnologisches Museum, FR. Ostasien (I.D. 34056 a./ I.D. 24808)
Über 2000 Gelehrte waren im Auftrage des Kaisers Yongle (reg. 1402 – 1424) an der Kompilation allen verfügbaren Wissens der Zeit beteiligt. Das in 22877 Büchern (juan) und sechzig Registerbänden aufgegliederte fertige Werk konnten sie 1408 dem Kaiser vorlegen. Diese Enzyklopädie, die zu den umfangreichsten der Weltgeschichte zählt, ist nie gedruckt worden. Nur etwa tausend Bände haben sich erhalten, die übrigen sind während des »Boxeraufstandes« 1900 verbrannt. Die in Berlin vorhandenen Bände gehören zu einer Abschrift des Urmanuskriptes, die um 1565 unter Kaiser Jiajing vorgenommen wurde.

6/42 **Enzyklopädie »Qinding gujin tushu jicheng«**
Sammlung von Tafeln und Schriften aus alter und neuer Zeit | Peking, Qing-Dynastie, Yongzheng, 1726 | Druck auf grauweißem Papier; Seidenfadenheftung | Staatsbibliothek zu Berlin – Preußischer Kulturbesitz, Ostasienabteilung (P.S. 1)

Die von Kaiser Kangxi (1662–1722) geförderte und 1726 unter seinem Nachfolger Yongzheng erschienene Sammlung der alten und neuen Illustrationen und Schriften ist die erste gedruckte chinesische Enzyklopädie. Der Initiator und Herausgeber Chen Menglei hat die Enzyklopädie systematisch in sechs allgemeine Rubriken unterteilt und diese wiederum in 32 Sektionen aufgegliedert. Ihre Ordnung – Phänomene des Himmels, Phänomene der Erde, menschliche Beziehungen, Naturwissenschaften, Literatur, Politik und Wirtschaft – repräsentiert zugleich die Ordnung des konfuzianischen Weltbildes. Wie auch bei anderen chinesischen Enzyklopädien handelt es sich um eine Kompilation von Texten ohne Originalbeiträge. Für die 5020 Bände wurden 250000 bewegliche Kupferletter hergestellt. Die erste Auflage betrug hundert Exemplare und wurde vom Kaiser an hohe Beamte verschenkt. Das Berliner Exemplar ist fast vollständig.

Kunstsammlungen und Museen

6/43 Inventar der Geschenke für den Tempelschatz des Parthenontempels
Athen, Akropolis, 414/13 und 413/12 v. Chr. Marmorinschrift, 86 x 51 x 14,5 cm | London, The British Museum, Department of Greek and Roman Antiquities (G&R Inscription 26 – GR 1816.6-10.282: Parthenon Inventory) (Abb. S. 45)
Alle vier Jahre wurde anlässlich der zur Ehren der Athena gefeierten Panathenäen das Verzeichnis der dem Tempel übergebenen Geschenke in Stein gemeißelt und die Inschrift in der Vorhalle (Pronaos) des Parthenontempels angebracht. Aus der Inschrift geht hervor, dass jedes Jahr ein neuer Schatzmeister und ein Sekretär gewählt wurden, welche die Geschenke für die Göttin Athena entgegennahmen und verwalteten. Für das Jahr 414/13 sind am Anfang des erhaltenen Inventars eine goldene und 121 silberne Trankopferschalen, drei silberne Trinkhörner, fünf silberne Becher und eine silberne Lampe, jeweils mit den Gewichtsangaben in Talenten und Drachmen, aufgelistet.

6/44 Der Farnesische Stier
Stark reduzierte Nachbildung der Marmor-Figurengruppe der Brüder Apollonios und Tauriskos aus Tralles (1. Hälfte 2. Jh. v. Chr.) Biskuitporzellan, H 30 cm | 19. Jh. | Akademisches Kunstmuseum, Antikensammlung der Universität Bonn
Gaius Asinius Pollio (~6 v.Chr. – 5 n.Chr.) »ein Mann von leidenschaftlicher Begeisterungsfähigkeit, wollte, dass auch seine Denkmäler so betrachtet werden«, schreibt Plinius über den römischen Staatsmann und Schriftsteller, der in Rom einen für Kunstinteressierte geöffneten großen Skulpturengarten besaß. Plinius beschreibt ausführlich diese Skulturensammlung und hebt die kolossale Figurengruppe »Dirke und der Stier« hervor. 1545 wurde diese Skulptur in den Caracalla-Thermen, die zum Teil auf dem Gelände des ehemaligen Skulpturengartens erbaut wurden,

gefunden; sie befindet sich heute in Neapel (Museo Nationale). Asinius Pollio war auch ein großer Förderer der Dichter seiner Zeit, wie Vergil und Horaz, und stiftete 39 v. Chr. die erste öffentliche Bibliothek in Rom.

6/45 Gemmensammlung: Dactyliothec / Mythologisches Tausend
Philipp Daniel Lippert (1702–1785) | Leipzig, 1767 | Kasten mit 20 flachen Schubfächern mit insgesamt über 1000 Abdrücken antiker Gemmen in Goldpapierrähmchen | Eiche, Nussbaum, Linde; Leder, Elfenbein, 56,6 x 21,7 x 40,3 cm | Staatliche Museen zu Berlin, Antikensammlung
Bis ins 19. Jahrhundert waren Münzen und Gemmen bei weitem die begehrtesten Sammler-Objekte. Bereits um 1430 legten sich italienische Humanisten wie Niccolò Niccoli und Poggio Bracciolini Sammlungen antiker Münzen und Gemmen zu. Gelehrte in ganz Europa folgten diesem Beispiel und benutzten ihre Sammlungen als Grundlage geschichtlicher Abhandlungen. Das zunehmend wissenschaftliche Interesse an Gemmen und der hohe Preis der seltenen Originale im 18. Jahrhundert führte zu Daktyliotheken von Gemmenabdrücken. Diese exakten Repliken aus unterschiedlichen Materialien erfreuten sich überaus großer Beliebtheit bei Gelehrten und fürstlichen Sammlern. Lippert, der ab 1755 systematisierte Tausenderserien mit lateinischem Begleittext herausgab, war einer der bedeutendsten Hersteller dieser Repliken.

Wissenschaft

❹ 6/46 »Mit Schreiben und Lesen fängt eigentlich das Leben an«
Eintragung auf einer Wachstafel mit Schulübungen | 4.–5. Jh. n. Chr. | Mehrtafelbuch, 10 Tafeln | Holz, Wachs, 15 x 12,5 cm | Staatliche Museen zu Berlin, Ägyptisches Museum und Papyrussammlung (P 1400)
In die zehn in Kodexform zusammengebundenen Wachstafeln sind Übungen zur Silbentrennung und Additionsaufgaben eingeschrieben. Leicht ausgehöhlte Holztafeln, die mit zumeist schwarzgefärbtem Bienenwachs ausgegossen wurden, gab es bereits in Mesopotamien. Sie wurden mit dem Griffel aus Metall, Knochen oder Elfenbein beschrieben, der an einem Ende zum Einritzen der Schriftzeichen zugespitzt, am anderen Ende zum Löschen von Geschriebenem falzbeinartig platt war.

6/47 Schulaufgaben aus der Trigonometrie
2. Jh. n. Chr. | Papyrus, 20,5 x 64 cm | Staatliche Museen zu Berlin, Ägyptisches Museum und Papyrussammlung (P. 11529)
Die griechischen Gymnasien (von gr. gymnos: »nackt«), zunächst Orte der Körpererziehung, entwickelten sich zu Stätten des allgemeinbildenden höheren Schulunterrichts, an denen auch Philosophen lehrten. Die Römer nannten ihre Schulen schola (von gr. schole: »Muße«). Die Hochschulen des Mittelalters wurden Gymnasium

oder Academia, gewöhnlich aber studium generale oder Universitas genannt.

Raffaels »Schule von Athen« (Vatikan)
Die fotografische Reproduktion des berühmten Freskos zeigt Platon und Aristoteles im Disput. Platon hält seinen Timaios, lange Zeit der einzig bekannte Dialog im lateinischen Westen, den Ethika des Aristoteles entgegen. Umgeben sind die beiden Philosophen von antiken Gelehrten, welche die verschiedenen Natur- und Geisteswissenschaften repräsentieren. Aufgenommen in das Gelehrtenpantheon ist auch der große arabische Aristoteliker Ibn Roschd (Averroes), der die griechische Philosophie und Wissenschaften an den islamischen Orient weitergab und bedeutenden Einfluss auf die Philosophie des christlichen Mittelalters hatte. Die Renaissance der antiken Philosophie und Ästhetik im Europa des 15. und 16. Jahrhunderts erlangt durch Raffaels Darstellung symbolische Bedeutung. Sie veranschaulicht die Erkenntnisbildung in der Antike und das Fortleben dieser Tradition bis in die Gegenwart: die »Schule von Athen« ist auch eine Koordinate der zukünftigen Wissensgesellschaft.

Die »Akademie« des Platon und das »Lykeion« des Aristoteles
Platon und sein Schüler Aristoteles sind die bedeutendsten Philosophen der Antike. Ihre philosophischen, ethischen und naturwissenschaftlichen Erörterungen hatten einen grundlegenden Einfluss auf die wissenschaftliche Erschließung der Welt in der Antike. In einem dem Heros Akademos geweihten Hain nahe Athens gründete 387 v. Chr. Platon eine Schule für Philosophen. Diese nach ihrem Standort benannte Akademie ist die erste wissenschaftliche Institution, die unabhängig vom herrschaftlichen oder religiösen Patronat ins Leben gerufen wurde. Nach dem Vorbild der Akademie gründete Aristoteles 334 v. Chr. das Lykeion. Sie wurde auch nach der Wandelhalle des dem Appolonheiligtum zugehörigen Gymnasium im Lykeion peripatos »Peripatetische Hochschule« genannt. Die Wandelhalle wurde von den Philosophen als Stätte des Dialoges und der Kontemplation benutzt. Noch mehr als die Akademie hatte das Lykeion den Charakter einer Forschungsstätte.

6/48 Bildnis des Platon (428–349 v. Chr.)
Marmorkopie nach einem griechischen Original um die Mitte des 4. Jhs. v. Chr. | 1. Hälfte des 1. Jhs. n. Chr. | Pentelischer Marmor, H 35 cm Staatliche Museen zu Berlin, Antikensammlung (Sk 1854) (Abb. S. 58)
Platons Philosophie baute sich, wie die seines Lehrers Sokrates, auf den gesprochenen Dialog auf. Die Struktur der Dialoge ist fast immer gleich: Sokrates, dessen Werk nur durch Platon überliefert ist, spricht über unterschiedliche philosophische Probleme mit meist historischen Persönlichkeiten. Platons Dialoge zeigen keine durchgehende einheitliche Theorie. Im Mittel-

punkt seiner Ideenlehre steht die Annahme, dass allein den Ideen als den ewigen und unwandelbaren Urbildern aller raum-zeitlichen Erscheinungen Realität zukommt. Sein Spätwerk wird von der Vorstellung einer Weltseele geleitet. Das Porträt Platons ist durch eine Herme in der Berliner Antikensammlung gesichert, die eine Namensinschrift trägt. Das ausgestellte Kopffragment gehört zu den eindrucksvollsten der etwa siebzehn erhaltenen Bildnisrepliken des Philosophen.

❶ 6/49 Anonymer Kommentar zu Platons Dialog Theaitetos (Theaitet)

ca. 2. Jh. n. Chr. | Papyrus, 30 x 98 cm | Staatliche Museen zu Berlin, Ägyptisches Museum und Papyrussammlung (P. 9782 H)

Platon hat diesen um 366/65 verfassten Dialog dem Mathematiker Theaitetos, dem Begründer der Stereometrie und der Lehre von den fünf regelmäßigen Körpern, gewidmet. Die erkenntnistheoretischen Erörterungen über das Wesen des Wissens führt Theaitetos mit Sokrates, der den gesamten Dialog leitet, und dem Mathematiker Theodoros von Kyrene. Ausgehend von der Frage »was ist eigentlich Erkenntnis?« (episteme) wird die Bedeutung der Wahrnehmung betrachtet. Der Dialog kommt zu einer grundlegenden Aussage. »Das Staunen ist die typische Reaktion des Philosophen. Dies und nichts anderes ist der Anfang der Philosophie«.

6/50 Porträtkopf des Aristoteles (384–322)

Römisch, Kopie nach griechischem Original des 4. Jhs. v. Chr. | Marmor, H 30,5 cm | Kunsthistorisches Museum Wien, Antikensammlung (I 246) (Abb. S. 58)

In Abkehr von der Ideenlehre Platons steht bei Aristoteles die Empirie im Mittelpunkt des Wissens-Erwerbs. Seine Schriften teilen sich in Logik, Physik – einschließlich der Naturwissenschaften und Metaphysik- Ethik und Politik. Von den Werken des Aristoteles sind nur seine Lehrschriften überliefert, die in den kommentierten Form des Grammatikers Andronikos von Rhodos sich in das byzantinische Mittelalter tradierten. Einige Schriften wurden in Konstantinopel direkt aus dem Griechischen, der größte Teil aber über arabische Übersetzungen und Kommentare, insbesondere derjenigen des Averroes, in Süditalien und Spanien ins Lateinische übersetzt. Die ausgestellte Porträtbüste ist sicher die künstlerisch bedeutendste, die sich von dem Philosophen erhalten hat.

6/51 Aristoteles – De animalibus

3. Viertel 13. Jh. | Pergamenthandschrift, 120 Bl., 28,5 x 20 cm | Staatsbibliothek zu Berlin – Preußischer Kulturbesitz, Handschriftenabteilung (Hdschr. 194)

Das in arabischer Redaktion aus neunzehn Teilen zusammengefügte große Werk der Tiergeschichte wurde um 1220 in Toledo durch Michael Scotus, dem späteren Hofastrologen Kaiser Friedrichs II., ins Lateinische übersetzt. Über sechzig Abschriften dieser Fassung sind aus

dem 13. und 14. Jh. erhalten. Die Handschrift zeigt das an den Schulen und Universitäten Nordfrankreichs und Englands im 12. Jahrhundert ausgebildete Textordnungssystem: fortlaufende Buchzählung, Seitenüberschriften, Paragraphenzeichen und Initialen, abwechselnd in den Farben Rot und Blau. Die Text- und Buchanfänge werden durch größere Initialen hervorgehoben.

6/52 Büste des Homer

Otto Henschel | 1903 | Bronze, H 119 cm Magdeburger Museen, Kunstmuseum Kloster Unser Lieben Frauen (2793)

Die Ilias und die Odyssee waren bis zur römischen Zeit die verbreitetsten Schriften in Griechenland und in der gesamten hellenistischen Welt. Die Bibliotheken von Alexandria und Pergamon waren Stätte der Homerforschung. Den umfangreichsten Homerkommentar stellte Eustathios, ab 1175 Erzbischof von Thessalonike, zusammen. In den lateinischen Westen gelangten die Texte Homers erst im 14. Jahrhundert. Angeregt durch die klassischen italienischen Dichter Petrarca und Boccaccio übersetzte der griechische Gelehrte Leonzio Pilato die Ilias und Teile der Odyssee ins Lateinische. Die Homerbüste aus einem Magdeburger Gymnasium kopiert eine in der Nähe von Terracina 1868 gefundene hellenistische Herme (Schwerin, Staatliches Museum).

6/53 Darstellung der Sieben Freien Künste (artes liberales)

in: Brunetto Latini (1210/20–1294/95), Li Livres dou Tresor, fol. 1v | Süditalien, oder Hlg. Land, 3. Viertel 13. Jh. | Pergamenthandschrift, 245 Bll., 31 x 22 cm | London, The British Library, The Manuscript Collection (Add. 30024) (Abb. S. 20)

Das nach 1260 auf Französisch verfasste Schatzbuch des italienischen Notars und Gelehrten Brunetto Latini ist die erste große Enzyklopädie in einer Volkssprache. Sie wollte den zeitgenössischen Wissenstand einem größeren Leserkreis zugänglich machen und vor allem praktisches Wissen vermitteln. Die zahlreich kopierten Texte der Spätantike sind durch Einschübe aus dem Hochmittelalter modernisiert. Die prachtvolle Illumination zeigt eine sehr seltene Darstellung der Einteilungen der Wissenschaften nach der Philosophie des Boethius. Das Trivium und Quadrivium nehmen die mittleren Kolumnen ein.

Europäische Universitäten im Mittelalter

An die Tradition der antiken wissenschaftlichen Zentren mit Hochschulunterricht wird im christlichen Europa ab dem 12. Jahrhundert wieder angeknüpft. Zunächst in Italien – Bologna, Padua, Neapel – werden Universitäten gegründet, später auch in Paris, Montpellier, Toulouse, Salamanca, Oxford und Cambridge. Im 14. Jahrhundert folgen die Städte Prag, Wien, Heidelberg, Köln, Erfurt, Krakau und Budapest. Für alle diese Universitäten bildeten die sieben artes liberales ein festes Ausbildungssystem.

❷ 6/54 Statuten der Theologischen Fakultät der Universität Köln

Liber Facultatis Theologicae Coleniensis | Köln, 1393 | Pergamenthandschrift, 25 x 20 cm | Staatsbibliothek zu Berlin – Preußischer Kulturbesitz, Handschriftenabteilung (Ms. boruss. quart. 269) (Abb. S. 61)

In Köln wurde 1388 die erste kommunale Universität im deutschen Sprachgebiet gegründet. Mit über 800 Studenten war sie bis zu der Gründung der Universität in Löwen 1425 die größte Lehrstätte mit den klassischen Fakultäten der artes liberales im Heiligen Römischen Reich deutscher Nation.

❸ 6/55 Albertus Magnus (1193/1207–1280) De homine

Südfrankreich oder Italien, 2. Hälfte 15. Jh. | Pergamenthandschrift, 235 Bll., 30,5 x 21,5 cm | Staatsbibliothek zu Berlin – Preußischer Kulturbesitz, Handschriftenabteilung (Ms. Ham. 10)

Albert von Bollstädt aus Lauingen an der Donau, den die Zeitgenossen bewundernd den Großen (Magnus) nannten, hat zusammen mit seinem Schüler Thomas von Aquin, der dessen Lebenswerk vollendete, das größte Lehrsystem des Mittelalters geschaffen. Albert studierte an den Universitäten von Padua und Bologna die »freien Künste«, insbesondere die Philosophie des Aristoteles, und Theologie. Er trat in den Dominikaner-Orden ein und lehrte in Köln und Paris. Den größten Teil seines Werkes machen die Kommentare zu den Werken des Aristoteles aus, die er als erster im vollen Umfang, einschließlich der arabischen und jüdischen Kommentare, bekannt machte. De homine – Teil der Summa de creaturis – zählt zu Alberts ersten christologischen Auseinandersetzungen mit der Lehre des Aristoteles.

6/56 Vorlesung an der Universität von Bologna

Laurentius de Voltolina | Einzelblatt aus einem Liber ethicorum des Henricus de Allemania Schule von Bologna, 2. Hälfte 14. Jh. | Deckfarben auf Pergament, 18 x 22 cm | Staatliche Museen zu Berlin, Kupferstichkabinett (Kdz 1233) (Abb. S. 10)

Der große Einfluss der aristotelischen Lehre durch Albertus Magnus und Thomas von Aquin verhalf auch den beiden großen Aristotelikern der islamischen Philosophie Ibn Sina (Avicenna) und Ibn Roschd (Averroes) zu großer Popularität an den europäischen Universitäten. Es wurde sogar Mode arabische Kopfbedeckung zu tragen.

❹ 6/57 Gelehrter am Katheder

um 1340 | Marmor, 58,7 x 49 x 7 cm | Kunsthistorisches Museum Wien, Kunstkammer (7427)

Der Gedenkstein eines Gelehrten ist zugleich eine Verherrlichung des geistigen Menschen und seines Lebensrahmens. Wie der Inschrift im aufgeschlagenen Buche zu entnehmen ist – »glaube nur an den Einen« – sollte dieses Wissen im Dienste Gottes stehen. Seit dem 14. Jahrhundert sind Darstellungen von studierenden weltlichen

oder kirchlichen Gelehrten ein beliebtes Motiv. Die verbreitetste Würdigung des Wissens ist die Verbildlichung des Heiligen Hieronymus in seinem »Gehäuse«. Der Arbeitsplatz eines Gelehrten war spätestens seit ottonischer Zeit (10. Jh.) ein kastenförmiger Pult, der sowohl zum Lesen als auch zum Schreiben und zum Aufbewahren von Handschriften Verwendung fand. In der Gotik verwandelten sich die Kastenpulte zu wahren Luxusmöbeln, die einen hölzernen Baldachin trugen.

❺ 6/58 Der Büchernarr

Holzschnitt, in: Sebastian Brandt, Das Narrenschiff | Basel, 1494 (erste deutsche Ausgabe) angebunden lat. Ausgabe: Navis stultifera Basel, 1497 (erste lateinische Ausgabe) | Inkunabel, 23 x 18 cm | Staatsbibliothek zu Berlin – Preußischer Kulturbesitz, Handschriftenabteilung (Inc 604 / Inc 607)

Der Holzschnitt zeigt den Büchernarr mit Brille, Schlafmütze und Narrenkappe in seinem Studierzimmer umgeben von Büchern, die er vor Fliegen schützt, deren Inhalt – »Künste« (artes liberalis) – er jedoch nicht versteht. Brandt vergleicht ihn mit Ptolemeus II., dem Hauptgründer der Bibliothek von Alexandria, der aus seinem Bücherschatz »keine Lehr« gezogen hätte. Das Narrenschiff war das erfolgreichste Buch in deutscher Sprache bis Goethes Werther. Übersetzt in viele Sprachen, erlangte Brandts moralsatirischer Zeitspiegel – das Menschenleben als gedankenlose Schiffsreise – europäischen Ruhm.

6/59 Entwurf für eine »Bücherlesemaschine«

Agostino Ramelli, Le diverse et articiose macchine, Tafel 188 | Paris, 1588 | Wolfenbüttel, Herzog August Bibliothek (12 Geom. 2°) (Abb. S. 40)

Ramelli, »Ingenieur des Königs von Frankreich«, entwarf eine »schöne und künstliche Maschine, die für jede Person, die die Wissenschaft liebt, äußerst nützlich und bequem ist. Ein Mann kann eine größere Anzahl Bücher lesen, ohne sich von seinem Platz zu bewegen«. Die einzelnen Pulte sind mit einem Zahnradmechanismus aufgehängt. Vorläufer dieses Bücherrades waren die mittelalterlichen, horizontal drehenden Buchpulte, auf denen allerdings kaum mehr als drei Bücher Platz fanden.

6/60 Leserad

Süddeutschland oder Österreich, um 1730 | Sockel: Nussbaum, Nussbaumfurnier, Ahornadern; Wangen: Blindholz Kiefer, Furnier Nussbaum mit Ahornadern; Bücherpulte: Nussbaum, 165 x 122 x 85 cm | Altonaer Museum, Norddeutsches Landesmuseum, Dauerleihgabe an das Museum für Kunst und Gewerbe in Hamburg (1967/935) (Abb. S. 38)

Agostino Ramellis Entwurf von 1588 diente als Vorlage für zahlreiche Bücherräder, die für Bibliotheken, aber auch für den privaten Gebrauch gebaut wurden. Eines der ersten Exemplare, das heute noch betriebsbereit ist, wurde in der erste Hälfte des 17. Jahrhunderts für die

Benutzung der Wolfenbüttler Bibliothekskataloge hergestellt. Das ausgestellte Bücherrad hat vier Bücherdoppelpulte, die drehbar zwischen den beiden mit Intarsien verzierten Wangen eingehängt sind. Durch einen Zahnradmechanismus, der exzentrisch auf einem Trägerrad gelagert ist (Planetengetriebe), werden die Pulte auch bei Drehung des Rades ständig in derselben Lage gehalten.

6/61 Erste wissenschaftliche Zeitschrift Deutschlands

Acta eruditorum (Gelehrtenberichte), hg. v. Otto Mencke | Leipzig 1682, Verlag J. Gross und J.F. Gleditsch | Staatsbibliothek zu Berlin – Preußischer Kulturbesitz, Abteilung Historische Drucke (Zsn 43356 R)

Die Universitäten des Mittelalters und der Renaissance waren Stätte der Lehre, noch nicht der Forschung. Im 17. und 18. Jahrhundert gewannen die Naturwissenschaften ihre moderne Gestalt und wurden zum führenden Wissenschaftszweig. Um die Forschungen zu koordinieren und zu institutionalisieren, wurden Akademien und wissenschaftliche Gesellschaften gegründet. Die Integrierung aller Wissenschaftsbereiche in einer Forschungs-Gesamtakademie wurde 1700 mit der Gründung der Brandenburgischen Sozietät der Wissenschaften durch Gottfried Wilhelm Leibniz erreicht. Der Austausch von Forschungsergebnissen, wissenschaftlichen Nachrichten und Buchbesprechungen erfolgte durch wissenschaftliche Zeitschriften. Die Acta Eruditorum war, wie alle Gelehrtenorgane der Zeit, in Latein geschrieben.

Mnemonik

Mnemosyne, die Göttin der Erinnerung, wurde in der Antike als Mutter der Musen, den Göttinnen der Künste und der Wissenschaften, betrachtet. Schon die Griechen pflegten daher die Gedächtniskunst. Der Dichter Simonides von Keos (5. Jh. v. Chr.) gilt als ihr Urvater. Es gelang ihm, die Gäste eines Gastmahles zu identifizieren, nachdem das Haus während einer Feier eingestürzt war und er als einziger überlebte. Vor die traurige Aufgabe gestellt, erinnerte er sich an die Stelle, an der die jeweilige Person gelegen hatte. Das Verfahren, Orte mit Dingen zu verbinden, die man im Gedächtnis behalten will, und damit die Grundidee der Gedächtniskunst, war geboren. (BG)

6/62 Mnemometer – Gedächtnisapparat

nach Hermann Ebbinghaus (1850–1909) | Universiteitsmuseum Groningen

Ebbinghaus gilt als Mitbegründer der experimentellen Psychologie. Er führte als erster experimentelle Untersuchungen über Lern- und Gedächtnisvorgänge durch. Mit Hilfe seines Gedächtnisapparates, der es ihm erlaubte, Reihen neutraler Elemente (z.B. sinnlose Silbenreihen) zu repetieren, bestimmte er die Erinnerungsleistung. Er stellte fest, dass mit der Zeit das Gedächtnis verblasst und schliesslich das Repetieren so aufwendig wird wie das erste

Lernen. Damit wurde er zum Vorläufer einer bis in die Gegenwart reichenden Tradition von Naturwissenschaftlern, die versuchen, das Speichern von Wissen im menschlichen Hirn zu lokalisieren und zu erklären, allerdings mit bis jetzt mäßigem Erfolg. (BG)

6/63 L'Idea del Theatro dell'eccellen. M. Giulio Camillo

Florenz, 1550 | Giulio Camillo (1480–1544) | Aufgeschlagen: Frontispiz | Staatsbibliothek zu Berlin – Preußischer Kulturbesitz, Abteilung Historische Drucke (Ny 10120 R)

Giulio Camillo, einer der bekanntesten Denker des 16. Jahrhundert, konstruierte ein Gedächtnistheater, das er in seiner Schrift L'idea del Theatro (1550) kurz vor seinem Tode beschrieb. Auf sieben Segmenten im Teatro della memoria, die durch die sieben Säulen von Salomons Haus der Weisheit versinnbildlicht werden, und auf den sieben Stufen der Schöpfung wird das Gesamtwissen der Welt verfügbar gemacht. Die Architektur des Theaters repräsentiert so nicht mehr nur das menschliche Wissen, sondern ist Abbild der göttlichen Ordnung. Ein Gedanke, der auch hinter den Sammlungen der Kunst- und Wunderkammern des sechzehnten und siebzehnten Jahrhunderts stand. (BG)

6/64 Arbore Scientiae

Lyon, 1635 | Raimundus Lullus (gest. 1315) | Staatsbibliothek zu Berlin – Preußischer Kulturbesitz, Benutzungsabteilung (Nl 972)

Lullus gewinnt seine Gedächtniskunst nicht aus der rhetorischen Tradition, sondern aus einer philosophischen Tradition, dem augustinischen Platonismus. Die »Ars magna« (1305–08) enthält den Traktat »Arbor scientiae« (Der Baum des Wissens), der die gesamte Enzyklopädie des Wissens als einen Wald von Bäumen schematisch darstellt. Die Wurzeln bilden die neun Attribute Gottes, die jeder Kunst zugrunde liegen. Die »Ars magna« des Lullus bildete lange den Hintergrund für universelle Systeme und Handbücher über die Kunst des Wissens. Dieser Einfluss ist weit über die Renaissance hinaus spürbar. (BG)

6/65 Utriusque cosmie, majoris scilicet et minoris, metaphysica, physica atque technica historia

Oppenheim, 1617–1624 | Robert Fludd (1574–1637) | Staatsbibliothek zu Berlin – Preußischer Kulturbesitz, Benutzungsabteilung (4° A 4920)

In seinem Werk stellt Fludd den Makrokosmos und den Mikrokosmos dar. Das Kapitel »Die Wissenschaft vom Geistigen memorieren, die gewöhnlich Ars Memoriae genannt wird« zeigt als Titel eine Illustration der Gedächtniskunst. Fludd war primär daran interessiert, Parallelen zwischen Mensch und Welt aufzuzeigen, beide betrachtete er als Bilder Gottes. Seine Ausdehnung der Gedächtnissysteme auf den gesamten Kosmos verleiht ihnen eine magische Wirkung: sie spiegeln den göttlichen Makrokosmos im menschlichen Mikrokosmos wider, der durch diese Teilhabe überirdische Kräfte erhält. (BG)

6/66 Congestorium Artificiose Memorie (Materialsammlung zum künstlichen Gedächtnis)

Venedig, 1533 | Johann Horst von Rombrech (1485–1532) | Staatsbibliothek zu Berlin – Preußischer Kulturbesitz, Abteilung Historische Drucke (Nn 8156 R)

Rombrech kennt drei verschiedene Typen von Ortssystemen: erstens die Orte des Kosmos, wie Paradies, Fegefeuer und Hölle, zweitens die Tierkreiszeichen und als letztes die klassischen Systeme der realen Orte in realen Gebäuden. Diese Erweiterung der klassischen Mnemotechnik, in der Orte mit Merkinhalten verbunden werden, benutzte er, um abstrakte Konzepte wie Grammatik und Theologie integrieren zu können. (BG)

→ data morgana

6/67 Bleibrief des Mnesiergos

Chaidari bei Athen, 4. Jh. v. Chr. | Dünn gehämmertes Blei, ca. 10 x 20 cm | Staatliche Museen zu Berlin, Antikensammlung (Misc. 8608) (Abb. S. 47)

Für die Übertragung von Nachrichten muss es seit Anbeginn der menschlichen Kultur Boten gegeben haben. Darstellungen von Boten sind aus Ägypten schon um 2500 v. Chr. bekannt. Keilschrifttafeln in den Archiven Ägyptens belegen den Austausch von Nachrichten zwischen den antiken Großreichen. Das von dem Perserkönig Kyros II. um 550 v. Chr. aufgebaute amtliche Postsystem mit regelmäßig reitenden Eilboten, die an festen Stationen Reiter und Pferde wechselten (Stafette) wurde später das Vorbild für die Staatspost des Römischen Reiches (cursus publicus). Die frühesten erhaltenen griechischen Briefe sind auf Blei geschrieben.

6/68+69 Kamel mit Reiter und Kamelknecht

Grabfiguren | China, T'ang-Dynastie, frühes 8. Jh. | Keramik mit sancai-Glasur, H 88 cm (Reiter), L 71 cm (Kamel), H 64 cm (Knecht) | Staatliche Museen zu Berlin, Ethnologisches Museum, Fachreferat Ostasien (ID 36 609 a,b) (Abb. S. 19)

Auf den großen Handelswegen wurden Waren und Wissen unterschiedlicher Kulturen ausgetauscht. Die älteste und bedeutendste Handelsverbindung zwischen Europa und China ist die Seidenstraße, auf der bereits in der Antike Seide und Gewürze bis nach Rom transportiert wurden. Die zu einer »tönernen« Handelskarawane gehörigen Grabfiguren belegen einen solchen Kulturaustausch in China der T'ang-Zeit: Nach der Kleidung und den Physiognomien zu urteilen handelt es sich um Perser.

6/70 Katalanische Weltkarte

Mallorca, 1375–1377 | Abraham Cresques und Sohn Judah (zugeschrieben) | Faksimile, Dietikon 1977 | Staatsbibliothek zu Berlin – Preußischer Kulturbesitz, Kartenabteilung (2° Kart. 14074)

Die zu den bedeutendsten Werken der spätmittelalterlichen Kartografie zählende Weltkarte zeigt die Mittelmeerregion im Stil der zeitgenössischen Seekarten. Die Darstellung einer Karawane aus Kamelen und Pferden symbolisiert den Handelsweg von Persien nach China, die Seidenstraße. Die geografischen Angaben zu Asien und China beziehen sich auf den Reisebericht von Marco Polo, der als erster europäischer Handelsreisender nach China kam (1271–1295). Polos Reisebericht prägte das Wissen Europas über das mongolische Reich.

❶ 6/71 Nestorianische Inschrift aus der T'ang-Zeit

China, Hsi-an 781. Steinabreibung des 20. Jh. Papier mit Tusche, 223 x 139 cm | Bayerische Staatsbibliothek München (Cod. sin. 1088)

Wie über große Entfernungen auf Handelswegen Wissen von einer Kultur zu einer anderen getragen wurde, verdeutlicht die Verbreitung des

nestorianischen Christentums in Asien. Die seit dem Konzil von Ephesus 431 als Ketzer von der Reichskirche verfolgten Anhänger des Glaubens, dass Jesus sowohl göttlicher als auch menschlicher Natur sei, verbreiteten sich von Syrien aus nach Mesopotamien und Persien, von dort nach Indien und über die Seidenstraße nach China.

6/72 Nestorianische Inschrift aus der T'ang-Zeit

China, Hsi-an, 781, Steinabreibung aus dem 17. Jh. | Chinesische und syrische (Estrangela-)Schrift | Papier mit Tusche, 178 x 86 cm | Bayerische Staatsbibliothek München (Cod.sin.22)

❷ 6/73 Optischer Flügeltelegraf

1792 | Claude Chappe (1763–1805) | Modell, Eisen, Blei, 50,5 x 30 x 16 cm | Prêt du Musée des arts et metiers du CNAM – Paris

Die im Altertum gebräuchliche optische Telegrafie, das Feuer- und Rauchsignalsystem, fand durch den von Chappe erfundenen optischen Flügeltelegrafen, den Semaphor (griech. Zeichenträger), eine bedeutende Erweiterung. Die Stellungen der weithin sichtbaren, beweglichen Flügel entsprachen bestimmten Buchstaben oder Zahlen. 1794 wurde die erste optische Telegrafenlinie von Paris nach Lille, mit 22 Stationen auf einer Länge von 270 km, in Betrieb genommen. Erst 1838 übernahm Preußen das System und baute eine optische Telegrafenlinie von Berlin nach Koblenz.

6/74+75 Elektrischer Schreibtelegraf – Taster und Empfänger

Samuel Finley Breese Morse (1791–1872) Washington DC, National Museum of American History, Smithsonian Institution

Der von Morse seit 1833 entwickelte Telegraf benötigte nur einen elektrischen Draht als Mittel zur Nachrichtenbeförderung. Mit einem Tastengerät wurden Buchstaben in Form von kurzen und längeren Stromstößen übertragen, die von einer Feder auf einen Papierstreifen als Zickzackschrift aufgezeichnet wurden. Gegen 1840 erstellte Morse für diesen Binärcode ein System, das »Morsealphabet«, bei dem Buchstaben, Ziffern, Satz- und Sonderzeichen durch Kombination von Punkten und Strichen dargestellt werden. 1844 begann das Zeitalter der Telegrafie mit der Verbindung zwischen Washington (D.C.) und Baltimore.

6/76 Morsetelegraf – Normalfarbschreiber der deutschen Reichstelegrafenverwaltung

Um 1870 | Siemens | Deutsches Technikmuseum Berlin

In Europa wurde die erste Morse-Telegrafenlinie 1847 von der Hannoverschen Staatsbahn entlang ihrer Eisenbahnlinien installiert. Ein Jahr später wurden Hamburg und Cuxhaven mit einer Leitung verbunden, um ankommende Schiffe zu melden. Werner von Siemens verbesserte 1862 den Morseschreiber durch ein Farbrädchen, welches die Reliefschrift auftrug. Die Auf-

❶

❸

❷

und Abbewegung des Farbrädchens erfolgte elektromagnetisch, entsprechend der Morsetasteneingabe beim Senden.

❸ 6/77 Elektrischer Zeigertelegraf

Um 1845 | Karl Geiger | Messing, Holz, Glas, 24 x 39,5 x 20 cm | Frankfurt am Main, Museum für Post und Kommunikation (F 7102)

Entlang der Eisenbahnlinien wurden die ersten elektrischen Telegrafenverbindungen eingerichtet. Der von Geiger entwickelte Zeigertelegraf wurde an der ersten Eisenbahnlinie in Württemberg, von Bad-Cannstatt nach Esslingen, eingesetzt. Im Gegensatz zu dem System von Morse wurde beim Zeigertelegraf jeder Buchstabe direkt abgelesen.

❹

❻

❺

❼

6/78 Elektrischer Zeigertelegraf

1847 | Werner von Siemens (1816–1892) | Holz, Metall, Glas, Porzellan, 30 x 20 x 15 cm | Deutsches Technikmuseum Berlin

Sender und Empfänger des von Siemens entwickelten Gerätes sind gleich aufgebaut. Die Buchstaben und Zeichen sind auf 30 radial angeordneten Tasten verteilt. Zahlen und Sonderzeichen sind auf einer inneren Scheibe den Tasten zugeordnet. Der Zeigertelegraf, dessen Reichweite von Station zu Station etwa 50 km betrug, war sehr zuverlässig. Alle wichtigen Städte Norddeutschlands wurden mit Hilfe dieses Telegrafens mit Berlin verbunden.

6/79 Allegorische Darstellung der Telegrafie am Potsdamer Weinbergstor

1850 | König Friedrich Wilhelm IV. (Entwurf) Gipsabguss der ursprünglichen Terracotta, ca. 60 x 40 cm | Deutsches Technikmuseum Berlin

❹ 6/80 Stücke des ersten Transatlantikkabels, montiert als Souvenir

1858 | H 50 cm | London, Courtesy of the Trustees of the Science Museum

Die durch Werner von Siemens entwickelte Methode, Elektroleitungen mit thermoplastischen Guttapercha zu umpressen, ermöglichte es nicht nur, Leitungen unter der Erde, sondern auch unter Wasser zu verlegen. Das erste Transatlantikkabel, das 1858 von Saint John's in Neufundland nach Valencia Island in Irland führte, hielt die Verbindung zwischen den Kontinenten nur für einige Wochen aufrecht. Erst das zweite Tiefseekabel, 1865/1866 von dem größten Schiff seiner Zeit, der »Great Eastern«, verlegt, ermöglichte den dauerhaften Telegrafendienst zwischen Europa und Amerika.

6/81 Telefon von Philipp Reis (1834–1874)

1863 | Messing, Holz | Frankfurt am Main, Museum für Post und Kommunikation (Abb. S. 49)

Das Telefon erfunden zu haben, beanspruchten verschiedene europäische und amerikanische Konstrukteure für sich. Ein Gerät zur »Fortpflanzung musikalischer Töne auf beliebige Entfernung durch Vermittlung des galvanischen Stromes« stellte Reis 1861 öffentlich vor. Dieses »Telephon« konnte über eine mehr als hundert Meter lange Leitung den Ton eines Waldhornes gut hörbar übertragen, Sprache blieb jedoch mit diesem ersten Fernsprecher schwer verständlich. Für die Umwandlung von Schallschwingungen in elektrische Wechselspannungen benutzte Reis ein »Mikrophon«, eine über einen Metallrahmen gespannte Membran.

❺ 6/82 Telefon von Alexander Graham Bell (1847–1922)

1877 | Metall, Holz | Deutsches Technikmuseum Berlin

Bell schuf den ersten für den praktischen Telefonverkehr brauchbaren Fernsprecher. Im Rahmen der Jahrhundertfeier der amerikanischen Unabhängigkeit in Philadelphia wurde er 1876 erstmals öffentlich vorgeführt. Im folgendem Jahr verbesserte Bell seinen Apparat mit dem von Thomas Alva Edison 1877 entwickelten Kohlemikrophon. Sender und Empfänger sind bei dem Gerät gleich ausgebildet und die Muschel diente sowohl zum Sprechen als auch zum Hören. Die Verstärkung des Tons erfolgte bei den ersten Geräten durch einen mit Batterie betriebenen Elektromagneten, später durch einen hufeisenförmigen Dauermagneten.

❻ 6/83_a–e Teile einer Marconi Funkstation

Guglielmo Marconi (1874–1937) | Morsetaste, HF-Spule, Magnetdetektor, Übertrager, Funkeninduktor | Frankfurt am Main, Museum für Post und Kommunikation (F 3300, F 3309, F 5373, F 5368, F 5369)

Den theoretischen Nachweis der Existenz von elektromagnetischer Wellen, die sich mit Lichtgeschwindigkeit ausbreiten, erbrachte James Clerk Maxwell (1831–1879). Heinrich Rudolf Hertz (1857–1894) gelang es 1888, diese Wellen experimentell mit der Hilfe eines Senders (Funkeninduktor), den er »Resonator« nannte, zu erzeugen und über eine bestimmte Entfernung zu übertragen. Diese Grundlagen des »Funkens« wurden von Marconi weiterentwickelt. 1899 stellte er die erste drahtlose Telegrafie-Verbindung zwischen England und Frankreich her. Seine 1897 gegründete Firma besaß eine Monopolstellung und hatte weltweit auf dem Lande und auf vielen Schiffen Funkstationen. Das heldenhafte Verhalten des Marconi-Funkers bei der Titanic Katastrophe 1912, der andere Schiffe zur Hilfe rief und dadurch vielen Menschen das Leben rettete, verhalf der Firma zu großem Ruhm.

❼ 6/84 Universal-Empfänger E 5b

1910 | Telefunken | ca 50 x 20 x 20 cm | Deutsches Technikmuseum Berlin

Auf den meisten deutschen Schiffen waren Funkgeräte der Telefunken-Gesellschaft (Gesellschaft für drahtlose Telegraphie, später: Telefunken) im Einsatz. Nach dem Untergang der Titanic wurde auf der internationalen Funkkonferenz in London 1912 der SOS-Ruf als internationales Seenotsignal eingeführt, das im Morsealphabet (...---... ohne Pause) ausgesendet wird. Dieses Signal ersetzte den von der Marconi Gesellschaft benutzten »CQD«-Code (Come Quick, Danger – Kommt schnell, Gefahr). Zudem wurde vorgeschrieben, dass auf allen Schiffen mit mehr als fünfzig Passagiere eine Funkanlage mitzuführen sei.

6/85 Großfunkstelle Nauen

1935 | Otto Thiele | Öl auf Leinwand, 98 x 128 cm
Frankfurt am Main, Museum für Post und Kommunikation (Abb. S. 51)

In der Nähe von Berlin wurde 1906 die Großfunkstelle Nauen mit einem 100 m hohen Antennenmast in Betrieb genommen. Die erzielte Senderreichweite betrug anfangs 3600 km, nach der Umrüstung auf Löschfunkensender zur Erzeugung schwach gedämpfter elektrischer Schwingungen bis 8300 km. 1920 wurde Nauen vergrößert und die Station von Telefunken an die »Drahtlose Übersee-Verkehrs AG« (Transradio) übergeben.

6/86 Lieben-Röhre-Kathodenstrahl

ca. 1913 | Robert von Lieben (1878–1913) / AEG
Quecksilberdampfröhre für Verstärkerzwecke
Deutsches Technikmuseum Berlin

Die Funk- und Telelegrafentechnik wurde durch die Erfindung der Elektronenröhre 1906 durch Robert von Lieben und unabhängig von ihm durch Lee de Forest (1873–1961) revolutioniert. In einen luftdicht abgeschlossenen Glaskörper setzte Lieben zwei Elektroden, Kathode und Anode (Diode). Indem er den Elektronenstrom, der zwischen den beiden Elektroden fließt, durch ein Steuergitter unterbrach, schuf er eine Drei-elektrodenröhre (Triode), die als steuerbare Verstärkerröhre und als Gleichrichter eingesetzt wurde. Durch die Verstärkung der elektrischen Ströme konnten Nachrichten über größte Entfernungen gesendet werden. Die industrielle Produktion der Röhren begann 1913.

6/87 Rundfunkgerät – Blaupunkt

3 Röhren (blau) – Empfänger mit Lautsprecher
Metall, Holz, Glas, Keramik | Deutsches Technikmuseum Berlin

Die drahtlose Funktelegrafie bildete die Voraussetzung für die Entwicklung des Rundfunks, der Übertragung von Sprache und Musik. Die ersten Versuche wurden im Jahre 1900 durch Reginald Aubrey Fessenden (1866–1932) unternommen, der 1906 auch das erste Rundfunkprogramm der Welt sendete. Den dazu notwendigen Lautsprecher, ein Gerät zur Umwandlung von elektrischen in akustische Schwingungen, schuf Oliver Joseph Lodge (1851–1940), der zur Wiedergabe des Tons Mikrophone und Grammophonschalltrichter benutzte. Durch die Entwicklung der Rückkopplungsschaltung, mit der die ungedämpften Hochfrequenzschwingungen erzeugt werden konnten, begann 1913 in Deutschland und den USA die moderne Sende- und Empfangstechnik.

6/88 Radiogerät »Siemens D-Zug«

ca. 1924 | Siemens & Halske | Deutsches Technikmuseum Berlin

❶ 6/89 Cinématographe

1894 | Louis Nicolas (1862–1954) und Louis Jean Lumière (1864–1948) | Deutsches Filmmuseum Frankfurt am Main

Das von den Gebrüdern Lumière ab 1894 entwickelte kombinierte Aufnahme- und Vorführ-

gerät »Cinématographe«, war mit der Zielsetzung einer industriellen Fertigung konstruiert worden. Mit diesem Gerät wurde die technische Voraussetzung für die Entwicklung des Films zu einem Massenunterhaltungs- und Informationsmittel geschaffen. Die Geschichte der neuen Wahrnehmung, des Films, beginnt mit der ersten öffentlichen Vorführung 1895 vor einem zahlenden Publikum im Indischen Salon des »Grand Café« am Boulevard des Capucines in Paris. »Die Natur auf frischer Tat ertappt«, schrieb die Presse begeistert nach der ersten Vorführung. Die Möglichkeiten dieses neuen Mediums wurden schnell erkannt, sowohl Spiel- als auch Dokumentarfilme entstanden. Mit einem Cinématographe ausgestattete »Operateure« – Filmreporter – wurden von den Gebrüder Lumière um die ganze Welt geschickt, um Aktuelles oder Impressionen anderer Lebenswelten einzufangen.*

❶ 6/90 Wassergekühlte Bogenlampe

(Nachbau) | Gebrüder Lumière | Zusatzgerät für die Einrichtung des Cinémathographen zur Filmprojektion | Deutsches Filmmuseum Frankfurt am Main

6/91 Teleautograph (Empfänger)

1888 | Elisha Gray | Frankfurt am Main, Museum für Post und Kommunikation

6/92_a-c Erstes Faxgerät der Welt – Fultograph-Bildfunkempfänger

1926 | Otho Fulton **a)** Bildfunkempfänger
b) Radio »Telefunken 31 G«, Ser.Nr. 21928 mit orig. Röhrenbstückung, 1927 **c)** Schnecken-trichter-Lautsprecher »Lenzola«, um 1927
Köln, Astrid & Uwe H. Breker (Abb. S. 49)

❷ 6/93_a+b Erste Fultographien

Otho Fulton **a)** Charles Lindbergh anlässlich seiner Atlantik-Überquerung (1927) **b)** Die französische Schauspielerin Claudette Colbert (1905–96) | Papier | Köln, Astrid & Uwe H. Breker

Fernsehen

Die ersten öffentlichen Fernsehvorführungen fanden 1925 in Deutschland, England und in den USA statt. Technische Voraussetzung dieser zunächst mechanischen Bildübertragungen war die für die Bildtelegrafie entwickelte zeilenförmige Zerlegung des zu übertragenden Bildes und die Umwandlung der unterschiedlichen Helligkeitswerte von Bildpunkten in elektrische Werte. Für die Bildzerlegung und Bildzusammensetzung wurde eine Scheibe mit spiralig angeordneten Löchern verwendet, die Paul Nipkow (1860–1940) 1884 entwickelt hatte. Mit dem Einsatz der von Karl Ferdinand Braun (1850–1918) erfundenen Elektronenstrahlröhre (Braunsche Röhre) in Deutschland und Russland beginnt ab 1911 das elektronische Fernsehen.

❸ 6/94_a Televisor, Model C

1928 | John Logie Baird (1888–1946) | Köln, Astrid & Uwe H. Breker

Mit Hilfe der Nipkow-Scheibe gelang Baird

❷

❸

❶

❹

❺

1925 die erste Fernseh-Live-Übertragung: das Gesicht eines Jungens. 1928 übertrug er die ersten Fernsehbilder über den Atlantik. Im gleichen Jahr glückte ihm auch die Übertragung von farbigen Bildern. Eine weitere Pioniertat erzielte er auf dem Gebiet der Bildspeicherung. Mit einem nicht-fotografischen Verfahren (»Phonovision«) nahm Baird 30-Zeilen-Fernsehbilder auf Schellackplatten auf, die über seinem Fernsehgerät »Televisor« abspielbar waren. Der »Telivisor« konnte als Bausatz gekauft werden.

6/94_b Bildplatte (»Phonovision«)
1928 | John Logie Baird | Köln, Astrid & Uwe H. Breker

6/95 Erstes Foto, das ein Fernsehbild vom System Televisor zeigt
1932 | Vintage Print, ca. 10 x 15 cm | Deutsches Technikmuseum Berlin

❹ 6/96 Elektronische Fernseh-Versuchsanlage mit Bildröhre und Doppelkippschwinggerät
Um 1932 | Laboratorium Manfred von Ardenne Deutsches Technikmuseum Berlin
Ardenne verhalf der elektronischen Bildabtastung und Bildwiedergabe zur Anwendungsreife. Auf der Berliner Funkausstellung 1931 erlebte sein System des elektronischen Fernsehens ihre Weltpremiere.

6/97 Koaxialkabel
Um 1938 | Hersteller unbekannt | Frankfurt am Main, Museum für Post und Kommunikation
Für die Übertragung von Fernsehsendungen wurden ab 1930 breitbandige Kabel entwickelt, die aus einem zylindrischen Innenleiter und einem tubenförmigen Außenleiter bestanden. Diese Kabel können aus ein oder mehreren koaxialen Leiterpaaren bestehen. Über ein Koaxialpaar können gleichzeitig mehrere Fernsehsendungen oder mehr als 10 000 Telefongespräche übertragen werden. Eine noch viel größere Kapazität haben die heutigen Glaslichtleiter. Sie bestehen aus einem Kern und einen Mantel aus zwei verschiedenen Glassorten unterschiedlicher Brechkraft, wobei der Faserkern dünner als menschliches Haar ist. Mit Schutz-und Stabilisierungsschichten ummantelt, werden sie zu Glasfaserkabel zusammengefasst.

→ **turing galaxis**

Mechanische Rechenmaschinen
Mathematische Hilfsmitteln wie Abakus, Rechenstäbe, Logarithmentafeln und Rechenschieber sind frühe Ansätze für die Automatisierung informationeller Prozesse. Die mechanischen Rechenmaschinen, die Vorläufer der Computer, greifen auf eine technische Erfindung zurück, welche bereits im antiken Griechenland für kalendarische Berechnungen genutzt wurde, den Zahnradantrieb. Maschinen, die alle vier »Species« – die seit dem Mittelalter gebräuchliche Bezeichnung der Grundrechenarten – ausführen können, werden als Vierspezies-Maschinen bezeichnet. Im Gegensatz zu einfachen Addiermaschinen war der technische Aufwand für die Multiplikation mit großen Zahlen und deren Umkehrung zur Division sehr kompliziert. Seit dem 16. Jahrhundert wurden hierzu verschiedene technische Lösungen entwickelt, etwa die Staffelwalze, das Sprossenrad oder der Proportionalhebel.

6/98 Kalender-Rechengerät von Antikythera
Funktionsfähige Nachbildung nach Derek de Solla Price (nach 1980) | Metall, Acrylglas, 60 x 30 x 10 cm | Original: Rhodos (?) um 87 v. Chr. (Athen, Nationalmuseum), gefunden 1903 vor der Insel Antikythera (Bronze, Holzfragmente, 32 x 16,5 x 10,5 cm) | München, Deutsches Museum (1992-5) (Abb. S. 24)
Die Funktion und Bedeutung des zur Unkenntlichkeit zusammengedrückten und korrodierten Bronzemechanismus' konnte mit Hilfe moderner Röntgenmethoden rekonstruiert werden. Es handelt sich um ein System von zweiunddreißig Zahnrädern, welches astronomische Berechnung ermöglicht. Der Antikythera-Mechanismus ist das einzig erhaltene antike Rechengerät mit Zahnradtechnik. Als mögliches Vorbild können die Planetarien und Himmelsglobus des bedeutendsten Mathematikers und Physikers der Antike, Archimedes (um 287 – 212 v. Chr.), gelten.

6/99 Rechenstäbe (»Napier's bones«)
1678 | John Lord Merchiston Napier (1550 – 1617) Holz, Karton, Messing, Glas 3,3 x 14,5 x 6,5 cm Musée des Arts et Métiers du CNAM – Paris (798 - 2) (Abb. S. 76)
Durch richtiges Aneinanderlegen lassen sich mit den um 1600 von dem schottischen Mathematiker Napier erfundenen »Knochen«, auf dessen vier Seiten das kleine Einmaleins für die Zahlen von 1 bis 9 geschrieben sind, mehrstellige Zahlen multiplizieren. Seine Rechenstäbe mit logarithmischer Teilung – Napier erfand unabhängig von dem Schweizer Mathematiker Jobst Bürgi (1552 – 1605) die Logarithmen – führten zu weiteren Rechenhilfen beim Multiplizieren, Dividieren und Wurzelziehen.

❺ 6/100 »Rechenuhr« von Wilhelm Schickard (1592 – 1635)
1623 (Nachbau nach den 1957 in dem Nachlass von Johannes Kepler aufgefundenen Plänen

von Schickard) | Holz, Metall, 65 x 74 x 36,5 cm | Braunschweigisches Landesmuseum, Braunschweig (LMB 24212/200)
Diese erste mechanische, zahnradgetriebene Rechenmaschine der Welt für die vier Grundrechenarten war eine Kombination der Napierschen Rechenstäbchen mit einem sechsstelligen Addierwerk. Das dekadische Zählrad, das Standardbauteil aller späteren Rechenmaschinen, wurde hier zum ersten Mal im Addier- und Subtrahierwerk verwendet, der automatische Zehnerübertrag erfolgte durch ein Zwischenzahnrad. Schickard, Professor in Tübingen, stand in Korrespondenz mit John Napier und Johannes Kepler.

6/101 »Mathematischer Schrein« – Organum Mathematicum
1666 (?) | Athanasius Kircher (1601 – 1680) / Caspar Schott (1608 – 1666) | Birnbaum geschwärzt; Papier, Eisenbeschläge, 44,5 x 30,5 x 20,5 cm | Bayerisches Nationalmuseum, München (R 2613) (Abb. S. 77)
Mit dem von dem Universalgelehrten Kircher und seinem Schüler Schott entworfenen »Schrein«, von dem mehrere Varianten gebaut wurden, sollten alle mathematischen Probleme der Zeit gelöst werden können. Zusätzlich zu den etwa 250 bedruckten Holzstäbchen mit Anweisungen zur Arithmetik, Geometrie, Astronomie, Fortifikation, Kryptographie und zur Komposition von Musik befindet sich in der oberen Lade eine von Schott nach dem Prinzip der Napierschen Rechenstäbe entwickelte Rechenmaschine. Schott verfasste eine 850 Seiten lange Benutzungsanleitung für das »Organum mathematicum«, die 1688 erschien.

❻ 6/102 Rechenmaschine von Blaise Pascal (1623 – 1662)
Original um 1650 (Nachbau) | Metall, Holz, 28,8 x 12,5 x 7,1 cm | Braunschweigisches Landesmuseum, Braunschweig
Der französische Philosoph, Mathematiker und Physiker Pascal stellte 1642 in Paris seine Rechenmaschine für achtstellige Additionen und Subtraktionen öffentlich vor. Diesem Prototyp folgten bis 1651 fast fünfzig weiterer Exemplare mit sechs bis acht Drehscheiben. Ähnlich der »Rechenuhr« von Schickard, die Pascal jedoch nicht kannte, beherrschte sie den automatischen Zehnerübertrag, der von einem Mitnehmerstift und einer Klinke mit Fallgewicht vorgenommen wurde.

❻

❶

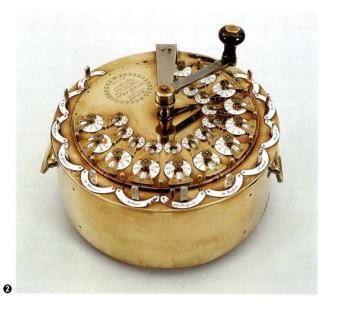

❷

❸

❹

❺

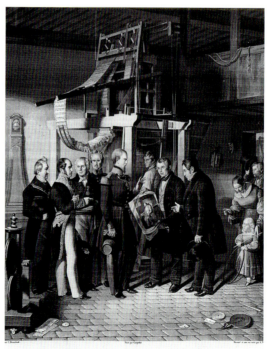

Visite de M^r le Duc d'Aumale a la Croix-Rousse, dans l'atelier de M. Carquillat.

❻

6/103 Rechenmaschine von Sir Samuel Morland (1625–1695)

1664 | Henri Sutton und Samuel Knibb (Ausführung) | Messing, Silber, Holz, Kristall, 10 x 55,5 x 18 cm | Florenz, Istituto e Museo di Storia della Scienza (679) (Abb. S. 76)

Die Rechenmaschine von Samuel Morland, »master of mechanics« am Hofe König Charles II. von England, gilt als die erste Multiplikationsmaschine. Der Mechanismus arbeitet mit einer Stahlnadel, welche die Drehscheiben bewegt. Der Übertrag muss abgelesen und manuell eingegeben werden. Die Maschine wurde für die Berechnung des englischen Münzsystems entworfen und hat daher eine duodezimale Skala.

❶ 6/104 Rechenmaschine von Gottfried Wilhelm Leibniz (1646–1713)

Original, 1673 (Nachbau), 15 x 28 x 79 cm Braunschweigisches Landesmuseum, Braunschweig (LMB 24212/005)

Die erste funktionsfähige mechanische Vierspezies-Maschine stellte der Universalgelehrte Leibniz 1642 in London vor. Die technische Neuheit ist eine »Staffelwalze«, eine Art Zahnrad in Walzenform, dessen neun achsenparallele Zahnleisten eine »gestaffelte« Länge aufweisen. Die Staffelwalze greift in ein fest stehendes Zählzahnrad ein und dreht es je nach der eingestellten Ziffer um entsprechend viele Zähne weiter. Die Grundform der Leibniz-Rechenmaschine hat sich bis in die jüngste Vergangenheit erhalten. Bedingt durch fertigungstechnische Toleranzen war die Maschine allerdings nur eingeschränkt funktionsfähig.

6/105 De Progressione Dyadica (Pars I., Bl. 1–2)

15. März 1679 | Gottfried Wilhelm Leibniz Handschrift | Hannover, Niedersächsische Landesbibliothek (LH XXXV, III B, 2 Bl. 1-2) (Abb. S. 12)

Leibniz entdeckte als erster die binäre Arithmetik, stellte sie systematisch dar und machte sie der wissenschaftlichen Öffentlichkeit seiner Zeit bekannt. Seine Dyadik ersetzt das dekadische Zahlensystem durch die Darstellung aller Zahlen mit den Ziffern 0 und 1. Leibniz erkannte in diesem Dualsystem, welches er metaphysisch – als Symbol für Gott und das Nichts – interpretierte, die Möglichkeit, mechanisiertes Rechnen zu erleichtern. Das binäre System ist die Grundlage der heutigen elektronischen Datenverarbeitung.

6/106 Explication de l'Arithmetique Binaire – Erklärung der Binärzahlen

Paris 1705 | Gottfried Wilhelm Leibniz In: Histoire de L'Academie Royale des Sciences. Année MDCCIII. Avec les Mémoires de Mathématique & de Physique, pour la même Année, S. 86 | Wolfenbüttel, Herzog August Bibliothek (Aa 4° 50)

Über das von ihm entwickelte binäre Zahlensystem schreibt Leibniz 1701 an den französischen Mathematiker Marquis de l'Hôpital: »Ich glaube zu sehen, dass durch dieses Mittel und durch die unendlichen Reihen, dargestellt in dieser Form, etwas zu erreichen ist, was auf andere Weise nicht leicht gewonnen werden kann«. Seine über Jahrzehnte währende Beschäftigung mit binären Zahlenreihen gehört zu den wenigen Forschungsergebnissen, die Leibniz zu Lebzeiten in Druck erscheinen ließ.

❷ 6/107 Rechenmaschine von Philipp Matthäus Hahn (1739–1790)

Original, 1777 (Nachbau), 15 x Dm 32 cm Braunschweigisches Landesmuseum, Braunschweig (LMB 2412/006)

Der Bau der ersten voll funktionsfähigen Staffelwalzenmaschine für die vier Grundrechenarten gelang 1770 dem Pfarrer und Mechaniker Philipp Matthäus Hahn. Die Konstruktion dieser Maschine ist gegenüber der Vierspezies-Maschine von Leibniz wesentlich vereinfacht. Das Zählwerk ist kreisförmig um die zentrale Antriebskurbel für die Staffelwalzen angeordnet, Rechen- und Ergebniswerk sind 11-stellig. Im Gegensatz zu Leibniz, der dem Menschen das »unwürdige« sture Rechnen erleichtern wollte, erklärte Hahn seine »Lust zur Mechanik« in theologischer Sichtweise als Verherrlichung Gottes und »zur Ausbreitung des Evangeli«.

6/108 Rechenmaschine von Johann Christoph Schuster

1789–1792 | Messing, Stahl, Email und Horn, Dm 29,5 cm; H 12,5 cm | München, Deutsches Museum (5048) (Abb. S. 25)

Die von Philipp Matthäus Hahn entwickelte Vierspezies-Maschine wurde ab 1774 von ihm und seinem Schwager und Schüler Schuster in größerer Anzahl gebaut. Ihr Stückpreis von 2000 Gulden war beachtlich, gemessen an Waagen oder Sonnenuhren aus der Produktion Hahns, die für 8 Gulden angeboten wurden.

❸ 6/109 Rechenmaschine von Johann Helfrich von Müller (1746–1839)

Original, um 1786 (Nachbau von 1914) | 15 x Dm 30 cm | Braunschweigisches Landesmuseum, Braunschweig (BLM 24212/007)

Wie bei der Vierspezies-Maschine von Hahn ist das Zählwerk kreisförmig um die zentrale Staffelwalze angeordnet, jedoch hatte Müllers Maschine einige Vorzüge gegenüber der von Hahn: So konnten die Anzeigenscheiben ausgewechselt werden, um in anderen Zahlensystemen zu rechnen. Mit den Rechenmaschinen von Müller und Hahn ist die Epoche der vorindustriellen Fertigung mechanischer Rechenmaschinen beendet. Müller war der erste – fast fünfzig Jahre vor Charles Babbage – der an die Konstruktion einer »Differenzmaschine« für die Berechnung und den Ausdruck von arithmetischen Serien dachte.

6/110 Arithmométré-Rechenmaschine von Charles Xavier Thomas de Colmar (1785–1870)

1854 | Stahl, Elfenbein, Messing, Glas, 9,5 x 57 x 16,5 cm | Prêt du Musée des arts et métiers du CNAM–Paris (7479) (Abb. S. 76)

Der 1820 patentierte Arithmométré ist die erste industriell gefertigte Rechenmaschine. Weltweit wurden etwa 1500 Stück verkauft. Die nach dem Vorbild der Leibnizschen Rechenmaschine mit einer Staffelwalze und einen Kurbelantrieb ausgerüsteten Maschinen hatten eine hohe Rechengeschwindigkeit. Ab 1858 wurden sie mit einem Umdrehungszählwerk ausgestattet, welches Multiplikator und Quotient anzeigte. Für Subtraktionen musste ein Getriebe umgestellt werden.

❹ 6/111 Rechenmaschine der Firma Brunsviga

1892 (aus erster Serie) | 15 x 48 x 20 cm | Braunschweigisches Landesmuseum, Braunschweig (LMB 24212/018)

Automaten

Die Wurzeln der Computer gehen zurück bis zu den antiken Automaten – Mechanismen, die nach einen programmierten Prozess selbsttätig ablaufen (griech. Selbstbeweger). Ein berühmtes Beispiel waren die von dem griechischen Mechaniker und Mathematiker Heron von Alexandria (1. Jh. n. Chr.) konstruierten, sich selbsttätig öffnenden Tempeltüren. Mechanische Puppen, Spieluhren, Uhren mit Figurenwerk, Glockenspiele waren bereits im Mittelalter bekannt und wurden ab dem 16. Jahrhundert immer beliebter. Aus den mechanischen Musikinstrumenten und den lebensgroßen Menschenfiguren, sogenannten Androiden, die allerlei Bewegungen ausführen konnten, entwickelten sich die Prinzipien der mechanischen Steuerungstechnik bis hin zur Programmsteuerung.

6/112 »Die allesschreibende Wundermaschine«

Schreibautomat von Friedrich von Knaus (1724–1789) | 1760 | Metall (Messing, Eisen), Sockel Holz, 180 x 107 x 98 cm | Technisches Museum Wien (14.069) (Abb. S. 22/23)

Die ersten Schreibautomaten wurden von Friedrich von Knaus, Mechaniker am Hofe Kaiser Franz I. und der Kaiserin Maria Theresia, entwickelt. Ab 1753 stellt er vier dieser Automaten her. Die vierte, die er »die allesschreibende Wundermaschine« nannte, wurde am 4. Oktober 1760 anlässlich des Geburtstages Kaiser Franz I. vorgeführt. Der Kaiser sah zu, als der Automat ihm einen längeren, auf französisch verfassten Geburtstagsgruß schrieb. Die auf einer Wolke über der Weltkugel sitzende Figur kann jeden beliebigen Text mit Tinte und Feder schreiben. Der Schreibmechanismus wird durch ein Federwerk und durch Schablonen im Inneren der Kugel angetrieben. Die Buchstaben werden digital auf einer Stifttrommel programmiert und analog von Gleitkämmen gesteuert.

6/113 Schreibautomat von Friedrich von Knaus

1764 | Silber, Mechanismus: Holz und Metall, 58 x 46 x 46 cm | Florenz, Istituto e Museo di Storia della Scienza (3195) (Abb. S. 81)

Die eine Schreibfeder haltende Hand wird von einem Uhrwerk gesteuert, welches die Feder in ein Tintenfass führt und sie auf einem Papierbogen den Satz schreiben lässt: »Huic Domui Deus nec metas rerum nec tempora ponat« (Für dieses Haus möge Gott weder ein Ende noch ein Unglück bestimmen). Der Schreibautomat gehörte zu der wissenschaftlichen Sammlung der Medici, die in das 1775 vom Großfürsten der Toskana, Pietro Leopoldo (1747–1792), gegründete Naturkundemuseum in Florenz aufging.

6/114 Skrivekugle (Schreibkugel) von Rasmus Malling Hansen

Dänemark, 1867 | Modell der Maschine Friedrich Nietzsches | Messing, Stahl, 52 Typen, H 23,1, L 27,3 cm | Weimar, Goethe-Nationalmuseum der Stiftung Weimarer Klassik, (NKg/00329) (Abb. S. 56)

Zur Beschleunigung des Schreibvorgangs wurden bereits im 18. Jahrhundert Maschinen entwickelt. Hansens »Schreibkugel« war die erste fabrikmäßig hergestellte Schreibmaschine. Die etwa hundert produzierten Maschinen waren mit Papierführung, Zeilenschaltung, Leertaste und einem Glockensignal am Zeilenende ausgestattet, der erst im ersten Exemplar eingebaute elektrische Antrieb für den Schreibmaschinenwagen entfiel in den Serienmodellen. Nietzsche, der die »Schreibkugel« wegen seiner im Alter nachlassenden Sehstärke erwarb, beschrieb in verschiedenen Briefen den Einfluss des »Schreibzeugs« auf die Gedanken.

6/115 Skrivekugle (Schreibkugel) von Rasmus Malling Hansen

Dänemark, 1867 (Serien-Nr. 69) | Messing, Stahl, 52 Typen, 22 x 25 x 26 cm | Köln, Astrid & Uwe H. Breker

6/116 Sholes & Glidden Schreibmaschine

Remington Arms Company, 1874–78 (Serien-Nr. A 465) | Metall, 102 x 51x 44 cm | Köln, Astrid & Uwe H. Breker (Abb. S. 60)

Die Tastatur dieser ersten in Großserie produzierten Schreibmaschine legte die für alle späteren Schreibmaschinen und die heutigen Computer übliche Buchstabenabfolge fest. Sie wird nach den ersten sechs Buchstaben der obersten Reihe QWERTY, in deutscher Schreibweise QWERTZ, genannt.

❺ 6/117 Porträt von Joseph-Marie Jacquard (1752–1834)

Lyon, 1839 | François Carquillat (1803–1884) nach einem Gemälde von Jean Claude Bonnefond (1796–1860) | Aufschrift: A la mémoire de J. M. Jacquard | Jacquard-Seidenweberei, 78 x 61 cm Lyon, Musée des Tissus (42157)

Die Programmsteuerung von Computern hat ihren Ursprung in der Seidenweberei. 1728 führten M. Falcon und Jacques de Vaucanson gelochte Holzbrettchen für Webstühle ein, die das Heben und Senken der Kettfäden steuerten. 1745 baute Vaucanson die erste vollmechanische, lochkartengesteuerte Webmaschine. Erst sechzig

Jahre später verhalf Jacquard dieser Erfindung zum Durchbruch. Er verfeinerte die Technik und fertigte die Webstühle serienmäßig. Wie präzise die Steuerung programmierbar ist, zeigt das ausgestellte Porträt. Das Modell eines Jacquard-Webstuhles ist links neben dem Dargestellten zu erkennen.

❻ 6/118 Besuch des Duc d'Amnale im Atelier François Carquillat 1841

Lyon, 1844 | François Carquillat (1803–1884) Aufschrift: »Visite de Mgr. le Duc d'Amnale a la Croix Rousse dans l'atelier de M. Carquillat, le 24 Aout 1841.« | Jacquard-Seidenweberei, 109 x 87 cm | Lyon, Musée des Tissus (24.735)

Carquillat war einer der berühmtesten Hersteller von Seidenbildern im 19. Jahrhundert. Die Programmierung des Jacquard-Webstuhles beherrschte er perfekt. Seine Seidenbilder wurden begehrte Sammlerobjekte. Der dargestellte Besuch des Duc d'Amnale, einem Sohn Louis Philippe's, in der Werkstatt Carquillats zeigt den Künstler in der Mitte des Bildes, sein berühmtestes Werk, das Porträt Jacquards, in seinen Händen haltend. Ein Exemplar des Porträts hing im Wohnzimmer von Charles Babbage, der die Programmierung des Jacquard-Webstuhles für seine Rechenmaschine übernahm.

6/119 Difference Engine Nº.1/Nº.2 (Fragmente)

1822/1847 | Charles Babbage (1791–1871) London, Courtesy of the Trustees of the Science Museum (1905-181, pT 30; 51; 1992-556 PtZ)

Der Bedarf an fehlerfreien Zahlentafeln für verschiedenste Anwendungen veranlasste den britischen Mathematiker Babbage, eine »Differenzmaschine« zu konstruieren, die verlässliche Ergebnisse errechnen und tabellarisch ausdrucken sollte. Von der englischen Krone mit großen Geldsummen finanziert, baute der Ingenieur Joseph Clement nach den Plänen von Babbage zehn Jahre an der Maschine, ohne sie je zu vollenden. Aus etwa 25000 Teilen zusammengesetzt, wäre sie beträchtlich größer gewesen als die kleinen Universalmaschinen des 17. und 18. Jahrhunderts: 240 x 210 x 90 cm. Ab 1847 entwarf Babbage eine zweite »Differenzmaschine«, deren Finanzierung die Regierung allerdings ablehnte. Dass diese »Difference Engine Nº.2« funktionstüchtig gewesen wäre, beweist der im Auftrage des Science Museums 1991 nach den originalen Plänen ausgeführte Nachbau. Der dazugehörige Drucker befindet sich zur Zeit im Bau.

6/120 Difference Engine N°.1

Frontispiz in: Charles Babbage, Passages
From The Life Of A Philosopher | London, 1864
Berlin, Staatsbibliothek zu Berlin – Preußischer
Kulturbesitz, Benutzungsabt. (Ah 756) (Abb. S. 78)
*1832 konnte Joseph Clement wenigstens eine
Recheneinheit, etwa den siebten Teil der gesamten Konstruktion, fertigstellen. Das aus
2000 Einzelteilen zusammengesetzte Stück funktioniert noch heute einwandfrei (London, Science
Museum). Nach dem Tod von Babbage baute
sein Sohn Henry sechs kleine Modelle der Recheneinheit, die er an Forschungsinstitute ver-
kaufte. Eines dieser Modelle lernte Howard
Aiken, Konstrukteur des ersten programmgesteu-
erten elektromechanischen Rechenautomaten der
USA (Mark I, 1944), kennen. Es lenkte sein
Interesse auf Babbage, dessen Arbeiten er nach
dem Krieg zu großer Popularität verhalf.*

6/121 »Analytical Engine« (Fragmente)

Charles Babbage | London, Courtesy of the
Trustees of the Science Museum (1905-181 Pt
28; 57)
*Parallel zu den beiden Differenzmaschinen
beschäftigte sich Babbage Zeit seines Lebens
mit einer noch viel größeren Universalmaschine
zur Lösung aller denkbaren algebraischen Funktionen. Diese »Analytical Engine« wäre so
groß gewesen – 4,60 x 6,10 x 1,80 m –, dass sie
als Antrieb wahrscheinlich Dampfkraft benötigt
hätte. Auch für den Bau dieser Maschine warb
Babbage vergeblich um finanzielle Unterstützung. Sie wies bereits alle Funktionen eines
modernen Computers auf: Rechenwerk (mill),
Speicher (store), Ein- und Ausgabeschnittstelle.
Gesteuert wurde das Programm, das alle vier
Grundrechenarten in einer beliebigen Abfolge
zuließ, durch Lochkarten. Teile des Programmes
sollten wiederholbar sein. Dies geschah durch
die Möglichkeit, von einer Stelle der Befehls-
folge nach Bedarf auf eine früher gelegene zurück
zu gelangen. Diese als »bedingte Verzweigun-
gen« bezeichneten Programmschleifen sind auch
Grundlage der modernen Computertechnologie,
die jedoch unabhängig von Babbages Arbeiten
entwickelt wurden.*

**6/122 Ada Byron King, Countess of Lovelace
(1815–1852)**

1836 | Margaret (Sarah) Carpenter (1793–1872)
Öl auf Leinwand, 216 x 137 cm | London, Govern-
ment Art Collection of the United Kingdom
(GAC 2172) (Abb. S. 13)
*Die Tochter des Dichters Lord Byron und der
Mathematikerin Annabella Milbanke war eine
große Bewunderin von Charles Babbage. In
einem wissenschaftlichen Aufsatz rühmt sie die
Programmierfähigkeit der »Analytical Engine«:
Sie »webt algebraische Muster buchstäblich auf
die gleiche Weise wie der Jacquardsche Web-
stuhl Blumen und Blätter.« Die rechnerischen
Möglichkeiten dieser Maschine schienen ihr
unbegrenzt, jedoch sprach sie ihr schöpferische
Fähigkeiten ab. Ada Byron King entwarf ver-*

*schiedene Programme, die auch bedingte Ver-
zweigung, also automatische Programmwieder-
holungen, aufweisen. Sie gilt daher als »Ahn-
frau« der Computerprogramme.*

6/123 Manchester Differential Analyser

1935 | Douglas R Hartree (1897–1958) | Meccano-
Model, Metall, Holz, ca. 60 x 80 cm | London,
Courtesy of the Trustees of the Science Museum
*Viele wissenschaftliche und technologische Pro-
bleme lassen sich durch Differenzialgleichungen
darstellen. Mit serienmäßigen Stabilbaukasten-
elementen konstruierte Hartree das Modell für
einen von Elektromotoren angetriebenen analogen Computer. Vorbild dieses Rechners war der
ab 1930 von Vannevar Bush (1890–1974) entwickelten »Differential Analyser«. Dieser raum-
große Analogrechner operierte wie die Maschinen
von Charles Babbage noch mit dem Dezimalsystem. 1942 entwickelte Bush einen Differenzialrechner mit elektronischen Röhren und gelochten Eingabekarten. Die Analogrechner wurden
im Zweiten Weltkrieg für ballistische Berechnungen eingesetzt.*

❶ **6/124 »Enigma«, Elektrische Chiffrier-
machine**

1923–1945 | Arthur Scherbius | Metall, Holz, 30 x
30 x 15 cm | Deutsches Technikmuseum Berlin
*Die Lösung militärischer Aufgabenstellungen,
hauptsächlich ballistische und aerodynamische
Probleme, stehen am Anfang der Entwicklung
binärrechnender Computer. Von kriegsentschei-
dender Bedeutung war die Code-Entschlüsse-
lung der von der deutschen Wehrmacht im Zweiten Weltkrieg verwendeten Chiffriermaschine
»Enigma« durch eine Gruppe alliierter Wissenschaftler in Bletchley Park, England. Unter
größter Geheimhaltung wurden hier etwa 300000
Meldungen entschlüsselt. Hierzu wurde eine ge-
waltige elektronisch arbeitende computerähnliche
Maschine, »Colossus« genannt, eingesetzt. Für
die Entwicklung der maschinenlogischen Grundlagen (Algorithmen) dieses mit 1500 Elektronenröhren bestückten Digitalrechners kommt dem
Mathematiker Alan Mathison Turing (1912–
1954) eine entscheidende Rolle zu.*

**6/125 Schrittschalter des Relaisrechners
»Z3«**

1941 | Konrad Zuse | Berlin, Dr.-Ing. Horst Zuse
*Unabhängig von gleichzeitigen Entwicklungen
in England und den USA wurde in Deutschland
von dem Bauingenieur Konrad Zuse der erste
funktionsfähige programmgesteuerte elektromechanische Digitalrechner der Welt gebaut. Diesem Relaisrechner – »Zuse 3« (Z 3) – waren
zwei Entwicklungsmodelle – »Z 1« (1938) und
»Z 2« (1940) – vorangegangen. Den Bau des
ersten «mechanischen Gehirns« realisierte Zuse
im Wohnzimmer seiner Eltern. Einen Nachbau
dieses nicht erhaltenen Versuchsmodells »Z 1«
fertigte er in späteren Jahren für das Deutsche
Technikmuseum in Berlin an. Zuse verstand
seine Rechner als eine Einheit aus arithmetischen und logischen Operationen.*

6/126 Relais des Rechners »Z3«

1941 | Konrad Zuse | Berlin, Dr.-Ing. Horst Zuse
*Der am 12. Mai 1941 öffentlich vorgestellte
Computer bestand aus ca. 2000 Telefonrelais
(600 im Rechenwerk, 1400 im Speicher). Seine
Speicherkapazität betrug 64 Zahlen zu je 22
Dualstellen. Die Eingabe der Zahlen erfolgte
über eine Tastatur, die Datenausgabe über ein
Lampenfeld. Neben den vier Grundrechnungsarten ermöglichte der Rechner auch die Multiplikation mit fest eingegebenen Faktoren und
das Ziehen von Quadratwurzeln. Die binäre Programmsteuerung war in einen Kinofilmstreifen
gelocht. Hierzu entwickelte Zuse eine Programmiersprache – »das Plankalkül« –, die als Vorläufer der modernen, algorithmischen Program-
miersprachen gilt.*

**6/127_a–d Rechnereinheiten des elektroni-
schen Großcomputers »ENIAC«**

1944/45 | John Presper Eckert (1919–1995),
John William Mauchly (1907–1980), John Louis
von Neumann (1903–1957) | 259 x 61 x 66 cm
(Moore-Institut der Universität von Pennsylvania)
Washington D.C., National Museum of American
History, Smithsonian Institution (308932.442;
308932.449; 308932; 308932.450)

**a) ENIAC / Power Supply Filter (Stromver-
sorgungsregler)**

*Der erste elektronische Großcomputer der Welt
»ENIAC« (Electronic Numerical Integrator and
Computer) war im Gegensatz zu seinem britischen Vorläufer »Colossus«, der ausschließlich
für die Entschlüsselung codierter Meldungen
eingesetzt wurde, ein Mehrzweckrechner. Unter
militärischer Leitung wurde der Bau im Juni
1944 begonnen und im Herbst 1945 weitgehend
vollendet. ENIAC wurde zunächst für geheime
militärische Zwecke verwendet – 1947 konnte
John von Neumann mit dem Rechner das Problem
der numerischen Lösung der Druckgleichung für
die Implosionszündung einer A-Bombe ermit-
teln. Als Universalrechner war der Computer
bis 1955 im Betrieb.*

**b) ENIAC / Power Supply Unit (Stromversor-
gungseinheit)**

*Der fast 30 m lange, auf U-förmigen Grundriss
errichtete Großrechner war aus 40 gleich großen
Einheiten (units) zusammengesetzt. Schaltung
und Speicherung wurden von 18000 handelsüb-
lichen RCA-Radioröhren aus 16 verschiedenen
Typenreihen ausgeführt. Weitere Bauteile waren
70000 Widerstände, 10000 Kondensatoren und
6000 Schalter. Die rechnerische Fehlertoleranz
war sehr gering, da ständig eine Wartungsman-
schaft defekte Röhren ersetzte.*

**c) ENIAC / Decade Ring Counter Plug-in Unit
(Dekadenzähler)**

*Röhreneinheit für die elektronische Darstellung
der Zahlen 1–10*

d) ENIAC / Funktionsdiagramm

*Elektrotechnische Bedingungen (hardware) und
die Umsetzung von Alan Turings Entschei-
dungsmaschine durch John von Neumann führten
zu der hyperkomplexen elektronischen Architektur von ENIAC, die letztlich das Fundament aller*

*heutigen Computer ist. Eine zentrale Program-
mierung hatte ENIAC noch nicht, bis zu 6000
Verbindungen mussten von Hand – hierzu waren
fast ausschließlich weibliche Mitarbeiterinnen
angestellt – gesteckt werden. Als Konsequenz
aus diesem Mangel entwickelte John von Neumann EDVAC (Electronic Discrete Variable
Automatic Computer), der die seither gültige
logische Konfiguration der Computer festlegte.
Neumanns Logik der Rechnersteuerung, die diskrete Sequentialität, inaugurierte die Sprache
der Maschinen, die »Programmiersprache«.*

❷ **6/128 Erster funktionstüchtiger
Transistor**

1947 | John Bardeen (1908–1991), Walter Houser
Brattain (1902–987) und William Bradford
Shockley (1910–1989) | Bell Telephone Laborato-
ries in Murray Hill (N.Y.) | Germanium, Goldfo-
lie, Kunststoff, Metall (Büroklammer) (Replik) |
Warren, New Jersey, AT & T Archives
*Die relativ kurze Lebensdauer und der hohe
Energiebedarf der Elektronenröhren führte 1947
zur Entwicklung des Transistors durch Bardeen,
Brattain und Shockley. Diese erhielten dafür
1956 den Nobelpreis für Physik. Der Transistor
– eine Wortkombination aus »transfer« und
»resistor« (Widerstand) – wurde eines der
wichtigsten Bauelemente der Elektronik. Die
Miniaturisierung dieses elektronischen Bauteiles
führte 1958 zum ersten integrierten Schaltkreis,
dessen Bauteile nicht mehr auf verschiedenen
Plättchen, sondern innerhalb eines einzigen
Halbleiterkristalls an verschiedenen Stellen angebracht wurden. Diese monolithisch integrierte
Schaltung wird auch als Chip (engl.: Stückchen,
Schnipsel) bezeichnet.*

**Mikroprozessoren
Feldkirchen, Intel GmbH**

6/129 4-Bit Mikroprozessor »Intel 4004«

1971 (Abb. S. 15)
*Das Herz eines heutigen Computers ist der
Mikroprozessor. Erfunden wurde er durch Ted
Hoff, Angestellter der 1968 gegründeten Firma
Intel. Er verband verschiedene mikroelektroni-
sche Spezialbausteine, die für einen Tischrech-
ner bestimmt waren, zu einem Universalschalt-
kreis. Die mathematischen Funktionen wurden
von Hoff nicht fest verdrahtet, sondern aus einer
kleinen Menge einfacher Befehle programmiert.
Dieser 4-bit Prozessor besteht aus 12 Quadrat-
millimeter Silizium mit 2250 Transistoren.*

❶

❷

❸

6/130 Mikroprozessor »Intel 8008«

1972

Nicht größer als eine Kugelschreiberspitze weist dieser Mikroprozessor gegenüber seinem Vorgänger Intel 4004 eine Erweiterung von 14 Befehlen und erhöhte Speicherkapazität auf. Intel Mitbegründer Moore hatte vorausgesagt, dass die Speicherkapazität von Mikrochips sich alle 18 bis 24 Monate verdoppeln würde. Dieses »Mooresche Gesetz« gilt bis heute. Der Intel Pentium II Chip hat bereits 7,5 Millionen Transistoren.

6/131 Microprozessor »Intel 8080«

1974

Erweitert um 2700 Transistoren, besitzt dieser 8-bit Prozessor die zehnfache Leistung seines Vorgängers 8008. Mit ihm kam der eigentliche Durchbruch der Mikroprozessoren. Die Möglichkeit, um einen solchen Chip einen ganzen Computer zu installieren, erkannten Bill Gates und Paul Allen. Sie schrieben für den Mikroprozessor 8080 eine komplexe Programmanleitung, basierend auf der leicht erlernbaren Programmiersprache BASIC (Beginner's All-purpose Symbolic Instruction Code). Die von ihnen gegründete Firma nimmt seither eine Schlüsselposition bei der explosionsartigen Ausbreitung der Computerindustrie ein. Die »Gehirne« der meisten heutigen Computer sind Nachfolger jenes Mikroprozessors.

❸ 6/132 Großrechner »Cray-2«

1985 | Seymour Cray (1925–1996) | Cray Research, Minnesota | Rechenleistung: 2 GigaFlops, Speicher 2 Gigabyte | Anschlusswert 195kW, Spitzentaktzeit von 4.1 Nanosek | H. 1,50 m, Dm 1,20 m, Kühlmittelreservoir mit Firmenlogo 1,50 x 0,80 m | Hamburg, Deutsches Klimarechenzentrum

Für wissenschaftliche Simulationen (animierte Grafiken), Analysen geologischer Daten, nuklearenergetische Berechnungen oder strömungstechnische Darstellungen werden sogenannte Super- oder Ultracomputer eingesetzt: Parallelrechner, deren verschiedene Prozessoren ihre Aufgaben innerhalb eines Systems unabhängig von den Ergebnissen der anderen bewältigen. Die komplizierte Verschaltung der Prozessoren und ihre möglichst kurzen Kommunikationswege können unterschiedliche Strukturen aufweisen. Seymour Cray entwickelte 1976 einen Rechner mit vektorialer Struktur. Seine Rechner »Cray-1« und »Cray-2« wie auch die folgenden Modelle waren die schnellsten Computer ihrer Zeit.

→ säulen der weisheit

Menschen, die für ihre Gruppe als Wissensträger fungiert haben, gab es sicher schon, seit der Mensch sprechen gelernt hat. Schnell wird das Wissen dieser Menschen, sei es durch größere Intelligenz oder Erfahrung oder durch die Weisheit des Alters erlangt, zum begehrten Gut. Menschen mit der Fähigkeit, Wissen für andere bereitzustellen, sind wie geschaffen dafür, die Rolle des Weisen anzunehmen. Viele Kulturen der Frühzeit ordneten ihr Wissen einer transzendentalen Instanz wie zum Beispiel den Göttern oder den Geistern der Verstorbenen zu, und schufen eine vermittelnde Person für dieses Wissen, einen Priester oder eine Priestergruppe. Mythen, Erzählungen oder Orakel übernehmen dabei oft die Funktion des Mediums dieses Wissens. (BG)

6/133 Goldener Kulthut

Süddeutschland/Schweiz, 10.–8. Jh. v. Chr. Goldblech mit Pressverzierung, H 74,5 cm Staatliche Museen zu Berlin, Museum für Vor- und Frühgeschichte (IIc 6068) (Abb. S. 19)

Viele frühe Kulturen, von denen wir heute nur noch wenige Zeugnisse kennen, stellten die Sonne in den Mittelpunkt ihres Kultes. Der hohe goldene Hut war sicher die Kopfbedeckung eines Priesters aus vorkeltischer Zeit, der seine Verbindung zur Sonne, der angenommenen Quelle aller Weisheit vieler archaischer Völker, symbolisierte. Die den Hut bedeckenden Ornamente, die auch auf ähnlichen Stücken gefunden wurden, sind von erstaunlicher Präzision und Klarheit, was die Vermutung nahelegt, es könnte sich um ein – uns unbekanntes – Zeichensystem handeln. (BG)

6/134 Verehrung des Nabu, Gott des Schreibens und der Weisheit

Mesopotamien, Assur Zeit des Königs Tukulti-Ninurta I. (1243–1207 v. Chr.) | Alabaster, H 60 cm, B 57 cm | Staatliche Museen zu Berlin, Vorderasiatisches Museum (VA 8146) (Abb. S. 17)

Die Erfindung der Kunst des Schreibens im 4. Jahrtausend v. Chr. wurde wahrscheinlich durch wirtschaftliche Notwendigkeit ausgelöst. Die Fertigkeit des Schreibens barg ein so großes Machtpotenzial, dass der Schreiber schnell seinen Aufstieg durch die mesopotamische Gesellschaft nahm. Der Schreiber war Repräsentant des Wissens und des Gedächtnisses der Mächtigen. Das Symbol des Nabu ist der Stylus, ein Schilfgriffel. Die dargestellte Szene zeigt die Verehrung des Stylus durch Tukulti-Ninurta I. (BG)

6/135 Gesetzesstele des babylonischen König Hammurabi

Mesopotamien, altbabylonisch, zwischen 1761 und 1750 v. Chr. | Gipskopie (Original: Basalt) des im Pariser Louvre befindlichen Originals, H 225 cm | Staatliche Museen zu Berlin, Vorderasiatisches Museum

Die Gesetzesstele des babylonischen Königs Hammurabi ist der erste bekannte Versuch, das Leben einer ganzen Gesellschaft einem Regelwerk zu unterstellen. Die Kodifizierung von Gesetzen ist ein wichtiger Schritt, das Wissen um Verhaltensweisen, welches oft unausgesprochen die Regeln einer Gemeinschaft bestimmt, transparent zu machen. Die 282 Fälle behandelnden Gesetze beinhalten ökonomische Entscheidungen (Preise, Verkehr, Handel), Familiengesetze (Heirat und Trennung), Strafgesetze (Mord, Diebstahl) und Zivilrecht (Sklaverei und Schulden). Die Stele wurde 1901 in Susa von dem Französischen Orientalisten Jean-Vincent Scheil entdeckt. (BG)

Thot als Repräsentant des Schreibens und der Weisheit

Sowohl in mesopotamischen wie auch in ägyptischen Mythen sind Verbindungen zwischen dem Denken der Götter und der Kunst des Schreibens und des Wissens der Menschen zu finden. Thot, der ägyptische Gott des Wissens, des Schreibens und des Lernens, ist höchstwahrscheinlich eine Abwandlung eines früheren sumerischen Gottes. Oft wird Thot in seiner Inkarnation als Pavian oder als Ibis dargestellt. Die Kultstätte zur Verehrung von Thot war die oberägyptische Stadt Khmunu, das heutige al-Ashmunya. Die Griechen identifizierten Thot später mit Hermes, dem Götterboten. (BG)

6/136 Statue eines Pavians

Zeit des Narmer, um 3000 v. Chr. | Kalzit (Alabaster), H 52 cm | Staatliche Museen zu Berlin, Ägyptisches Museum und Papyrussammlung (22607)

Die Kultstatue des »Großen Weisen« gilt als die früheste monumentale Tierplastik des Alten Ägyptens. Am Sockel trägt sie den Namen des König Narmer, des zweiten Königs der 1. Dynastie. Der ursprünglich als selbständige Gottheit und königliches Ahnentier verehrte Mantelpavian wurde bereits im Alten Reich als heiliges Tier des Thot verehrt.

❶ **6/137 Thot**

600 v.Chr. (?) | Quarzite, H 70 cm | London, The British Museum, Department of Egyptian Antiquities (EA 1232)

6/138 Thot inspiriert einen Schreiber, 18. Dynastie

Schiefer und Holz, H 9,5 cm, L 12,7 cm | Staatliche Museen zu Berlin, Ägyptisches Museum und Papyrussammlung (20001) (Abb. S. 30)

6/139 Thot in seiner Verkörperung als Ibis

Bronze, 20 x 20 x 5 cm | Kunsthistorisches Museum Wien, Ägyptisch-Orientalische Sammlung (758)

6/140 Imhotep mit Papyrusrolle

Um 600 v. Chr. | Bronze, H ca. 12 cm | Staatliche Museen zu Berlin, Ägyptisches Museum und Papyrussammlung (15428)

Der Vesier, Weise, Architekt, Astrologe, Arzt und Oberste-Minister unter Djoser, König der dritten Dynastie, der von 2630 bis 2611 v. Chr. regierte, erbaute die Stufenpyramiden von Sakkara. Obwohl nicht königlicher Abstammung, wurde er in späterer Zeit vergöttlicht und als Gott der Weisheit, der Schrift und der Medizin zusammen mit Thoth und Ptah verehrt. Imhotep gilt als Verfasser der ältesten, nicht erhaltenen ägyptischen Weisheitslehre. Er wird dargestellt als kahlköpfiger Priester, der eine Papyrusrolle liest. (BG)

6/141 Athena und Apollon mit den neun Musen

Römisch, 180–200 n. Chr. | Marmorsarkophag, mit zahlreichen Fehlstellen und Ergänzungen, 66,5 x 224 x 60 cm | Kunsthistorisches Museum Wien, Antikensammlung (I 171a) (Abb. S. 42)

In der griechischen Mythologie sind die Musen wohl ursprünglich Quellnymphen, dann Göttinnen des Rhythmus und Gesangs, später der Künste und der Wissenschaften. Nach den ältesten Sagen von Hesiod sind sie die Töchter des Zeus und der Mnemosyne, der Göttin des Gedächtnisses, nach anderen des Apollon. Wie Apollon, der ihr Führer ist und daher oft als Musagetes bezeichnet wird, der Gott der Weissagung ist, liegen auch den Musen Vergangenheit, Gegenwart und Zukunft klar vor Augen. (BG)

6/142 Orakelstatue, wahrscheinlich Aphrodite Arsinoe Philadelphos

Villa des Hadrian in Tivoli, Anf. 2. Jh. n. Chr. Kalkstein, H 165 cm | Staatliche Museen zu Berlin, Ägyptisches Museum und Papyrussammlung (7996) (Abb. S. 29)

Im Altertum ist das Orakel eines der häufigsten Mittel, durch das die Götterwelt mit dem Menschen in unmittelbare Wechselbeziehung tritt und als solches eines der wichtigsten Träger von Religion und Wissen. Die Art und Weise, wie die Götter ihr Wissen durch die Orakel mitteilen, war verschieden und nicht ohne Priestereinfluss. Man kennt Traumorakel, Spruchorakel und Zeichenorakel. Die Priester antworteten dabei oft in Zweideutigkeiten, um auf alle Fälle auf der sicheren Seite zu stehen. Der mit den Orakeln verbundene Zweck war nicht nur, im Namen der Gottheit in die Zukunft zu sehen, sondern das gesamte Leben und Tun einer noch

❶

❷

❹

❸

❺

❻

❼

❽

vielfach ratbedürftigen Bevölkerung durch göttliche Autorität zu leiten, an Punkten, wo die Einsicht des einzelnen oder des Staates versagte. (BG)

6/143 Quetzalcoatl – Gott des Lernens

Mexiko, aztekisch, vor 1519 | Stein, H 40 cm
Helsinki, Didrichsen Art Museum (Abb. S. 17)
Quetzalcoatl wurde als kulturbringender Gott von den Tolteken und Azteken verehrt. Er galt als Gott des Lernens und als oberster Priester. Seine allegorische Darstellung war die gefiederte Schlange. Nach den aztekischen Legenden hatte Quetzalcoatl als Gründungskönig des toltekischen Reiches das Land Richtung Osten verlassen. Der an der mexikanischen Ostküste 1519 gelandete Eroberer Cortés wurden von den Azteken als Inkarnation Quetzalcoats betrachtet und konnte das Reich ohne größeren Widerstand der spanischen Krone unterjochen.

6/144 Bodhisattva Manjushrî, Personifizierung von höchstem Wissen

Westtibet, 13. Jh. | Bronze, H 69 cm | Museum der Kulturen Basel (II d 13912) (Abb. S. 16)
Im Mahayana Buddhismus ist der Bodhisattva Manjushrî die Personifizierung von höchstem Wissen. Er trägt meistens königliche Ornamente, in der rechten erhobenen Hand hält er das Schwert des Wissens mit dem er die Wolken des Ignoranz teilt, in der linken hält er ein Manuskript aus Palmblättern. Die Verbreitung des Manjushrî erreicht im 8. Jahrhundert China, wo ihm in der Provinz Shansi ein heiliger Berg geweiht ist. (BG)

❷ 6/145 Vidyadevi, Göttin der Weisheit im Jainistischen Pantheon

Stein, H 60 cm | London, The British Museum, Department of Oriental Antiquities (OA 1872-1 55)

❸ 6/146 Ganesha

Stein, H ca. 100 cm | London, The British Museum, Department of Oriental Antiquities (OA 1954-12-21 1)
Der elefantenköpfige Hindu Gott Ganesha oder auch Ganapati genannt ist der Sohn von Siva und Parvati. Man widmet ihm die erste Seite eines Buches, er gilt als Gott des Beginns. Er ist der Patron des Schreibens und des Lernens. Die Legende berichtet, er sei der Schreiber der Mahaberata, dem großen Epos der Bharata Dynastie.

6/147 Ganesha

Südindien, 19. Jh. | Holz, bemalt, 150 x 140 cm
Museum für Völkerkunde zu Leipzig

Wissen ist nicht an Schrift gebunden

Die Erfahrung der Ältesten hat in nicht schriftgebundenen Gesellschaften besondere Bedeutung: »Die Worte eines Alten sind oft mächtiger als ein Amulett«. Orale Literatur, jener Teil der Tradition einer Gesellschaft, der von Generation zu Generation mündlich überliefert wird, umfasst vieles mehr als nur Unterhaltungsele-

mente. Die Oralliteratur ist nicht nur ein Mittel der Übertragung von kulturellen Werten einer Gruppe, sondern auch Kommunikation über diese Werte. Sie ist ein wichtiges Zeugnis der Institutionen sowie der Wertvorstellungen und Weltanschauung einer Gesellschaft. (BG)

❹ 6/148 Obila-Lingat und Dudila, oberste Gottheit der Timorlaut-Gruppe

Indonesien | Holz, H 450 cm | Staatliche Museen zu Berlin, Ethnologisches Museum, Fachreferat Südsee und Australien (Ic 20 973/4)
In der Geschichte von Religionen und Kulturen haben Kultgegenstände wie der Pfahl, der vor einem Männerhaus errichtet wurde, oft sowohl heiligen wie auch profanen Charakter.

❺❻❼❽ 6/149_a–d Afrikanische Kultgegenstände

Staatliche Museen zu Berlin, Ethnologisches Museum, Fachreferat Afrika (III C 45 238, III C 24 406, III C 24 360 a + b, III C 20 327)
a) Seitenteil eines Türrahmens zu einem Palast, Darstellung eines sitzenden Herrschers, der von zwei Spinnen flankiert wird | Kamerun, 19. Jh. | Holz, L 250 cm (B 36-40 cm, H 20 cm)
b) 2 Seitenteile eines Palasttürrahmens mit ornamentierten Spinnen verziert | Kamerun, 19. Jh. | Holz, H 205 cm **c)** Fabeltier (Leopard) mit Gefäß auf dem Rücken | Kamerun, 19. Jh. | Holz, H 50 cm; Dm der Kalebasse 37 cm
d) Maske mit kugelförmiger Spinnenkrone | Kamerun, 20. Jh. | Holz, H 63 cm, Dm der Krone 37 cm
Die feinen Muster erinnern an das Motiv einer Spinne, die als Symbol der Weisheit und des Wissens gilt, und in der Ikonographie Westkameruns häufig anzutreffen ist. Man findet sie auf Masken, Sitzgelegenheiten und an Türpfosten von Würdenträgern. In den Symbolen auf afrikanischen Kunstgegenständen spiegeln sich die unterschiedlichsten Mythen, Sagen, Rätsel und Sprichwörter dieser Kulturen.

Von der Sprache zur Schrift

Die Sprache, ein System aus Lauten, welche Erfahrungen und Begriffe in Worte ausdrücken, ist die Grundlage menschlichen Zusammenlebens. Sie ermöglicht kollektive Kommunikation und ist das eigentliche Gedächtnis der Menschheit. Schrift mit Sprache zu verbinden, ist in den Kulturen der Welt unterschiedlich gelöst worden. Grundsätzlich gib es zwei Möglichkeiten, entweder die Bedeutung des Wortes mit Zeichen darzustellen – Logografie (»Gedanken schreiben«), oder unabhängig von der Wortbedeutung die Laute wiederzugeben – Fonografie (»Laute schreiben«).

❶ 6/150 Felsbild eines Elefanten
Nordafrika, vorgeschichtlich (?) | Nubischer Sandstein, H 40 cm, B 58 cm | Staatliche Museen zu Berlin, Ägyptisches Museum und Papyrussammlung (25948)
Der Ursprung der Schrift sind Abbildungen der dinglichen Umwelt des Menschen. Doch war es ein langer Weg von den 30.000 Jahre alten Felsbildern, die als Darstellungen mit rituellen Mitteilungscharakter zu betrachten sind, hin zur Entwicklung der Schrift. Das Felsbild eines Elefanten erinnert in seiner äußersten formalen Reduktion an die Vorform einer Hieroglyphe.

6/151 Graviertes Bambusrohr mit Symbolen historischer Erinnerungen
Pazifik, Neukaledonien | Bambusrohr, graviert, L ca. 100 cm | Staatliche Museen zu Berlin, Ethnologisches Museum, Fachreferat Südsee und Australien (VI 1778) (Abb. S. 30)
Der Wille, etwas mitzuteilen, der sich bereits in den frühen Felszeichnungen manifestiert, lässt sich auch in vielen Zeugnissen schriftloser Kulturen erkennen. Die Aborigenes malen noch heute Bilder auf heilige Felsen, andere Naturvölker ritzen Bilder und Symbole in Knochen oder Holz. Die Umrisse der Menschen und Tiere auf dem Bambusrohr stellen eine »mnemotische Landschaft« dar, die an die großen Taten ihrer Vorfahren erinnern soll.

6/152 Orakelbrett
Afrika | Holz, ca. 30 x 50 cm | Staatliche Museen zu Berlin, Ethnologisches Museum, Fachreferat Afrika (27 144)
Als Instrument der Weissagung und Problemlösung sind Orakelbretter in afrikanischen Kulturen verbreitet. Sie sind Symbol ewiger Ordnung, Harmonie und göttlicher Weisheit. Das ausgestellte Brett wurde für die Weissagung mit Mehl bedeckt, um darauf heilige Palmnüsse zu werfen. Die Spuren der Nüsse wurden als »Schrift der Götter« von dem Eingeweihten gelesen.

Ägyptische Hieroglyphenschrift

Fast 3500 Jahre (3000/3100 v. Chr. – um 394 n. Chr.) blieben die Hieroglyphen (»heilige Schriftzeichen«) als Zeremonialschrift unver-

ändert im Gebrauch. Das Zeicheninventar der aus Wort- und Silbenzeichen sowie Einzelkonsonanten bestehenden Schrift umfasst die Flora und Fauna Ägyptens, Bildmotive aus der Landwirtschaft, dem Handwerk, der Jagd und dem Kriegswesen sowie Attribute der Herrscher und Symbole der Götter. Die Kenntnis der ägyptischen Hieroglyphen schwand seit der römischen Kaiserzeit. Erst die Entdeckung des Steins von Rosette (1799) und seine Entzifferung (1822) durch Jean François Champollion machten das Lesen altägyptischer Texte wieder möglich.

6/153 Statue des ägyptischen Beamten Henka als Schreiber
5. Dyn., um 2450 v. Chr. | Kalkstein, H 40 cm | Staatliche Museen zu Berlin, Ägyptisches Museum und Papyrussammlung (7334) (Abb. S. 36)
Die Schreibkundigen zählten in Ägypten zu der das Land verwaltenden Oberschicht: »Der Schreiber leitet die Arbeit aller Leute«. Henka war ein hoher Beamter und Vorsteher der Pyramidenstätte des Königs Snofru. Diese soziale Stellung wird durch die Darstellung als »Schreiber« verdeutlicht, ein Statuentyp, der sich seit der 4. Dynastie (2590–2470 v. Chr.) großer Beliebtheit erfreute. Der entrollte Teil des Papyrus liegt auf seinen Knien. In seiner rechten Hand hält er die Schreibbinse. Der Blick des Dargestellten richtet sich würdevoll nach vorne.

❷ 6/154 Herzskarabäus des Schreibers Ipu
Memphis, 18.–19. Dynastie (1557–1200 v. Chr.) Stein, Gold, L 6,3 cm | Staatliche Museen zu Berlin, Ägyptisches Museum und Papyrussammlung (2047)
Siegelförmige Amulette in der Form des Käfers Skarabäus – Symboltier des Sonnengottes – wurden als Schmuck getragen und den Toten ins Grab mitgegeben. Der Skarabäus des Ipu ist besonders prachtvoll und verrät dessen hohe gesellschaftliche Stellung als Schreiber.

6/155 Alabastergefäß mit Hieroglyphen
6. Dyn., um 2200 v. Chr. | Alabaster, H ca. 15 cm; Dm 12 cm | Staatliche Museen zu Berlin, Ägyptisches Museum und Papyrussammlung (14280) (Abb. S. 83)
Die hieroglyphische Monumentalschrift wurden für zeremoniale Zwecke mit dem Meißel in Stein gehauen, aber auch mit dem Pinsel auf Papyrus, Gefäße oder Wandflächen geschrieben. Sie eignete sich auch gut für ornamentalisierte Inschriften, wie das ausgestellte Alabastergefäß zeigt.

6/156 Architektonisches Modell eines Papyrussäulenkapitells
Kalkstein, H. 15 cm | Staatliche Museen zu Berlin, Ägyptisches Museum und Papyrussammlung (20438)
Das am Nil wachsende Schilf, Papyrus, war für die kulturelle Entwicklung des alten Ägypten von großer Bedeutung. Die Papyrussäule, die im Neuen Reich (ab 1500 v. Chr.) am häufigsten verwandte Säulenform, symbolisiert gleichsam

❶

❸

❹

❻

❷

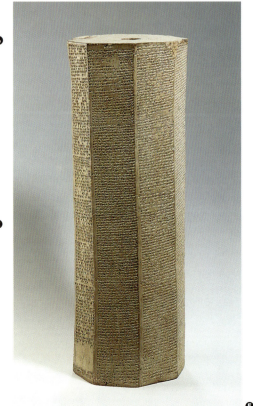

❺

diese kulturstiftende Funktion der Pflanze. Das Stengelmark der Staude war Grundlage des im Altertum am häufigsten benutzten Beschreibungsmaterials. Die Markstreifen wurden kreuzweise übereinandergelegt, gepresst und geglättet, die ca. 30 x 20 cm großen Papyrusbögen dann zu Rollen aneinandergeklebt. Diese Technik ist so alt wie das ägyptische Königstum, ca. 7000 Jahre.

6/157 Totenbuch der Ta-nerit-en-Bastet

Ägypten, 9.–7. Jh. v. Chr. | Papyrus, 36,5 x 415,7 cm | Staatliche Museen zu Berlin, Ägyptisches Museum und Papyrussammlung (P 3058) (Abb. S. 31)
Die auf Papyrus geschriebenen ägyptischen Totenbücher wurden seit dem Neuen Reich (1500 v. Chr.) den Toten ins Grab beigelegt, um diese vor Unheil im Jenseits zu schützen. Die Mitte dieser Rollen, die bis 40m lang sein können, bildet immer das Totengericht des Osiris. Als Helfer des Toten trat Thot, der Gott des Wissens und Schützer der Heiligen Schrift, dargestellt als Ibis oder ibisköpfiger Mensch oder als Pavian, auf. Die Totenbücher sind die ältesten illustrierten Bücher der Weltgeschichte. Die Texte sind in Kolumnen geschrieben und mit Überschriften geordnet.

6/158 Die Lebensgeschichte des Sinuhe

Theben (?), um 1800 v. Chr. | Papyrus, H 21 cm; GesL 490 cm | Staatliche Museen zu Berlin, Ägyptisches Museum und Papyrussammlung (P 3022)
Die in Ich-Form nach seinem Tod geschriebene Erzählung des königlichen Beamten Sinuhe zur Zeit Sesostris 1. (1971–1926 v. Chr.) ist das bedeutendste Literaturwerk Altägyptens. Auf fünf Papyri und siebzehn Ostraka (Tonscherben) hat sich der Text ganz oder teilweise erhalten. Der Text ist in hieratischer (priesterlicher) Schrift verfasst, eine für profane Zwecke gebrauchte Kursive, die seit etwa 2500 v. Chr. nachweisbar ist. Im 7. Jh. v. Chr. wird sie von der stark vereinfachten demotischen (volkstümlichen) Schrift ersetzt; das Hieratische wurde seitdem nur noch für heilige Texte benutzt.

Frühsumerische Bildzeichen

In den letzten Jahren wurden 10000 Jahre alte sakrale Schriftzeichen im syrischen Mesopotamien gefunden. Etwas jüngeren Datums sind die Sakralzeichen der Vinca-Kultur (6. Jahrtausend v. Chr., Fundort nahe Belgrad). Schriftsysteme mit einem größeren Inventar von Zeichen entwickelten sich wahrscheinlich gleichzeitig um 3500 v. Chr. in Südmesopotamien, im Indus Tal, in Ägypten und in China. Die frühesten Schriftsysteme, mit denen neben sakralen Texten auch Werke der Literatur und Wissenschaft verfasst wurden, sind die ägyptischen Hieroglyphen und die Keilschrift. Die Keilschrift geht zurück auf die Bildzeichen der Sumerer, ein Volk von unbekannter Herkunft und Sprache.

❸ 6/159 »Blau'scher Stein«

Mesopotamien, Djemdet-Nasr-Periode, um 3000 v. Chr. | Kohleschiefer, L 15,9 cm | London, The British Museum, Department of Oriental Antiquities (WA 103021), ehemals Slg. Blau
Die Tafel zählt zu den frühesten Zeugnissen der sumerischen Schreibkultur. Für die Verbindung von Schrift und bildlicher Darstellung ist sie das früheste Beispiel überhaupt. Die eingeritzten Schriftzeichen sind Bildzeichen (Piktogramme) und Wortzeichen (Logogramme), deren Entzifferung noch nicht vollständig gelungen ist. Das Inventar der sumerischen Bildzeichen reduzierte sich im Laufe ihrer fast fünfhundertjährigen Entwicklung von 1800 Einzelsymbolen auf rund 800 Zeichen, was auf eine zunehmende Phonetisierung der Schriftzeichen schließen lässt.

Keilschrift

Die Schrift erhielt ihren Namen von den keilförmig vertieften Zeichen, welche senkrecht, waagerecht und querschief zu Gruppen geordnet sind. Diese wurden nicht geritzt, sondern mit einem stumpfen Griffel in die noch feuchte Tontafel eingedrückt. Die ab 2800 v. Chr. in das Gebiet der Sumerer eindringenden Akkader passten die Keilschrift ihrer semitischen Sprache an und gaben sie später an die Babylonier und Assyrer weiter. Bis zur Ausbreitung des aramäischen Alphabets war die Keilschrift die internationale Verkehrsschrift im Alten Orient. Der letzte datierbare Keilschrifttext stammt aus dem Jahr 75 n. Chr. Die Kenntnis der Keilschrift ging verloren. Erst 1802 gelang Georg Friedrich Grotefend der erste Schritt zu ihrer Entzifferung.

❹ 6/160 Übungstext einer Schreiberschule

Mesopotamien, Suruppak (Fara), um 2600 v. Chr. Gebrannter Ton, 21 x 20 cm | Staatliche Museen zu Berlin, Vorderasiatisches Museum (VAT 9128) (Abb. S. 70)
In Suruppak, Sitz einer sumerischen Königsdynastie, wurde eines der ältesten Tontafelarchive gefunden. Die Texte sind in einer frühen Form der Keilschrift geschrieben. Unter den Tafeln fanden sich auch Übungstexte von Schreiberschulen. Die Vorderseite der Tafel ist mit einem Diktat von gleichlautenden Wörtern (Onomastikon) beschrieben, die Rückseite hat der Schreiber mit einer Zeichnung verziert, die scheinbar keinen Bezug zum Text hat.

6/161 Gründungsurkunde in Form eines knienden Gottes mit Hörnerkappe und beschriftetem Pflock

Mesopotamien, Sumerisch, Zeit des Gudea von Lagas, ca. 2144–2124 v. Chr. | Bronze, H 17,4 cm Staatliche Museen zu Berlin, Vorderasiatisches Museum (VA 3023) (Abb. S. 29)
Der Brauch, bei der Errichtung eines Bauwerkes den Namen des Bauherrn und die Bestimmung des Baues schriftlich zu verewigen, ist eine alte sumerische Tradition. Die Träger der Inschriften waren meist aus Stein oder Metall und wurden in das Fundament eingelassen. Die um den

Pflock umlaufende Inschrift in zwei Kolumnen besagt, dass der Stadtfürst von Lagas den Tempel Eninnu – »weißer Adler«– für den Gott Ningirsu wiederhergestellt hat.

❺ 6/162 Achtseitiges Prisma mit Weihinschrift Tiglatpilesars I. von Assyrien

Gründungsdokument anlässlich der Wiederherstellung des Anu-Adad-Tempels von Assur Mesopotamien, Assur (Qal'at Sergat), datiert 1109 v. Chr. | Gebrannter Ton, H 56 cm, Stärke 17,5 cm | Staatliche Museen zu Berlin, Vorderasiatisches Museum (VA 8255)
Die in die Fundamente bedeutender Bauten eingelassenen Gründungsdokumente waren häufig nicht nur das Bauwerk betreffende Inschriften, sondern Glorifizierungen der Taten des Bauherrn. Die ausführlichen Beschreibungen der Kriegstaten assyrischer Herrscher auf achtseitigen Tonprismen sind bedeutende Quellen für die Geschichtsforschung. Das ausgestellte Stück, welches von den Kriegszügen Tiglatpilesars I. (1114–1076 v. Chr.) berichtet, ist das besterhaltenste dieser Exemplare. Der in Paragrafen gegliederte Text beschreibt die Taten chronologisch in Annalenform.

❻ 6/163 Standardrechentafel mit Multiplikationstabellen und Tabellen mit Reziprokwerten

Mesopotamien, altbabylonisch (1900–1600 v. Chr.) | Ton, 17 x 10,6 x 4 cm | London, The British Museum, Department of Oriental Antiquities (BM 80150) (Abb. S. 74)
Zahlzeichen wurden bereits auf den frühesten sumerischen Schrifttafeln verwandt. Das sumerische Zahlensystem, eine Kombination aus dem Dezimal- (10) und Sexagesimalsystem (60), blieb für die gesamte altmesopotamische Zeit gebräuchlich. Für astronomische Berechnungen wurde von den Griechen und Arabern das Sexagesimalsystem übernommen, welches in unseren heutigen Zeitberechnungen – 60 Sekunden sind eine Minute – und Winkelberechnungen weiterlebt.

6/164 Wachstafeln in Buchform mit astronomischen Beschreibungen

Mesopotamien, Nimrud (Kalakh), 8. Jh. v. Chr. Original: Elfenbein, Wachs, 34 x 48 cm (Faksimile) | London, The British Museum, Department of Oriental Antiquities (3566) (Abb. S. 37)
Das gebräuchlichste Schreibmaterial im Zweistromland waren Tontafeln, die an der Luft getrocknet wurden. Aus dem Bibliotheksverzeichnis des Assurbanipal (668–627 v. Chr.) ist zu entnehmen, dass aber auch Papyrus- und Pergamentschriften und mit Wachs bezogene Holztafeln, die oft mit Scharnieren zu Diptychen, Triptychen oder Polyptychen verbunden waren, zum Bestand zählten. Die ausgestellte Wachstafel ist ein rares Beispiel des nicht tönernen Beschreibungsmaterials. Exemplare dieser Vorform des Buches haben sich auch in Ägypten erhalten.

6/165 Hethitische Hieroglypheninschrift auf einer königlichen Stele

Nordostsyrien, Karkemisch, um 730 v. Chr. Basalt, 117 x 66,5 x 30 cm | London, The British Museum, Department of Oriental Antiquities (WA 125003) (Abb. S. 71)
Die Stele zeigt vermutlich den König Pirisi, umgeben von einer Widmungsinschrift. Wie auch die ägyptischen Hieroglyphen wurden die hethitischen als Zeremonialschrift benutzt. Die hethitische Schrift mit Bildern ist im Unterschied zu der ägyptischen eine reine Silbenschrift. Sie wurde etwa von 1500–700 v. Chr. im gesamten hethitischen Reich benutzt. Ihr Ursprung liegt im Dunkeln. Die Sprache der Hieroglyphen ist Luwisch.

6/166 Zweisprachische Tafel mit hethitischer und luwischer Inschrift

Ton | London, The British Museum, Department of Oriental Antiquities (WA 108548)
Als literarische Sprache benutzten die Hethiter das Akkadische. Der Gebrauch der Keilschrift wurde vornehmlich im Bereich der Hauptstadt Hattusa (Boghazköy, Anatolien) gepflegt. Luwisch ist ein Dialekt des Hethitischen, der von einem Großteil der Bevölkerung gesprochen wurde. Die Tafel verzeichnet einen Ritualtext gegen die Pest.

6/167 Siegel mit Indus-Schrift

Indus-Tal, um 2600–1500 v. Chr. (ausgegraben im Irak, Kish) | Glasierter Speckstein, 2,4 x 2,4 x 1,1 cm | Oxford, By Courtesy of the Visitors of the Ashmolean Museum (1931.119) (Abb. S. 71)
Wahrscheinlich unabhängig von Ägypten und Mesopotamien entwickelte sich in Indien, im Tal des Indus, eine Schriftkultur. Hunderte von Siegelinschriften wurden gefunden, jedoch kein einziges längeres Schriftdokument. Es lassen sich 401 Basiszeichen und 286 Zeichenvarianten dieser noch nicht entzifferten Zeremonialschrift unterscheiden. Die Zeichen sind stark stilisiert und scheinen bereits eine längere Entwicklungsstufe durchlaufen zu haben. Vernichtet wurde diese Kultur von indoeuropäischen Invasoren, die sich Arja, die »Edlen«, nannten.

Chinesische Schrift

Die chinesische Schrift hat sich wahrscheinlich unabhängig von den Schriftkulturen des Mittelmeerraumes und Kleinasiens entwickelt. Vorformen der Schrift fanden sich bereits auf Keramiken des 5. Jahrtausend v. Chr. Wie in Mesopotamien durchliefen in China die für Worte gesetzten Bildsymbole einen Prozess der Stilisierung und Abstraktion, doch verwandelten sie sich nicht zu einer Lautschrift. Viele Worte der chinesischen Sprache sind einsilbig (monosylabisch) und identische Laute bezeichnen häufig völlig unterschiedliche Begriffe. Etwa 1330 Sprachtonsilben werden unterschieden. Ihre richtige schriftliche Zuordnung erfolgt durch bestimmte Bedeutungsbereiche signifizierende Zeichen (Radikale), deren Anzahl von 540 im 17. Jahrhundert sich heute auf 214 reduziert hat.

Etwa 50 000 Schriftzeichen, die nach den Radikalen geordnet sind, werde heute lexikalisch erfasst. Einige Schriftzeichen setzen sich aus bis zu 64 Einzelstrichen zusammen.

❶ 6/168 Vierkantröhre, Typ cong

Ostchina, Liangzhu-Kultur, um 1500 v. Chr. Jade, H 20 cm | London, The British Museum, Departement of Oriental Antiquities (OA 1937.4-16.188) (Abb. S. 72)

Cong-Rohre, die als Bestattungsbeilagen vornehmlich in Gräbern der späten Steinzeit in Ostchina gefunden wurden, werden kosmologisch gedeutet (Erdsymbol). Die Abfolge der Einkerbungen auf der quadratischen Wandung aus durchlaufenden und gebrochenen Linien erinnert an die Grundformen des Yijing (Buch der Wandlungen). Als symbolische Diagramme würden sie so eine archaische Form von Bildzeichen darstellen. Das im Mittelpunkt der Lehre von Jin und Yang – den beiden Gegensätzen des Seins – stehende Orakel und Weisheitsbuch Yijing reicht in seiner Tradition bis zu dem mythischen Kulturheros Fu-hsi (um 2800 v. Chr.) zurück.

6/169 Orakelknochen-Fragment

China, Anyang, Provinz Henan, Shang-Dynastie, 14.-12. Jh. v. Chr. | Knochen (wohl Schulterblatt), L 14,5 cm | Leiden, Rijksmuseum voor Volkenkunde (RMV 3883-1) (Abb. S. 38)

Die frühesten Schriftzeichen hatten rein kultischen Charakter und wurden von Priestern in Tierknochen, meist Schulterblätter von Hirschen und Ochsen oder Schildkrötenpanzer, geritzt. In die Knochen wurde ein heißer Bronzestift gedrückt und das sich bildende Linienmuster der Risse von den Auguren für die Voraussage gedeutet. Die Schriftzeichen fixierten die Fragestellung und die Deutung der Knochenschau, die den Angehörigen des Herrscherhauses vorbehalten war. Über 2500 verschiedene Zeichen weisen die in den Magazinen der Shang-Dynastie gefundenen etwa 100 000 Orakelknochen (Fragmente) auf.

6/170 Oberteil eines Bronzeschwertes »PI« mit Inschrift

China | Bronze, Parierstange mit tauschierter Inschrift aus Golddraht, 16,7 x 4,5 cm | Staatliche Museen zu Berlin, Museum für Ostasiatische Kunst

❷ 6/171 Ritualgefäß, Typ gui (Zhaowang gui) mit Inschrift

China, Provinz Anhui, östliche Zhou-Dynastie, Chunqiu-Periode, um 500 v. Chr. | Inschrift: »Opfergefäß des Verwandten des Königs Chao« Bronze, grün patiniert; H 36,9 cm, Dm 30,9 cm Staatliche Museen zu Berlin, Museum für Ostasiatische Kunst (1970-1, Ehemals Slg. Walter Hochstädter, Hongkong)

Zu dem ritualen Gebrauch der Schrift gehörte auch die Kommunikation mit den Ahnen und Geistern. Während der langen Periode der Zhou-Dynastie (1027–256 v. Chr.) standardisierten sich Bestand und Form der Schriftzei-

chen zur Großen Siegelschrift (ta-chuan) mit etwa 9000 Zeichen. Sie wurde abgelöst von der Kleinen Siegelschrift (hsiao-chuan), die Kaiser Qin Shihuangdi für das gesamte vereinigte Reich verbindlich machte. In dem kunstvoll verzierten Opfergefäß wurden Getränke und Speisen für die Geister der Ahnen bereitet.

6/172 Ritualgefäß, Typ ding, mit Inschrift

China, Shang-Dynastie, Anyang-Periode, 13.–11. Jh. v. Chr. | Bronze, grün patiniert, H 22,7 (ohne Griffe), Dm 18,5 cm | Staatliche Museen zu Berlin, Museum für Ostasiatische Kunst (1996-3, Slg. Klingenberg)

6/173 Bronze-Spiegel mit Inschrift (TLV-Typ)

China, Han-Zeit (206 v. Chr.–220 n. Chr.) 9–23 n. Chr. | Bronze, Dm. 17,7 cm | Helsinki, Didrichsen Art Museum (Catalogue Oriental Art, Nr. 357, Joen Lagerberg collection) (Abb. S. 87)

Rituelle Spiegel, die ihrem Besitzer Schutz vor bösen Geistern gewähren sollten, trugen häufig Inschriften. Bedeutungsvoll sind die Spiegel der Han-Zeit, die einen Einblick in das daoistisch geprägte kosmologische Weltbild geben. Das Quadrat in der Mitte des Spiegels symbolisiert die Erde, zugleich auch China als das »Reich der Mitte«. Darüber erhebt sich das als Knauf ausgeformte Himmelsgewölbe. Zwischen zwölf kleinen Bossen im Inneren des Quadrats stehen zwölf Schriftzeichen, welche die Erdstämme (Tierkreiszeichen) bezeichnen. Das umlaufende Dekorfeld, mit den geometrischen Formen T, L und V, ist von einer Gebetsformel umschrieben.

❸ 6/174 Pinselbecher mit Darstellung der »Sieben Weisen vom Bambushain«

China, 17./18. Jh. | Bambus, H 15 cm, Dm (Mündung) 13,5 cm | Staatliche Museen zu Berlin, Museum für Ostasiatische Kunst (OAS 1966-82, Ehemals Slg. Franz Carl und Grete Weiskopf)

Das legendäre Zusammenleben von sieben der Welt und Politik entsagenden Künstlern und Denkern im 3. Jh. n. Chr. ist ein sinnfälliges Zeugnis der Tradition der chinesischen Schriftkunst. Die heute übliche chinesische Schreibform geht auf die im 4. Jh. n. Chr. eingeführte Normalschrift zurück, die sich in drei Schrifttypen aufteilt: die Regelschrift (kaishu), die Kursivschrift (xingshu) und die sehr kürzelhafte Konzeptschrift (caoshu). Zudem entwickelt sich die Kalligrafie als Kunstform, die ohne Tusche und Pinsel nicht denkbar wäre.

6/175 Ältestes bekanntes Zeugnis der chinesischen Regelschrift (kaishu)

Fragment aus der Turfan-Sammlung | China, Xinjiang, Turfan, 5. Jh. | Depositum der Berlin-Brandenburgischen Akademie der Wissenschaften in der Staatsbibliothek zu Berlin – Preußischer Kulturbesitz, Orientabteilung (Ch 422) (Abb. S. 89)

Das Buchrollenfragment des Saddharmapundarika-sutra (Lotus-Sutra) in chinesischer Sprache und Schrift gehört zu den Schätzen der

Berliner Turfansammlung (vgl. 6/23) Die Handschrift in typischem kaishu-Stil, für den ein Pinsel aus Hasenhaar mit einem Bambushalter verwendet wurde, ist auf dünnem und feinem Papier von schöner brauner Farbe aufgetragen. (S-C R)

Schriftsysteme auf dem amerikanischen Kontinent vor Ankunft der Europäer

Die Olmeken, eine frühe Hochkultur des heutigen Mexiko, bildeten im 1. Jahrtausend v. Chr. eine Schrift aus, welche die Wurzel aller Schriftkulturen Mittelamerikas darstellt: der Maya, Zapoteken, Tolteken, Azteken und Mixteken. Die früheste sicher datierbare Inschrift stammt aus der Spätzeit der Olmeken aus dem 1. Jh. n. Chr. Der olmekischen Schrift am engsten verwandt sind die Hieroglyphen der Maya, die das einzige voll ausgearbeitete Schriftsystem der vorkolumbischen Zeit entwickelten. Die Schrift setzt sich aus Wort- und Silbenzeichen zusammen. Erhalten haben sich von diesen Schriftsystemen fast nur Bauinschriften und Keramiken; alle Bilderhandschriften sind bis auf wenige Exemplare von den bekehrungswütigen Missionaren als »Teufelswerk« verbrannt worden.

❹ 6/176 Türsturz mit Maya-Hieroglyphen

Mexiko, Chiapas, Yaxchilán, Türsturz 16, Spätklassik, 770 n. Chr. | Kalkstein, 78,8 x 76,2 x 7 cm | London, The British Museum, Department of Ethnography, Museum of Mankind (1886–318) (Abb. S. 73)

Die Hieroglyphen der Maya sind künstlerisch sehr kompliziert aufgebaut, die Bildmotive oft abstrakt und schwer interpretierbar. Man unterscheidet ca. 450 Hauptzeichen und 250 Zusatzzeichen. Im Zentrum des Schriftgebrauchs steht das Zahlen- und Kalenderwesen, welches mythisch-religiös verwurzelt ist. Zahlen können hieroglyphisch mit den Symbolen der Götter, aber auch mit Zahlzeichen (Punkt und Balken) notiert werden. Kalenderangaben sind auf Einzelinschriften schwierig zu deuten, da alle 52 Jahre wieder die gleichen Jahresnamen Verwendung finden. Die von Hieroglyphen eingerahmte Darstellung auf dem Türsturz einer Tempelanlage zeigt den prachtvoll gekleideten Fürsten Yaxun Balam vor einem kauernden Gefangenen.

6/177 Aztekische Opferblutschale

Mexiko, zentrales Hochland, aztekisch, späte Postklassik, vor 1520 | Augit-Porphyr mit Relief überzogen, H 14 cm, Dm 24 cm | Staatliche Museen zu Berlin, Ethnologisches Museum, Fachreferat Amerikanische Archäologie (IV Ca 1, Sammlung Dr. Waagen, 1844) (Abb. S. 22)

Die zu den bedeutendsten Kunstwerken der Azteken zählende Schale stellt das kosmologische Weltbild dieser Kultur dar. Die Erdkröte auf der Unterseite symbolisiert die Unterwelt, stilisierte Edelsteine und Adlerfedern an der Außenwandung sind Symbole der Krieger. Der Rand wird aus menschlichen Herzen gebildet und weist auf den rituellen Gebrauch der Schale

hin. Das zentrale Motiv in der Schale ist die Sonne, in deren Mittelpunkt die kalendarische Angabe »4 Bewegung«, Symbol des fünften und letzten Zeitalters, steht. Die grafische Struktur der aztekischen Hieroglyphen ist wesentlich einfacher als die der Maya. Viele Zeichen sind mythologische Symbole, Tiergestalten oder göttliche Attribute. Wie bei den Maya war das Kalenderwesen von überragender Bedeutung.

6/178 Quipu – Bündel von Knotenschnüren

Südamerika, Inka | Textil, 55 x 76 cm | Staatliche Museen zu Berlin, Ethnologisches Museum, Fachreferat Amerikanische Archäologie (VA 47 083)

Im Gegensatz zu den Kulturen Mexikos und Mittelamerikas sind in Südamerika weder in vorinkaischer noch in inkaischer Zeit Schriftsysteme entwickelt worden. Mit den Quipu-Schnüren wurden chronologische oder statistische Daten festgehalten. Jeder Knoten steht für einen Zahlenwert, der sich definiert durch die Anzahl der Knüpfungen und seiner Position an der Schnur, welche die Dezimalstelle markiert. Um die numerisch erfassten Dinge unterscheiden zu können, wurden die Schnüre zu Gruppen gebunden und unterschiedlich eingefärbt.

Polynesien

6/179 Brustschmuck mit Rongorongo-Schriftzeichen

Ostpolynesien, Osterinsel (Rapanui) | London, The British Museum, Department of Ethnography, Museum of Mankind (9295) (Abb. S. 71)

Die Herkunft der Schrift der Osterinseln konnte noch nicht geklärt werden; weder gibt es erkennbare Verbindungen mit den Schriftkulturen Asiens noch mit denen Mittelamerikas. Auch ihr Alter ist ungewiss. Man unterscheidet drei Arten von Schriften, die alle in Holztafeln geschnitten sind und zu unterschiedlichen rituellen Anlässen benutzt wurden. Die für Rezitationen gebrauchten Inschriften – von ihnen haben sich am meisten erhalten, insgesamt 21 Hölzer – sind in der klassischen Osterinsel-Schrift Rongorongo, einer Wortzeichenschrift, verfasst. Die letzten Rezitationsmeister, die die Tafeln lesen konnten, starben im 19. Jahrhundert.

❷

→ ballett des alphabets

Vorläufer des Alphabets

6/180 Sphinx mit Inschriften: Hieroglyphen und Sinai-Schrift

Hieroglyphen an der rechten Schulter und zwischen den Tatzen sind der Göttin Hathor, die protokannanäische Inschrift auf der Basis der semitischen Göttin Balath gewidmet. | Ägypten, Sinai, Serabit el-Khadem, 14./13. Jh. v. Chr. Sandstein, L 23,7 cm | London, The British Museum, Department of Egyptian Antiquities (41748) (Abb. S. 71)

Die vornehmlich auf der Halbinsel Sinai aber auch in Palästina gefundenen Zeugnisse der Sinai-Schrift sind nicht entziffert. Ihre Wurzeln liegen in einer Bilderschrift, die der ägyptischen ähnlich ist. Wahrscheinlich handelt es sich um eine Vorform des kannanäischen oder phönizischen Konsonantenalphabets. Wenn diese Vermutung, die im Brennpunkt der Diskussion über den Ursprung des Alphabets steht, sich bestätigen sollte, leben die Hieroglyphen in den Alphabetschriften Europas und Asiens fort.

6/181 Linear B-Inschrift

Kreta, um 1400 v. Chr. | Ton, 5,5 x 4,5 cm | Oxford, By Courtesy of the Visitors of the Ashmolean Museum (AE 2031) (Abb. S. 71)

Für die Entwicklung der europäischen Schriftkultur kommt den auf Kreta entwickelten Schriftsystemen Linear A (18. Jh. bis Mitte 15. Jh. v. Chr.) und Linear B (1450–1250 v. Chr.), deren Entzifferung noch aussteht, größte Bedeutung zu. Linear A wurde neben einer kultischen Hieroglyphenschrift von den Minoern verwandt, deren Sprache unbekannt ist; Linear B von den Mykenern, die einen griechischen Dialekt sprachen. Wahrscheinlich wurde die Schrift der Minoer, die vermutlich zum westsemitischen Sprachraum gehörten, der griechischen Sprache angepasst und zu einer reinen Silbenschrift mit ideographischen Zeichen verwandelt.

5 6/182 Tafel mit zyprischer Inschrift

Zypern, Idalon, um 480–470 v. Chr. | Bronze, 14,2 x 21,5 cm | Paris, Bibliothèque nationale de France, Cabinet des Monnaies, Médailles et Antiques (B.B. 2297 – Luynes 662)

Im Altertum wurde auf Zypern eine Silbenschrift benutzt, die sich wahrscheinlich aus der Linear-B entwickelt hat. Die Sprache war ein dem Mykenischen verwandter Dialekt. Die von rechts nach links zu lesende beidseitig eingravierte Inschrift würdigt die Verdienste einer Familie von Ärzten, die ohne Entgeld Kriegsverletzte der Stadt versorgte.

Phönizisches Konsonantenalphabet

Die ursprünglich an der Küste des Libanon siedelnden, zur semitischen Völkerfamilie gehörenden Phönizier benutzten ein konsonantisches Alphabet aus 22 Buchstaben, welches sowohl die Schriftkultur Europas als auch weite Teile Asiens und Afrikas beeinflusste. Die Datierung der

frühesten gefundenen phönizischen Inschriften schwankt zwischen dem 17. und 10. Jahrhundert v. Chr. Die Schrift läuft von rechts nach links.

6/183 Früheste datierte phönizische Alphabet-Inschrift

Stele des Moabiterkönigs Mescha | Original: Dibon, Negev, 9. Jh. v. Chr., Paris Louvre | Gipskopie, 19. Jh., 127 x 72/60 x 36 cm | Staatliche Museen zu Berlin, Vorderasiatisches Museum (VAG 104)

Der Text wurde in moabitisch, einem dem Hebräischen eng verwandten kanaanäischen Dialekt verfasst. Die Schrift ist eine Variante der phönizischen Schrift und steht der althebräischen Buchstabenschrift nahe. Die Auffindung der Basaltstele war eine archäologische Sensation. Die Inschrift verherrlicht den Triumph Meschas über den israelischen König Jehoram (851–842 v. Chr), ein einmaliges archäologisches Dokument, das geschichtliche Angaben der Bibel bestätigt und ergänzt.

6 6/184+185 Votivstelen mit phönizischer Inschrift

Karthago, 3. / 2. Jh. v. Chr. | Sandstein, 34 x 14 cm, Basalt, 35 x 13 cm | Paris, Bibliothèque nationale de France, Cabinet des Monnaies, Médailles et Antiques (54 n. 10, 54 n. 11)

Ein Zentrum der phönizischen Kultur war das im 9. Jahrhundert gegründete Karthago (phöniz. Kart Hadast, »neue Stadt«). Die Sprache der Karthager war punisch, eine jüngere Entwicklungsform des Phönizischen. Punisch wurde die Verkehrssprache in den phönizischen Handelsniederlassungen am Mittelmeer.

Vorschriftlichkeit – Schriftlichkeit in Griechenland

6/186 Rhapsode trägt aus Homer vor

Reading from Homer, Opus CCLXVII, S 305 1885, Sir Lawrence Alma-Tadema (1836–1912) | Öl/Lw, 91,4 x 183,8 cm | Philadelphia Museum of Art: The George W. Elkins Collection (Abb. S. 26)

Den Übergang von der mündlichen Weitergabe von Traditionen zu deren schriftlicher Festlegung markieren am deutlichsten die homerischen Epen. In Versform gedichtet und von einem Saiteninstrument begleitet, ließen sich die langen Texte besser memorieren und weitergeben. Wandernde Geschichtenerzähler, Rhapsoden, übten sich in der Kunst des Erinnerns und des musikalischen Vortrages auch noch in der Zeit, als bereits die Schrift in Griechenland eingeführt worden war.

Die Tradition der homerischen Schriften

Ob Ilias und Odyssee Dichtungen von Homer oder verschiedener Autoren sind ist umstritten. Es ist jedoch anzunehmen, dass die Werke niedergeschrieben wurden. Anlässlich der im 6. Jahrhundert in Athen eingeführten musischen Wettkämpfe zu den Panathenäen und Dionysien musste von den Rhapsoden die gesamte Ilias und die Odyssee vorgetragen werden. Vermutlich lag hierzu ein verbindlicher schriftlicher Text vor. Auch von Platon zitierte Homerverse lassen erkennen, dass die Texte wohl schon früh als Nationalliteratur unter staatlichem Schutz standen und sich in verhältnismäßig fester und einheitlicher Form überliefert haben. Dennoch wurden die Texte über Jahrhunderte von angenommenen Verwilderungen bereinigt. Von Alexander dem Großen wird berichtet, dass seine Homerausgabe, die er als »das wertvollste Werk menschlichen Geistes« betrachtete und in einer kostbaren Truhe auf seinen Feldzügen mit sich führte, von seinem Lehrer Aristoteles auf philologische Reinheit überprüft wurde.

❶ 6/187 Ilias
Fragment, XXI v 552 – XXII v 16, Homer | 1. Jh. v. Chr. / 1. Jh. n. Chr. | Papyrus, 23 x 60 cm Staatliche Museen von Berlin, Ägyptisches Museum und Papyrussammlung (P. 16985) (Abb. S. 22)
Nach der Anzahl der aufgefundenen Papyri zu urteilen, war auch in hellenistischer Zeit Homer der meistgelesenste Dichter und die Ilias bei weitem das beliebteste Werk. Obwohl bereits im 6. Jahrhundert der Text der Ilias und der Odyssee eine einheitliche Form in Athen gefunden hatte, zeigen die frühesten gefundenen Homerpapyri des 3. Jh. v. Chr. große Textabweichungen von den heute überlieferten. Erst ab dem 2. Jahrhundert sind die aufgefundenen Texte relativ einheitlich. Die Bibliotheken von Alexandria und Pergamon waren Stätte der Homerforschung. In Alexandria fand schließlich die verbindliche Form (Vulgata) der Textbearbeitung statt.

Griechische Buchstabenschrift
Um 800 haben vermutlich griechische Städte an den Küsten des Mittelmeeres, die mit den Phöniziern im engen wirtschaftlichen und kulturellen Kontakt standen, die Buchstabenschrift übernommen. Der für die europäische Schriftkultur fundamentale Schritt war die Anpassung des semitischen Konsonantenalphabets an die vokalreiche griechische Sprache. Elf Konsonantenschriftzeichen wurden direkt aus dem Phönizischen übernommen, die übrigen Zeichen wurden den griechischen Lautwerten angepasst. Die verschiedenen lokalen griechischen Schriftvarianten wurden 403 v. Chr. in einer Schriftreform auf 24 Zeichen vereinheitlicht.

❷ 6/188 Ältester griechischer Papyrustext
Timotheos von Milet, Die Perser | Memphis/Abusir, 2. Hälfte des 4. Jh. v. Chr. | Papyrus, 18,5 x 21,5 (Die Rolle war aus ca. 21,5 cm breiten Blättern zusammengeklebt, Gesamtlänge 111 cm) | Staatliche Museen zu Berlin, Ägyptisches Museum und Papyrussammlung (P 9875)
Die als Grabbeilage in einem Holzsarg gefundene Rolle gilt als ältester erhaltener griechischer Papyrustext und ist für die Geschichte der griechischen Schrift von besonderer Bedeutung. Ohne Wort- und Satztrennung oder Berücksichtigung der Verseinteilung ist der Text in durchgängiger Schrift (scriptio continua) verfasst.

Es ist eine Buchschrift und ähnelt den Steininschriften der Zeit. In Versform, für den Gesang eines Rhapsoden mit elfsaitiger Kitharabegleitung abgefasst (kitharodischer Nomos), wird der Seesieg der Griechen über die Perser bei Salamis 480 v. Chr. gefeiert.

6/189 Bleiplatte mit etruskischer Inschrift
Magliano, Prov. Grosseto, Toskana, 5./4. Jh. v. Chr. | Blei, 8, 6 x 7, 7 cm | Florenz, Museo Archeologico di Firenze (76669)
Der beidseitige Spiraltext gehört neben der Tegola di Capua zu den wichtigsten Denkmälern der etruskischen Schrift. Er verzeichnet Opfergaben für die Götter. Der Ursprung der mindestens seit dem 7. Jh. v. Chr. in Mittelitalien lebenden Etrusker liegt im dunkeln. Ihre Schrift hat sich entweder direkt aus dem phönizischen, wahrscheinlicher aber aus dem griechischen Alphabet entwickelt. Ihre Sprache, die nicht zu der indoeuropäischen Sprachfamilie gehörte, ist unbekannt. Nur kürzere Grabinschriften und einige rituale Texte sind erhalten.

6/190 Festtagskalender einer etruskischen Gemeinde
Tegola di Capua | gefunden bei Santa Maria Capua Vetere (?), 5. Jh. vor Chr. | Tontafel, der obere Teil fehlt, 62 x 49 cm | Staatliche Museen zu Berlin, Antikensammlung (30982) (Abb. S. 84)
In die Tontafel eingeritzt ist der längste je gefundene Text mit etruskischen Schriftzeichen: 60 Zeilen mit ca. 300 Wörtern in Bustrophedon (abwechselnd rechts- und linksläufig) und Silbeninterpunktion. Der in zehn Monate aufgeteilte Kalender nennt die Daten, an denen kultische Handlungen für bestimmte Götter abgehalten werden sollen und beschreibt die Rituale. Das etruskische Pantheon ist, wie auch das römische, von den Griechen übernommen. Die Tafel ist eine der wesentlichen Grundlagen für die Erforschung der etrukischen Sprache.

❸ 6/191 Inschrift in meroitischen Kursivzeichen
Stele des Prinzen Taktidamani | Meroe (Begerawia), Pyramide W 18, 2. Jh. v. Chr. | Sandstein, H 47 cm, B 31 cm | Staatliche Museen von Berlin, Ägyptisches Museum und Papyrussammlung (2253)
Das an Ägypten grenzende Königreich Kusch hatte im 2. Jh. v. Chr. eine Buchstabenschrift entwickelt, die das griechische Alphabet mit der seit dem 7. Jahrhundert v. Chr. in Ägypten gebräuchlichen demotischen (volkstümlichen) Schreibschrift verbindet. Die aus 23 Lautzeichen bestehende meroitische Schrift ist lesbar, jedoch bleibt ihr Inhalt verschlossen, da die meroitische Sprache unbekannt ist.

6/192 Doppelsprachige Bauinschrift aus Alexandria
Text lateinisch und griechisch abgefasst Alexandria, 10/11 n. Chr. | Kalkstein, 60 x 143 x 22 cm | Kunsthistorisches Museum Wien, Antikensammlung (III 783) (Abb. S. 84)

Die Latiner, die im Verlauf des 7. Jh. v. Chr. sich aus ihrem Kernland Latium heraus über Italien auszubreiten begannen, übernahmen wahrscheinlich das Alphabet sowohl von den Griechen als auch von den Etruskern. Das archaische lateinische Alphabet umfasste 21 Zeichen. Ägypten wurde nach seiner Eroberung durch die Römer 30 v. Chr. persönliches Eigentum des Kaisers, der es von einem Provinzverwalter (praefectus Aegypti) verwalten ließ. Latein wurde neben Griechisch Verwaltungssprache.

❹ 6/193 Victoria auf der Weltkugel mit lateinischer Inschrift
166 – 168 n. Chr. (gefunden bei Calvatone), (Original: Bronze, vergoldet, ehemals Berlin, Pergamonmuseum, Kriegsverlust) | Gips, vergoldet, H 170 cm | Abguss-Sammlung Antiker Plastik Berlin (87/33 (VIII 708))
Viele lateinische Inschriften wären heute verloren, wenn sie nicht schon seit der Renaissance zeichnerisch kopiert oder in Gips abgenommen worden wären. Die lateinische Inschrift auf dem Globus besagt, dass die Figur von einem Marcus Satrius Maior anlässlich des Sieges Kaisers Marc Aurels und seines Mitregenten Lucius Verus gegen die Parther gestiftet wurde. Die Siegesgöttin Victoria personifiziert den Siegeswillen des römischen Volkes und seiner Herrscher.

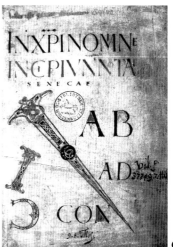

⑤ 6/194 Lexikon in tironischen Noten
Drittes Viertel 9. Jh. | Hofschule Kaiser Karls
des Kahlen (843–877) | Wolfenbüttel, Herzog
August Bibliothek (Cod. Guelf. 9.8 Aug. 4°)
*Bereits aus dem 4. Jh. v. Chr. sind griechische
Schnellschriften (Tachygraphien) bekannt. Das
seit dem 2. Jh. v. Chr. gebräuchliche römische
Stenographiesystem aus etwa 1100 Kurzschrift-
zeichen (Noten) wurde von Marcus Tullius Tiro
(1. Jh. v. Chr.), einem freigelassenem Sklaven
und Freund Ciceros, wesentlich erweitert. Das
römische Kurzschriftsystem mit etwa 13000
Noten war noch bis ins 12. Jahrhundert in den
Kanzleien der Merowinger und Karolinger im
Gebrauch. Die tironische Note »&« für »und«
hat sich bis heute erhalten.*

**6/195 Deckel eines Räuchergefäßes mit ara-
mäischer Beschriftung**
Beschwörungstext in parthischer Sprache
Mesopotamien, Assur, 1. Jh. v. Chr. – 2. Jh. n. Chr.
Gebrannter Ton, ergänzt, H 10 cm; Dm 18,8 cm
Staatliche Museen zu Berlin, Vorderasiatisches
Museum (VA 5906)
*Die Sprache der von der arabischen Halbinsel
nach Palästina, Syrien und Mesopotamien ein-
gewanderten Aramäer wurde zur Zeit des per-
sischen und parthischen Großreiches (550–225
v. Chr.) die internationale Verkehrssprache von
Ägypten bis Nordindien. Als Schrift wurde
das phönizische Konsonantenalphabet benutzt.
Aramäisch verdrängte viele lokale Sprachen und
Schriften, so auch die phönizische und die althebräische und entwickelte neue Dialekte und
Schriften wie das Jüdische, Nabatäische, Pal-
myrenische und Syrische.*

**6/196 Büste einer Frau mit palmyrenischer
Inschrift**
Syrien, Palmyra, spätes 2. Jh. n. Chr | Sand-
stein, ca. 60 x 40 cm | London, The British
Museum, Department of Oriental Antiquities
(WA 102612) (Abb. S. 22)
*In der Oasenstadt Palmyra (aram. »Palmen-
stadt«) entwickelte sich in der Mitte des 2. Jh.
v. Chr. eine Variante der aramäischen Schrift,
die einen gezierten, ornamentalen Charakter
aufweist.*

6/197 Südarabische Inschrift aus Saba
Saba, 2. Jh. v. Chr. | Sandstein | London, The
British Museum, Department of Oriental Antiquities (WA 103021)
*Auf der arabischen Halbinsel gab es in vor-
islamischer Zeit Regionalkulturen, die eine
eigene konsonantische Buchstabenschrift entwickelten. Die sabäische Schrift ist eine Monumentalschrift, die einen konstanten Formentypus
besitzt und eine starke Symetrie und ornamen-
tale Schönheit aufweist. Als Vorläufer der süd-
arabischen Schriften gilt die Sinai-Schrift.
(vgl. 6/180)*

**6/198 Hebräische Bibel mit Targum und
Massora**
um 1300 | Pergament / Handschrift, 588 Bll.,
55,4 x 38,5 cm | Staatsbibliothek zu Berlin –
Preußischer Kulturbesitz, Handschriftenabteilung (Ms.or.fol. 1212)
*Das Hebräische als Sprache und Schrift des
jüdischen Volkes wurde im Laufe der assyrischen, babylonischen und persischen Fremdherrschaft
durch das Aramäische verdrängt. Hebräisch
erhielt sich aber als Sprache der Bibel und der
Priester. Die althebräische Schrift wurde durch
die Quadratschrift, eine Variante der aramäischen Schrift, abgelöst, die im 5. Jahrhundert
durch Esra offiziell eingeführt wurde. Sie ist bis
heute sakrales Symbol der Juden. Aus den meist
in kleinen Buchstaben geschriebenen textkriti-
schen Anmerkungen, Massora, entwickelte sich
die Kunstform der Mikrographie.*

**⑥ 6/199 Machsor in hebräischer Quadrat-
schrift**
Deutschland, 14. Jh. | Schreiber: Isaak ben
Jechiel | Pergament , Handschrift, 293 Bll.,
34,7 x 26,4 cm | Berlin, Staatsbibliothek zu Berlin
– Preußischer Kulturbesitz, Handschriftenabteilung (Ms. or. 388)
*Der Gebrauch der hebräischen Quadratschrift
wird bis heute für sakrale Texte beibehalten.
Im 8. Jahrhundert wurden dem Konsonatenal-
phabet Vokalbezeichnungen, Punkte und Striche,
beigefügt. Es gab verschiedene Vokalzeichen-
systeme, das Tiberische hat sich für das moderne
Hebräisch durchgesetzt. Die Quadratschrift
erlebte regionale Ausformungen, die sephardi-
sche hat einen gerundeten, die ashkenasische
einen eckigen Duktus. Die Initialworte des
Machsor (»Zyklus«), eine Sammlung ständig
wiederkehrender Gebete, sind prachtvoll verziert.*

**⑦ 6/200 Fragment eines Korans in kufischer
Schrift**
8. Jh. | Pergament, Bl.: 35 x 26,5 cm | Staats-
bibliothek zu Berlin – Preußischer Kulturbesitz,
Orientabteilung (Ms. or. fol. 4313)
*Aus einer nordarabischen Variante des Ara-
mäischen entwickelte sich die arabische Schrift,
deren ältesten Zeugnisse aus dem Anfang des
6. Jahrhunderts stammen. Schon in vorislami-
scher Zeit bildete sich die kufische Schrift aus,
eine Monumentalschrift, die insbesondere für
Bauinschriften, aber auch als Buchschrift für
Korantexte verwendet wurde. Das Arabische
unterscheidet sich von anderen semitischen
Schriften durch das Zusammenschreiben der
Buchstaben (Ligatur).*

**6/201 Prunkkodex eines Korankommentars
in Nashi Schrift**
Beginn 13. Jh. | Papier, 286 Bll., 40 x 32,5 cm
Staatsbibliothek zu Berlin – Preußischer Kulturbesitz, Orientabteilung (Ms. Landberg 822)
*Zusammen mit der kufischen Zierschrift ent-
wickelte sich Nashi, eine schnellere Buch- und
Schreibschrift. Der Korankommentar ist in Ri-*

hani, einer Abart des Nashi Duktus, geschrieben
und durch Punkte und Striche vokalisiert.

**6/202_a–h Fragmente aus der Turfan-
Sammlung**
Beispiele aus dem aramäischen- und indischen
Schriftkulturkreis | China, Xinjiang, Turfan,
5.–12. Jh. | Depositum der Berlin-Branden-
burgischen Akademie der Wissenschaften in der
Staatsbibliothek zu Berlin – Preußischer Kulturbesitz, Orientabteilung
a) Palmblatt-Handschrift aus Qizil. Sanskrit
in Kusana-Schrift. Bruchstück buddhistischer
Dramen (SHT 16) **b)** Holzfragment aus der Ming-
öi Anlage in Qizil. Beidseitig beschrieben: Reisepass in Tocharisch B und Brahmi-Schrift / Inschrift in mittelindischer Sprache und Kharosthi-
Schrift (THT 4059 / Kha 6) **c)** Blattfragment aus
einem Codex der Psalmen in mittelpersischer
Übersetzung mit den Kanones des Mar Abba
(6. Jh.) in roter Schrift. *Der Text ist in einer
altertümlichen, sonst nirgends bezeugten Form
der Buchpahlavi-Schrift verfasst (Ps 5, Blatt 5)*
d) Doppelblatt aus einem Codex, dessen Papier
nach einer Vermutung von A. von Le Coq aus
Baumwolle hergestellt wurde. Es gehört zu den
seltenen Texten in alttürkischer Runenschrift
auf Papier. Hauptinhalt des Textes sind Be-
schwörungen, wobei die Gestirne eine entsprechende Rolle spielen (U 5) **e)** Alttürkisches Wirt-
schaftsdokument in uigurischer Kursivschrift.
Mietvertrag für ein Pferd. (U 5303) **f)** Fragment
des mongolischen Subhasitaratnanidhi in Quadratschrift. Blockdruck (MongHT 8) **g)** Dokument
in tumshuksakischer Sprache und Brahmi-Schrift
(TS 29) **h)** Fragment eines syrischen pharmazeu-
tischen Rezeptbuches in Serto-Schrift (SyrHT 1)
*Zu den in Turfan gefundenen Sprach- und
Schriftzeugnissen vgl. (6/23) (*Aus satztechnischen Gründen stehen für fremdsprachige
Termini keine Sonderzeichen zur Verfügung)*

**6/203 Kharosthi-Inschrift auf einer buddhis-
tischen Reliefplatte**
Bodhisattva umgeben von Brahma und Indra
Palatu Dheri, Rajar, datiert »5.Tag im Monat
Praustapada im Jahr 384« (?) | Grauer Schiefer,
28,5 x 38 x 7 cm | London, The British Museum,
Department of Oriental Antiquities (OA 1890.11-
16.1) (Abb. S. 88)
*Im 1. Jahrtausend v. Chr. entwickelten sich in
Indien zwei Buchstabenschriften, die als Kha-
rosthi- und Brahmi-Schrift bezeichnet werden.
Die linksläufige Kharosthi, eine Variante des
Aramäischen, blieb auf den Nordwesten des
Landes beschränkt. Sie wurde im 5. Jahrhundert
n. Chr. von der rechtsläufigen Brahmi-Schrift
verdrängt, die ebenfalls aus dem semitischen
Schriftenraum hervorgegangen ist. Die meisten
erhaltenen Zeugnisse der in Kharosthi geschrie-
benen Prakrit Sprache (Mittelindisch) sind
Edikte aus der Zeit Königs Asokas (272–231 v.
Chr.), der das erste indische Großreich schuf.*

6/204 Altjavanische Alphabetinschrift mit Darstellung der Kinderschutzgöttin Hariti

Zentral-Java, Batang [?] | Kupferplatte, gravierte Inschrift, 37,5 x 17 cm | Leiden, Rijksmuseum voor Volkenkunde (B-79-1 – loan from Kern-Instituut) (Abb. S. 85)

Das Relief ist die einzig erhaltene buddhistische Gebetsformel (dharani) in Sanskrit, die sich aus Zentral-Java erhalten hat. Die vom Sanskrit stark beeinflusste javanische Literatursprache Kawi (»Sprache der Dichter«) wurde mit einer Alphabetschrift geschrieben, von der sich die modernen javanischen Schriftarten ableiten. Die Kawi-Schrift zählt zu dem indischen Schriftkulturkreis, dessen Wurzeln in das Phönizische zurückreichen.

Buchdruck mit Holztafeln (Blockdruck)

Für eine alle Schichten der Gesellschaft erreichende Verbreitung der Schrift innerhalb einer Sprachgemeinschaft kommt der Erfindung des Buchdruckes die größte Bedeutung zu. Der Druck mit Holztafeln, aus denen Text und Bilder seitenverkehrt herausgeschnitten und nach der Einfärbung der Tafeln auf angefeuchtetes Papier abgerieben wurden, war die zunächst in Ostasien (ab dem 8. Jahrhundert) und in Europa (Ende des 14. Jahrhunderts) gängige Art der technischen Reproduzierbarkeit von Wissen. In China, Japan und Korea waren es insbesondere zahlenmythische Glaubensvorstellungen des Buddhismus, die hohe Druckauflagen von Sutren-Texten bewirkten.

6/205 Ältester vollständig erhaltener Schriftdruck

Hyakuman-Tô Darani | Sprache Sanskrit; Schrift chinesisch | Japan, Nara zwischen 764 und 770 Schriftröllchen (31 Zeilen zu 5 Zeichen) auf Miniatur-Pagode aus Zypressenholz, Rolle: 5,5 x 47 cm; Pagode H.20,5 cm, Fuß Dm.10,3 | Staatsbibliothek zu Berlin – Preußischer Kulturbesitz, Ostasienabteilung (558 000 Rara-OA)

In Erfüllung eines Gelübdes ließ die Kaiserin Shotoku nach ihrer zweiten Thronbesteigung (764) eine Million Miniaturpagoden herstellen, in die jeweils ein gedruckter Dharani-Zauberspruch eingelegt war. Diese wurden an die zehn wichtigsten Tempel des Landes verteilt, die eigene Hallen zu deren Aufbewahrung errichteten.

❶ 6/206 Früher illustrierter chinesischer Blockdruck

China, Sung, 975 n. Chr. | Buddhistische Mahayana Sutra Arya-sarvatathagatadhisthana-hyrdaya-guhya-dhatu-karanda-mudra-nama-dhar-

ani (chin.: pao-ch'ieh-yin t'o-lo-ni ching) Blockdruck auf bräunlichem Papier, Querrolle, auf Seide montiert, 7 x 210 cm | Bayerische Staatsbibliothek München (L. sin. C 590)

Das Kolophon der Rolle berichtet, dass der Herrscher der Staaten Wu und Yüüeh – Ch'ien Shu (Reg. 929 – 988) eine Druckauflage dieser Sutra von 84000 Exemplaren – eine magische Zahl des Mahayana Buddhismus – verfügt hatte. Das Röllchen fand sich in den Trümmern der 1924 eingestürzten tausendjährigen Donnergipfelpagode. Es war zusammen mit zahlreichen weiteren Röllchen bei der Errichtung des Bauwerkes als Glücksbringer eingemauert worden. Als ältester datierter Holztafeldruck gilt ein 5 m langer Text der Diamant-Sutra (11. Mai 868), der in einer Höhle bei Dung-huang in der chinesischen Provinz Kansu gefunden wurde. Auch dieser Text war mit einer Illustration versehen.

Buchdruck mit beweglichen Lettern

Versuche, Wortzeichen mit gebrannten Ton-Lettern zu drucken, gab es im 11. Jahrhundert in China. In Korea begann man im 13. Jahrhundert mit gegossenen Einzeltypen aus Metall zu drucken. Aus dem Jahr 1403 stammt ein Dekret des koreanischen Königs, in dem zur Förderung der Volksbildung der Druck der gesamten koreanischen Literatur mit kupfernen Typen angeordnet wurde. Doch weder in Korea noch in China oder Japan kam es zu einem vergleichbaren Erfolg des Buchdruckes wie in Europa. Johannes Gutenbergs Erfindung der auswechselbaren Metalltypen (Bleilettern) und der Druckerpresse war der erste Schritt zur Massenkommunikation durch das geschriebene Wort.

6/207 Gutenberg-Bibel (B42)

Mainz, 1452 – 1456 | Johannes Gensfleisch zur Laden genannt Gutenberg (1397/1400 – 1468) Berlin, Staatsbibliothek zu Berlin Preußischer Kulturbesitz, Handschriftenabteilung (Faksimile B 42, Bd. 1)

Die 42-zeilige in zwei Kolumnen gesetzte lateinische Bibel (B42 genannt) ist das erste in Europa mit beweglichen gegossenen Typen gedruckte Buch. Sie besteht aus zwei Bänden, dem Alten und Neuen Testament, und umfasst 1282 Folioseiten. Für die Buch- und Schriftgestaltung dienten zeitgenössische Prachthandschriften als Vorbild. Von den etwa 180 gedruckten Exemplaren der B42 sind heute noch 48, teilweise fragmentierte Exemplare – 12 davon auf Pergament und 36 auf Papier – erhalten.

→ Sphärenklänge

Der Wunsch, Musik aus ihrer Flüchtigkeit und Momenthaftigkeit zu befreien, ist wohl so alt wie das Aufzeichnen von Texten selbst. Schon aus Mesopotamien sind Keilschrifttafeln erhalten, die Musiknotationen enthalten. Die Form der Notationen war ein abstraktes System von Zeichen, das einzelne Tonhöhen wiedergeben konnte, später wurden auch die Tempusangaben mit in diese Darstellungen aufgenommen. Im Laufe der Jahrtausende entwickelte sich ein breites Spektrum von Notationen, die die unterschiedlichsten Bestandteile des Gebildes Musik, wie Tonhöhe, Klangfarbe, Tondauer, Lautstärke wiedergeben konnten.

Schon für die Antike sind mechanische Musikinstrumente bezeugt. Im Mittelalter und in der Frühen Neuzeit sind zahllose Versuche unternommen worden, Musik durch Automaten wiedergeben zu lassen. Erst Thomas Alva Edison (1847 – 1931) gelang es, mit Hilfe von Wachswalzen Töne aufzuzeichnen und so zu konservieren und reproduzierbar zu machen.

Der Einzug der Elektronik und später des Computers im 20. Jahrhundert ermöglichte es, Töne ohne Verzerrungen aufzuzeichnen und mit Hilfe der Digitalisierung verlustfrei zu kopieren und zu verbreiten. (BG)

6/208 Harfenspieler

Thera (Fundort), Kykladen-Kultur | 2700 – 2500 v. Chr. | Marmor, ca. 17 x 13 cm | Badisches Landesmuseum Karlsruhe (B 863) (Abb. S. 22)

Die Harfe war in der Antike ein beliebtes Begleitinstrument zum Sprechgesang von Epenerzählern und stellt eine frühe Verbindung von Musik und Text dar. Die Musikbegleitung diente dabei nicht nur der Untermalung des Gesanges sondern half auch ihn zu memorieren. Die Kykladen-Kultur unterhielt engste Verbindungen zum Orient und in Richtung Osten über Kreta bis nach Anatolien.

6/209 Keilschrifttafel mit Musiknotationen – Stimmung einer Harfe

Mesopotamien, Babylon | Ton, 15 x 20 cm | The British Museum, Department of Western Asiatic Antiquities (WA U 7/80)

6/210 Grabstele aus Tralles mit der Seikilos-Hymne

1. od. 2. Jh. v. Chr. | Stein, H 61 cm; Dm 21 cm | Kopenhagen, Antikensammlung, Nationalmuseum (14897) (Abb. S. 94)

Im antiken Griechenland war es üblich, Musik mit Hilfe einer Buchstabennotation wiederzugeben – jeder Ton wurde mit einem anderen Buchstaben bezeichnet. Die Noten in Buchstabennotenschrift wurden über die entsprechenden Textzeilen gesetzt, auf dem Seikilos Epitaph etwa von der Mitte des Textes an.

6/211 Handbuch der Musik (Fragment)

Ende 2. / Anfang 3. Jh. n. Chr. | Papyrus, ca. 33 x 25 cm | Staatliche Museen zu Berlin, Ägyptisches Museum und Papyrussammlung (P 6870) (Abb. S. 97)

Das Musikhandbuch enthält Gesangs- und Instrumentalnoten zu drei griechischen Gedichten, unter anderem zu einem Kultlied auf Apollon.

6/212 Plenarmissale

2. Hälfte 13. Jh. | Pergament, 306 Bll., 41 x 29,5 cm | Staatsbibliothek zu Berlin – Preußischer Kulturbesitz, Handschriftenabteilung (Ms. theol. fol. 487)

6/213 Porträt des Musikers und Komponisten Gasparo de Albertis (ca. 1520 – nach 1580)

1547 | Giuseppe Belli | Öl auf Leinwand, 80 x 64 cm | Bergamo, Accademia Carrara (911) (Abb. S. 26)

Der Komponist zählt zu den bedeutendsten schöpferischen Persönlichkeiten der italienischen Musik in der ersten Hälfte des 15. Jahrhunderts. Von seinen klassischen Vokalpolyphonien sind 1549 drei Parodiemessen in Druck erschienen, die als erste bekannte Individualdrucke dieser Gattung gelten.

6/214 Practica musicae

1496 | Franchino Gafurio, Drucker: Guiliemus Le Signerre Rothomagensis | Inkunabel, 29,5 x 20 cm | Staatsbibliothek zu Berlin – Preußischer Kulturbesitz, Musikabteilung mit Mendelssohn-Archiv (Mus. Ant. theor. 4° G16)

6/215 Robert Fludd

Utriusque cosmie, majoris scilicet et minoris, metaphysica, physica atque technica historia Oppenheim 1617 – 19 | Staatsbibliothek zu Berlin – Preußischer Kulturbesitz, Abteilung Historische Drucke (4° A4915 R)

6/216 Serinette in Buchform

Ende 18. Jh. | Holz, Metall, ca. 12 x 23 x 7 cm Berlin, Musikinstrumenten-Museum des Staatlichen Instituts für Musikforschung PK (2845)

6/217 Spieldose »Kalliope«

um 1900 | Holz, Metall, Deckel innen bemalt, ca. 25 x 50 x 50 cm | Berlin, Musikinstrumenten-Museum des Staatlichen Instituts für Musikforschung PK (4973)

6/218 Lochstreifenrolle für ein Reproduktionsklavier

Papier | Berlin, Musikinstrumenten-Museum des Staatlichen Instituts für Musikforschung PK

6/219 Porträt von Thomas Alva Edison mit Phonograph

1889 | Abraham Archibald Anderson (1847 – 1940) Öl auf Leinwand, 113,5 x 138,5 cm | Washington, D. C., National Portrait Gallery Smithsonian Institution (NPG.65.23) (Abb. S. 26)

❶

❷ 6/220 Tragbarer Edison-Phonograph, Modell GEM

ca. 1905 | Holz, Metall, ca. 20 x 30 x 15 cm | Staatliche Museen zu Berlin, Ethnologisches Museum, Fachreferat Musikethnologie

6/221 Walzen verschiedener Materialien für den Edison-Phonographen

Staatliche Museen zu Berlin, Ethnologisches Museum, Fachreferat Musikethnologie

6/222 Walzen-Dosen für den Edison-Phonographen

Karton, H ca. 15 cm; Dm ca. 10 cm | Staatliche Museen zu Berlin, Ethnologisches Museum, Fachreferat Musikethnologie (Abb. S. 93)

6/223_a Grammophon

1898 | Deutsches Technikmuseum Berlin
1887 entwickelte Emil Berliner (1851–1929) das »Grammophon«. Die Schallplattenaufnahme erfolgt wie beim »Phonographen« akustisch-mechanisch, jedoch gräbt der Schneidstichel die Schallwellen in eine rotierende Wachsplatte. Die Schallwellen werden in der Rille nicht senkrecht, sondern seitlich ausschlagend eingeschnitten.

6/223_b Schellack-Schallplatte

Pathé | Deutsches Technikmuseum Berlin
Die von Emil Berliner erfundene Schallplatte bestand aus feinem Gesteinsmehl und Schellack. Fast 60 Jahre beherrschte die ab 1897 kommerziell hergestellte, mit 78 U/min abgespielte Schellackplatte den Markt. Die Pathé-Riesenplatte konnte sich nicht durchsetzen. Die erste Langspielplatte wurde 1926 aus Bakelit hergestellt.

6/224 Telegraphone-Schallaufzeichnungsapparat nach dem Magnettonverfahren

1898 | Valdemar Poulsen (Nachbau von 1916) Dm der Trommel ca. 15 cm | Technisches Museum Wien (19.088)
Das erste Gerät zur magnetischen Schallaufzeichnung und -wiedergabe erfand 1898 der dänische Physiker Poulsen. Als Tonträger des »Telegraphon«, dem Vorläufer des heutigen Tonbandgerätes, diente ein magnetisierbarer Stahldraht oder eine Metallscheibe.

6/225 Magnetophon HTS, um 1939

AEG | Deutsches Technikmuseum Berlin
Das von der Firma AEG 1935 vorgestellte »Magnetophon« übernimmt das von Poulsen entwickelte Verfahren der Aufnahme und Wiedergabe von Schallereignissen mit Hilfe eines bandförmigen magnetisierbaren Tonträgers. Verwendet wurden beschichtete Papier- und später Folienbänder.

Das Berliner Phonogramm-Archiv

Das Berliner Phonogramm-Archiv – heute Teil des Ethnologischen Museums – ist eine der weltweit bedeutenden Institutionen, in denen Tondokumente traditioneller Musik aus aller Welt gesammelt und aufbewahrt werden. 1999 wurden die Sammlungen in das UNESCO-Weltregister Memory of the World aufgenommen. Die Anfänge des Archivs gehen in das Jahr 1900 zurück, als der Psychologe Carl Stumpf mit dem Edison-Phonographen eine in Berlin gastierende Gruppe thailändischer Theatermusiker aufnahm. Treibende Kraft des Archivs war Erich M. von Hornbostel, der das Berliner Phonogramm-Archiv zu einem der berühmtesten Schallarchive der damaligen Zeit ausbaute. Organisatorisch war das Phonogramm-Archiv zunächst dem Psychologischen Institut der Universität angeschlossen, 1923 ging es in die Verwaltung der Berliner Musikhochschule über und wurde 1934 nach der Emigration von Hornbostels an das Museum für Völkerkunde angegliedert. Infolge der Kriegswirren kamen die Walzenbestände zeitweise in das damalige Leningrad, dann zurück in den Ostteil Berlins. 1991 konnten die Sammlungen im Völkerkundemuseum in Berlin-Dahlem wieder vereinigt werden. Der historische Bestand des Phonogramm-Archivs beläuft sich auf mehr als 16000 Aufnahmen, die in der Form von Originalen, Walzennegativen (sog. Galvanos) und Wachskopien vorhanden sind, sowie ca. 2000 Schellackplatten. Die Tondokumente wurden zwischen 1893 und 1943 aufgenommen; es sind insgesamt 315 Sammlungen mit Musik aus Afrika, Amerika, Asien, Australien / Ozeanien und mit europäischer Volksmusik. Die Zusammenarbeit mit Sammlern aus unterschiedlichen Tätigkeitsbereichen (Ethnologen, Kolonialbeamten, Ärzten, Missionaren, Linguisten, Geografen, Archäologen, Musikwissenschaftlern, Forschungsreisenden) und weltweite Kontakte sicherten dem Archiv meist gut dokumentierte Aufnahmen der verschiedensten Kulturen. Über ihren historischen Wert hinaus erregen besonders die Aufnahmen internationale Aufmerksamkeit, in denen Musiktraditionen von Kulturen dokumentiert sind, die heute überhaupt nicht mehr (z.B. Feuerländer) oder in dieser Form nicht mehr existent sind. (S Z)

Die »MusikWeltKarte«

Der Edison-Phonograph und die musikalische Kartografie der Erde

Die »MusikWeltKarte« widmet sich der exemplarischen Darstellung einer frühen Klangspeichertechnologie. Im Jahre 1877 erfand Thomas A. Edison den Phonographen, der unser Verhältnis zur Musik grundlegend veränderte. Auf der »MusikWeltKarte« wurden für die Ausstellung historische Tondokumente aus fünf Kontinenten zusammengetragen. Sie belegen, wie sehr unser Blick auf das musikalische Erbe der Menschheit durch die neuen Möglichkeiten der Klangspeicherung geweitet und geschärft wurde. Das Phänomen »Musik« rückte als universale kulturelle Äußerungsform des Menschen in eine globale Perspektive.

Musik als die »vergänglichste aller Künste« wurde mit dem Edison-Phonographen zu einer wiederholt rezipierbaren und in der Wiederholung besser »fassbaren« Ausdrucksform. War zuvor mit dem Verklingen des letzten Tons das musikalische Ereignis unwiderruflich vergangen, so machte der Phonograph den musikalischen Vortrag sowohl in zeitlicher als auch in räumlicher Distanz neu erfahrbar. Erst die Möglichkeit, Musik mit dem Edison-Phonographen klanglich »festzuschreiben«, ebnete einem Fach wie der Vergleichenden Musikwissenschaft/Musikethnologie und damit der systematischen Erkundung außereuropäischer Musik den Weg. Der Phonograph im Reisegepäck von Völkerkundlern, Kolonialbeamten, Missionaren, Ärzten und Archäologen hielt Klänge fest, die der Wissenschaft und der Öffentlichkeit völlig neue musikalische Welten erschlossen. Zugleich wuchs die Erkenntnis, dass viele dieser musikalischen Welten dem Untergang geweiht waren, dass die vielleicht letzte Gelegenheit, eine musikalische Weltkarte für das beginnende 20. Jahrhundert zu zeichnen, nicht vertan werden durfte.

Die Nachwelt verdankt dem Edison'schen Aufzeichnungsverfahren akustische Musikdokumente von unschätzbarem Wert – Klangaufnahmen, die trotz ihrer technischen Mängel unsere ungeteilte Aufmerksamkeit verdienen. Die Mehrzahl der Musikkulturen der Welt kennt keine schriftliche Fixierung, d. h. Musik wird mündlich durch das Klingend an die kommenden Generationen weitergegeben. Vor der Erfindung von akustischen Tonaufzeichnungsverfahren kam das Abbrechen der Überlieferungskette in diesen Fällen einem endgültigen und »spurlosen« Erlöschen der Musikkultur gleich. Besäßen wir nicht die mit dem Phonographen erfassten Tondokumente, wäre ein großer Teil des kulturellen Erbes der Menschheit unwiederbringlich vergessen.

Niemand wüsste etwa, wie die Musik der Feuerlandindianer geklungen hat, eines Volkes, das seit vielen Jahrzehnten nicht mehr existiert. Die »MusikWeltKarte« eröffnet dem Ausstellungsbesucher die Möglichkeit, alte Tonaufnahmen zu einzelnen Regionen der Welt an einem Touchscreen abzurufen. Die Klangbeispiele sind der Wachswalzensammlung des 1900 gegründeten Berliner Phonogramm-Archivs entnommen. Frühe ethnografische Foto- und Filmdokumente ergänzen zusammen mit erläuternden Texten das Informationsangebot. Ton- und Filmaufnahmen jüngeren Datums sind exemplarisch den historischen Aufnahmen gegenübergestellt, um die Dokumentationsverfahren des Musikethnologen in der Zeit nach dem Edison-Phonographen vorzustellen. Schließlich führt die »MusikWeltKarte« in die Technik der phonographischen Aufzeichnung ein, stellt die Sammler vor, die den Phonographen auf ihren Expeditionen einsetzten, und beschreibt die Geschichte des Berliner Phonogramm-Archivs. (U W)

(Staatliche Museen zu Berlin, Ethnologisches Museum | Berliner Festspiele GmbH | Bonau-Data)

Beschreibung der Leihgaben

Hendrik Budde (Ohne Kennzeichnung)
Bernd Graff (BG)
Simone-Christiane Raschmann (S-C R)
Ulrich Wegner (UW)
Susanne Ziegler (SZ)

❷

→ Horst Bredekamp

Baumgarth, Christa *Geschichte des Futurismus*
Reinbek bei Hamburg 1966
Bredekamp, Horst *Antikensehnsucht und
Maschinenglauben. Die Geschichte der Kunst-
kammer und die Zukunft der Kunstgeschichte*
Berlin 2000
Deep Storage *Arsenale der Erinnerung. Sammeln,
Speichern, Archivieren in der Kunst* | Ausstel-
lungskatalog, München und New York 1997
Edgerton, Samuel Y. *The Heritage of Giotto's
Geometry. Art and Science on the Eve of the
Scientific Revolution* | Ithaca und London 1992
Henderson, Linda Dalrymple *The Fourth
Dimension and Non-Eucledian Geometry in
Modern Art* | Princeton, New Jersey 1983
**Lampugnani, Vittorio Magnano | Sachs,
Angeli (Hrsg.)** *Museen für ein neues Jahrtausend.
Ideen Projekte Bauten* | München, London und
New York 1999
Metken, Günter *Spurensicherung. Kunst als
Anthropologie und Selbsterforschung* | Köln 1977
Pächt, Otto *Buchmalerei des Mittelalters*
München 1984
**Preimesberger, Rudolf | Baader, Hannah |
Suthor, Nicole (Hrsg.)** *Portrait* | Berlin 1999
Schäfer, Günter (Hrsg.) *Illustrationen zu
›Dantes Göttlicher Komödie‹ und anderen Texten*
Marburg 1993

→ Stefan Goldmann

Blümner, Hugo *Die Römischen Privataltertümer*
München 1911, S. 512–533
Cantor, Moritz *Vorlesungen über Geschichte der
Mathematik* | 4 Bde., New York, Stuttgart 1965
Classen, Carl Joachim *Untersuchungen zu
Platons Jagdbildern* | Berlin 1960
Kernchen, Ilona | Gramsch, Bernhard
Mesolithische Netz- und Seilreste von Friesack,
Bezirk Potsdam, und ihre Konservierung, in:
*Veröffentlichungen des Museums für Ur- und
Frühgeschichte Potsdam* 23, 1989, S. 23–27
Marinatos, Spyridon *Kreta, Thera und das
mykenische Hellas* | München 1973, S. 173–174.
Meuli, Karl Ein altpersischer Kriegsbrauch
in: *Gesammelte Schriften* | Hrsg. von Thomas
Gelzer, Basel / Stuttgart 1975, Bd. 2, S. 699–729
Rothschuh, Karl *Physiologie. Der Wandel
ihrer Konzepte, Probleme und Methoden vom
16. bis 20. Jahrhundert* | Freiburg/München
1968, S. 101–102
Scheftelowitz, Isidor *Das Schlingen- und
Netzmotiv im Glauben und Brauch der Völker*
Gießen 1912

→ Uwe Jochum

Canfora, Luciano *Die verschwundene Bibliothek*
Berlin 1990
Chartier, Roger | Cavallo, Guglielmo
*Die Welt des Lesens. Von der Schriftrolle zum
Bildschirm* | Frankfurt am Main 1999
Jochum, Uwe *Kleine Bibliotheksgeschichte*
2. verb. Aufl., Stuttgart 1999
Jochum, Uwe | Wagner, Gerhard (Hrsg.)
*Am Ende – das Buch. Semiotische und soziale
Aspekte des Internet* | Konstanz UVK, 1998
Mann, Thomas *The Oxford guide to library
research* | New York 1998
Münker, Stefan | Roesler, Alexander (Hrsg.)
Mythos Internet | Frankfurt am Main 1997
Nunberg, Geoffrey u.a. (Hrsg.) *The future of
the book* | Berkeley 1996
Raabe, Paul *Die Bibliothek als humane Anstalt
betrachtet. Plädoyer für die Zukunft der Buch-
kultur* | Stuttgart 1986
Stoll, Clifford *Die Wüste Internet. Geisterfahrten
auf der Datenautobahn* | Frankfurt am Main 1996

ALEIDA ASSMANN
geb. 1947, Studium der Anglistik und Ägyptologie in Heidelberg und Tübingen. 1992–93 Fellow am Kulturwissenschaftlichen Institut, Essen; seit 1993 Professorin für Anglistik und Allgemeine Literaturwissenschaft an der Universität Konstanz. Sommersemester 1995: Mitarbeit in der Forschergruppe »Historische Sinnbildung« von Jörn Rüsen am ZiF, Universität Bielefeld; 1998/99 Fellow am Wissenschaftskolleg zu Berlin. Forschungsgebiete: Schrift und Gedächtnis, Historische Anthropologie der Medien.

EDOUARD BANNWART
geb. 1943 in Zürich, Studium der Architektur und Stadtplanung in Berlin; 1971 Dipl.-Ing. Architekt, TU Berlin; 1973–1980 Wissenschaftlicher Assistent für Architektur und Städtebau an der HdK, Berlin. Seit 1975 eigenes Planungsbüro für Architektur und Städtebau in Berlin. 1980 Professor für Urbanistik an der Hochschule der Künste, Berlin. 1988–1994 Gründung und geschäftsführender Vorstandsvorsitzender des ART+COM e.V. als Forschungs- und Entwicklungs-Zentrum für rechnergestütztes Gestalten; 1994 Gründung der Firma *Echtzeit* Gesellschaft für mediales Gestalten mit Claudia Alsdorf; 1997 Professor für die Gestaltung von Medienumgebungen, Bauhaus-Universität Weimar.

HORST BREDEKAMP
geb. 1947, arbeitete am Liebieghaus in Frankfurt am Main. Er erhielt 1982 den Aby-Warburg-Förderpreis der Stadt Hamburg und lehrte seit 1982 Kunstgeschichte an der Universität Hamburg. Member des Institute for Advance Studies in Princeton (1991) und Fellow des Wissenschaftskollegs in Berlin (1992), seit 1993 Professor für Kunstgeschichte an der Humboldt-Universität zu Berlin. Publikationen zu: Ikonoklasmus, Skulptur des Mittelalters, Botticelli, Bomarzo, Florentiner Fußball, Museologie, Thomas Hobbes, Neue Medien, Archivieren in der Kunst.

HENDRIK BUDDE
geb. 1944, Studium der Architektur in Berlin. Tätigkeit als Architekt in Berlin, Montréal und Sydney. Studium der Kunstgeschichte, Altamerikanistik, Archäologie und Philosophie in Berlin (Dr. Phil.). Seit 1981 wissenschaftlicher Mitarbeiter der kulturhistorischen Ausstellungen »Mythen der neuen Welt« (1982), »Europa und die Kaiser von China« (1985), »Europa und der Orient« (1989), »Jüdische Lebenswelten« (1992), »Japan und Europa« (1993); wissenschaftliche Leitung der Ausstellungen »Von Halle nach Jerusalem« (1994) und »Die Reise nach Jerusalem« (1995).

WILLIAM DONELSON
geb. 1952 in Memphis, USA. 1971–1981 Studium und Forschung am Massachusetts Institute of Technology, Cambridge; Bachelor of Science in Computer Wissenschaften und Elektrotechnik; Master of Science in Computergrafik; 1973–1981 Senior Researcher, AMG (MIT Media Lab); 1981–1985 Stellv. Präsident von Videomagic Laboratories, Washington D.C., 1985–1988 Leitender Direktor von Visual Data Systems, London; 1988–1990 Stellv. Präsident Mass Microsystems, Sunnyvale Calif./Engineering; seit 1990 Direktor von The Armchair Travel Company/Virtual Travel. Er erhielt zahlreiche Auszeichnungen. Arbeitsgebiet: Interaktive multimediale Systeme.

DANIEL FETZNER
geb. 1966 in Baden-Baden. 1987–1992 Architekturstudium an der TU München. 1993 Combined Media Studies an der University of East London. 1994–96 Architekturstudium an der Hochschule der Künste Berlin. 1994–96 Tutor am Institut für Hochbaukonstruktion der HdK Berlin. 1996–97 Producer bei America Online in Hamburg; seit 1998 Art Director der *Echtzeit AG* Berlin.

STEFAN GOLDMANN
geb. 1957 in Mannheim, Studium der Germanistik, Ethnologie und Psychologie in Berlin. 1991 Promotion »Christoph Wilhelm Hufeland im Goethekreis«. 1991–1995 wissenschaftlicher Mitarbeiter des Instituts für Sprach- und Literaturwissenschaften der TH Darmstadt und des Lehrstuhls für Kulturwissenschaftliche Anthropologie der Universität GH Paderborn. Wissenschaftliche Publikationen zur antiken Gedächtniskunst und zum Topik-Begriff. Forschungsgebiet zur Zeit: Sigmund Freud und die Traumdeutung im 19. Jahrhundert.

BERND GRAFF
geb. 1967 in Düren, Studium der Luft- und Raumfahrttechnik in Berlin. Tätigkeit als 3D-Programmierer, Studium der Philosophie und Geschichte. Arbeitsgebiete: Mediävistik.

MARIUS GRUNDMANN
geb. 1964 in Berlin, Studium der Physik an der Technischen Universität Berlin. Aufenthalt bei Bellcore in den USA. Zur Zeit Privatdozent an der TU Berlin. Seine Forschungen gelten den Nanostrukturen und deren Anwendungen in Computern, Displays und bei der Internet-Datenkommunikation. Seine Arbeiten wurden mit dem Carl-Ramsauer-Preis of AEG/Daimler Benz AG, dem Akademiepreis der Berlin-Brandenburgischen Akademie der Wissenschaften, dem Gerhard-Hess-Preis der Deutschen Forschungsgemeinschaft (DFG) und dem Heinz-Maier-Leibnitz-Preis der DFG und des bmb+f ausgezeichnet.

WOLFGANG HAGEN
geb. 1950 in Kleve am Niederrhein, Studium der Philosophie, Soziologie, Volkswirtschaft, Musikwissenschaft, Germanistik und Komparatistik in Wien und Berlin. Promotion 1977. Seit 1972 Radioarbeit, seit 1984 bei Radio Bremen. Zahlreiche Veröffentlichungen und Sendungen über Lassalle, Marx, Brecht, Korsch, Sohn-Rethel, Feuerbach, Joyce, Cage u.a., sowie Arbeiten über die Geschichte des Radios und des Computers. Programmleiter Radio Bremen Vier, Leiter des RB-Online-Kanals. Forschungsgebiete: Mediengeschichte und -theorie.

UWE JOCHUM
geb. 1959, Studium der Germanistik und Politikwissenschaft in Heidelberg, Promotion in Düsseldorf 1987. Er arbeitet seit 1989 als wissenschaftlicher Bibliothekar an der Bibliothek der Universität Konstanz. Arbeitsschwerpunkte: Geschichte und Theorie des Bibliothekswesens, Literatur- und Medientheorie.

FRIEDRICH KITTLER
geb. 1943 in Rochlitz/Sachsen, Studium der Germanistik, Romanistik und Philosophie an der Albert-Ludwigs-Universität Freiburg/Breisgau. 1976 Promotion; 1984 Habilitation im Fach Neuere deutsche Literaturgeschichte. 1982–87 Visiting Assistant Professor an der University of California, Berkeley; Stanford University und University of California, Santa Barbara. Membre associé am Collège international de philosophie, Paris. 1987 Berufung auf den Lehrstuhl für Neugermanistik I der Ruhr-Universität Bochum. 1993 Berufung auf den Lehrstuhl für Ästhetik und Geschichte der Medien an der Humboldt-Universität zu Berlin. Gastprofessuren Yale University und Columbia University/New York.

ARTUR SIMON
geb. 1938 Wesermünde, Studium der Musikwissenschaften, Ethnologie, Anglistik, Naturwissenschaften, Komposition und Klavier in Göttingen und Hamburg. Promotion 1971. Lehrtätigkeit an den Universitäten in Hamburg und Gießen, in Berlin an der Freien Universität, der Humboldt-Universität und der Hochschule der Künste (HdK). Seit 1984 Honorarprofessor für Musikwissenschaften an der HdK Berlin. Feldforschungen in Ägypten, dem Sudan, Neuguinea, Nordsumatra, Java, Kamerun, Togo und Nigeria. Leiter der Abteilung Musikethnologie und des Berliner Phonogramm-Archivs, Staatliche Museen zu Berlin, Ethnologisches Museum.

HARALD WEINRICH
geb. 1927 in Wismar, Studium der Romanistik, Germanistik, Latinistik und Philosophie in Münster, Freiburg, Toulouse und Madrid; Promotion 1954 und Habilitation 1958 in Münster. Ord. Professor für Romanistik in Kiel (1959–1965) und Köln (1959–1965), für Linguistik in Bielefeld (1969–1978), für Deutsch als Fremdsprache in München (1978–1992) für Romanistik am Collège de France in Paris (1992–1998). Gastprofessor an den Universitäten von Michigan und Princeton. Europa-Lehrstuhl am College de France (1988/90), Galilei-Lehrstuhl an der Scuola Normale Superiore von Pisa (1992/93). Mitbegründer der Universität Bielefeld und erster Direktor des dortigen Zentrums für interdisziplinäre Forschung (1972–1974). Zahlreiche Preise und Auszeichnungen.

DIETER E. ZIMMER
geb. 1934 in Berlin, Studium der Germanistik und Anglistik in Berlin, Münster, Evanston, Ill., USA, Genf, 1957 Master of Arts (Northwestern University, Evanston IL); 1957/58 »Assistant de langue« in Gymnasien in Frankreich (Charleville) und der Schweiz (Genf); von 1959 bis 1999 Redakteur der Wochenzeitung *Die Zeit* in Hamburg; bis 1977 im Feuilleton (1963–1973 zuständig hauptsächlich für den Literaturteil, 1973–1977 Ressortleitung); seit 1977 ressortfreier Autor, vorwiegend Wissenschaftsjournalist mit den Arbeitsschwerpunkten Psychologie, Biologie, Anthropologie, Medizin, Linguistik; 1990–1992 Kulturkorrespondent in Berlin. Für seine Arbeiten erhielt er zahlreiche Auszeichnungen.

→ **Abbildungen Umschlag**

Vorderseite außen:
Raffael, **Die Schule von Athen, 1509–11,**
Fresko im Vatikanpalast (AKG Berlin) | **Netzwerk** (© H. Hoffmann, Science Photo Library / Agentur Focus Hamburg).
Vorderseite innen:
Kernspeicherplatine aus BESM 6, 1973
(Technische Sammlungen der Stadt Dresden), siehe Kat.Nr. 6/24 | **Speicherung mit Laserlicht** (Institut für Angewandte Physik, Licht- und Teilchenoptik, TU Darmstadt).
Rückseite innen:
Keilschrift aus dem Gilgamesch-Epos
(Staatliche Museen zu Berlin, Vorderasiatisches Museum) siehe Kat.Nr. 6/7b | **Simulationen eines Quantencomputers** von Marius Grundmann und Arnim Dadgar (TU Berlin, Institut für Festkörperphysik).
Rückseite außen:
Schaltkreisverdrahtung auf einer Computerkarte (© Mehau Kulyk, Science Photo Library ©/ Agentur Focus Hamburg).

→ **Abbildungen Innenseiten**

Institut für Angewandte Physik, Licht- und Teilchenoptik, TU Darmstadt: 9.
Österreichische Nationalbibliothek, Wien: 10/1.
Staatliche Museen zu Berlin, Antikensammlung: 11/6, 47, 58/3 (Foto J. Liepe); 84/1.
Kunsthistorischen Museum, Wien ©: 10/2, 42, 58/2, 84/2, 99/1, 107/4.
Artemedia AG, Chemnitz: 11/5, 27, 53/1, 54, 55, 57/2, 58/1, 63/1-4.
Berliner Festspiele: 10/3 (Foto: Horizonte '85), 40/2 (Foto: B. Graff).
Staatliche Museen zu Berlin, Kupferstichkabinett (Foto: Jörg Anders): 10/4.
Niedersächsische Landesbibliothek, Hannover: 12/1.
National Museum of American History, Washington: 12/2, 53/2, 53/3, 59/4, 65, 67, 68/1, 69/2, 81/1.
Science & Society Picture Library, Science Museum, London ©: 13/3, 108/4.
Government Art Collection of the United Kingdom, dcms London (© UK Government Art): 13/4.
Philips GmbH, Hamburg: 15/1.
Horst Zuse, Berlin: 14/2.
Deutsches Technik Museum, Berlin: 15/3, 109/5, 109/7, 111/4, 115/1.
Intel GmbH Feldkirchen: 15/4, 115/3.
Museum der Kulturen, Basel: 16/1.
Didrichsen Art Museum (Foto Matti Ruotsalainen Tomituskuva Oy): 17/2, 87.
Staatliche Museen zu Berlin, Vorderasiatisches Museum: 17/3 (Foto: R. Saczewski), 29/3, 70/1, 100/1-3, 102/5, 118/4, 118/5 (Fotos Jürgen Liepe).

Ashmolean Museum, Oxford: 19/1, 71/3, 71/6.
Musée du Louvre, Paris (Foto: © Christian Larrieu et © Département des Antiquités orientales): 19/2, 101/4, 105/1.
Silicon Graphics GmbH, Grasbrunn: 19/5, 115 M.r.
Staatliche Museen zu Berlin, Ethnologisches Museum (Fotos Dietrich Graf): 19/3, 22/4; (Fotos Dietmar Katz): 30/2, 72, 93/1, 93/2, 116/4, 117/5-8, 121/4, 125/3.
Staatliche Museen zu Berlin, Museum für Vor- und Frühgeschichte: 19/4.
The British Library, London: 20/1.
Médiathèque Louis Aragon, Ville du Mans: 21/2.
Badisches Landesmuseum Karlsruhe: 22/1.
The British Museum ©: 22/2, 35/4, 37/2, 45, 71/2, 71/4, 71/5, 72/3, 73/5, 74/1, 88/1, 101/5, 116/1, 116/2, 116/3, 118/3, 121/3.
Technisches Museum Wien, TMW Archiv: 23/3.
Staatliche Museen zu Berlin, Ägyptisches Museum und Papyrussammlung: 22/5,36/1, 83, 97, 102/4, 105/4, 107/1, 122/1 (Fotos Margarete Büsing, 1999); 29/1, 118/2, 123/2 (Fotos Jürgen Liepe); 30/1, 118/1, 121/4.
Deutsches Museum München ©: 24/1, 25/2.
National Portrait Gallery, Washington: 26/1.
Philadelphia Museum of Art, George W. Elkins Collection ©: 26/2.
Accademia Carrara Bergamo: 26/3.
Staatsbibliothek zu Berlin – Preußischer Kulturbesitz: 28/1, 61/3, 73/4, 78, 89/2, 102/2, 107/2, 103/7, 107/5, 122o.r., 123/6, 123//7, 125/2.
Bibliothèque Nationale et Universitaire de Strasbourg: 31/3.
Bibliothèque nationale de France, Paris: 32/1, 37/3, 105/3, 121/5, 121/6.
Candida Höfer, Köln ©: 32/2, 34/1, 34/2, 34/3.
Biblioteca Capitolare di Verona: 38/1, 101/6, 102/1.
Skoklosters slott, Skokloster: 38/2.
Museum für Kunst und Gewerbe Hamburg (Foto: © Kiemer & Kiemer): 38/3.
Rijksmuseum voor Volkenkunde, Leiden ©: 38/4, 85/3.
Herzog August Bibliothek Wolfenbüttel ©: 40/1, 122/5.
Museum für Kommunikation Frankfurt / Main: 49/1, 51, 108/3, 109/6.
Astrid & Uwe H. Breker, Köln: 49/2, 60/1, 110/2, 110/3, 112/4.
Goethe Nationalmuseum, Weimar: 56/1, 57/3.
Bayerische Staatsbibliothek, München: 72/2, 108/1, 124/1.
Marius Grundmann, TU Berlin, Institut für Festkörperphysik: 75/2.
Musée des Arts et Metiers, Paris ©/ Photo Studio CNAM: 76/1-3, 108/2.
Bayerisches Nationalmuseum, München: 77/4.
Istituto e Museo di Storia della Scienzan (IMSS), Florenz: 78/2, 81, 112/3.
Rautenstrauch-Joest Museum, Köln: 91/1.
Staatliches Museum für Völkerkunde, München: 91/2.
Ethnologisches Fotoarchiv Bernatzik, Dr. Byer, Wien: 91/3.
Nationalmuseet, National Museum of Denmark, International Collections: 94.

Technische Sammlungen der Stadt Dresden: 102/3.
Stift St. Paul im Lavanttal (Foto: Agentur Event): 10/2.
Deutsches Filmmuseum Frankfurt am Main: 111/1
Braunschweigisches Landesmuseum, Braunschweig (Fotos: J. Simon): 111/5, 111/6, 112/1, 112/2.
Musée des Tissus de Lyon (Photothèque, Cathérine Calba): 112/5, 112/6.
AT&T Archives, Warren, New Jersey: 115/2.
Staatliche Museen zu Berlin, Museum für Ostasiatische Kunst: 120/1, 121/2 (Fotos Jürgen Liepe).
Freunde und Förderer der Abguß-Sammlung Antiker Plastik e.V. (Foto B. Paetzel): 122/3.